N° 85537

LES
TRAPPEURS
DE L'ARKANSAS.

COULOMMIERS. — IMPRIMERIE DE A. MOUSSIN.

LES
TRAPPEURS

DE

DE L'ARKANSAS

PAR

GUSTAVE AIMARD

PARIS

AMYOT, ÉDITEUR, 8, RUE DE LA PAIX

MDCCCLVIII

A

MONSIEUR C.-V. DAMOREAU

MON BEAU-PÈRE

ET

MON MEILLEUR AMI.

GUSTAVE AIMARD.

On a beaucoup écrit sur l'Amérique; bon nombre d'auteurs d'un talent incontestable ont entrepris la tâche difficile de faire connaître ces savanes immenses, peuplées de tribus féroces et inaccessibles à la civilisation, mais peu d'entre eux ont réussi faute d'une connaissance approfondie des pays qu'ils voulaient décrire et des peuples dont ils prétendaient faire connaître les mœurs.

M. Gustave Aimard a été plus heureux que ses devanciers; séparé pendant de longues années du monde civilisé, il a vécu de la vie du nomade au milieu des prairies, côte à côte avec les Indiens, fils adoptif d'une de leurs puissantes nations, partageant leurs dangers et leurs combats, les accompagnant partout, le rifle d'une main et le machête de l'autre.

Cette existence, toute de luttes et d'impossibilités vaincues, a des charmes inouïs que ceux-là seuls qui l'ont expérimentée peuvent comprendre. L'homme grandit dans le désert, seul, face à face avec Dieu, l'œil et l'oreille au guet, le doigt sur la détente de sa carabine, entouré d'ennemis de toutes sortes, Indiens et bêtes fauves qui, tapis dans les buissons, au fond des ravins ou au sommet des arbres, épient le moment de fondre sur lui pour en faire leur proie; il se sent réellement le roi de la création qu'il domine de toute la hauteur de son intelligence et de son intrépidité.

Cette fiévreuse existence aux péripéties étranges, jamais les mêmes, a été pendant plus de quinze ans celle de M. Aimard. Chasseur intrépide, il a poursuivi les bisons avec les *Sioux* et les *Pieds Noirs* des prairies de l'ouest; perdu dans le *Del Norte*, ce désert de sables mouvants qui a englouti tant de victimes, il a erré près d'un mois en proie aux horreurs de la faim, de la soif et de la fièvre. Deux fois il a été attaché par les *Apaches* au poteau de torture; esclave des *Patagons* du détroit de Magellan pendant quatorze mois, en butte aux plus cruels traitements, il échappe par miracle à ses persécuteurs. Il a traversé seul les Pampas de Buenos-Ayres à San-Luis de Mendoza, sans crainte des panthères et des jaguars, des Indiens et des Gauchos. Poussé par un caprice insensé, il veut approfondir les mystères des forêts vierges du Brésil et les explore dans leur plus grande largeur malgré les hordes féroces qui les habitent.

Tour à tour squatter, chasseur, trappeur, partisan, gambusino ou mineur, il a parcouru l'Amérique, depuis les sommets les plus élevés des Cordillères jusqu'aux rives de l'Océan, vivant au jour le jour, heureux du présent, sans souci du lendemain, enfant perdu de la civilisation.

Ce ne sont donc pas des romans que M. Aimard écrit

aujourd'hui, c'est sa vie qu'il raconte, ses espoirs déçus, ses courses aventureuses. Les mœurs qu'il décrit ont été les siennes, les Indiens dont il parle, il les a connus. En un mot, *il a vu*, il a vécu, il a souffert avec les personnages de ses récits; nul donc mieux que lui n'était en état de soulever le voile qui cache les habitudes étranges des Indiens des Pampas et des hordes nomades qui sillonnent dans tous les sens les vastes déserts de l'Amérique.

TABLE.

PROLOGUE.
LE MAUDIT.

	Pages
I. Hermosillo.	3
II. L'hacienda del Milagro.	15
III. Le jugement.	27
IV. La mère.	39

PREMIÈRE PARTIE.
LE CŒUR LOYAL.

I. La prairie.	51
II. Les chasseurs.	61
III. La piste.	73
IV. Les voyageurs.	83
V. Les Comanches.	95
VI. Le sauveur.	105
VII. La surprise.	117
VIII. La vengeance indienne.	127
IX. Le fantôme.	137
X. Le camp retranché.	149
XI. Le marché.	161
XII. Psychologie.	171
XIII. La chasse aux abeilles.	181
XIV. L'Élan noir.	193
XV. Les castors.	205
XVI. La trahison.	217

XVII. La Tête d'Aigle............ 229
XVIII. Nò Eusébio.............. 239
XIX. Le conseil des grands chefs........ 251
XX. La torture............... 261

DEUXIÈME PARTIE.

OUAKTEHNO.

(Celui qui tue.)

I. Le Cœur Loyal............. 275
II. Les pirates.............. 287
III. Le dévouement............ 297
IV. Le docteur.............. 309
V. L'alliance.............. 319
VI. Le dernier assaut........... 329
VII. Bataille............... 339
VIII. La caverne du vert de gris....... 349
IX. Diplomatie.............. 359
X. Amour................ 371
XI. Les prisonniers............ 383
XII. Ruse de guerre............ 393
XIII. La loi des prairies........... 405
XIV. Le châtiment............. 417
XV. Le pardon.............. 431

POST-FACE............... 441

FIN DE LA TABLE.

LES
TRAPPEURS DE L'ARKANSAS.

PROLOGUE.

LE MAUDIT.

PROLOGUE.

LE MAUDIT.

1

HERMOSILLO.

Le voyageur qui pour la première fois débarque dans l'Amérique du Sud, éprouve malgré lui un sentiment de tristesse indéfinissable.

En effet, l'histoire du nouveau monde n'est qu'un lamentable martyrologe, dans lequel le fanatisme et la cupidité marchent continuellement côte à côte.

La recherche de l'or fut l'origine de la découverte du nouveau monde; cet or une fois trouvé, l'Amérique ne fut plus pour ses conquérants qu'une étape où ces avides aventuriers venaient, un poignard d'une main et un crucifix de l'autre, recueillir une ample moisson de ce métal si ardemment convoité, après quoi ils s'en retournaient dans leur patrie faire étalage de leurs richesses et provoquer par le luxe effréné qu'ils déployaient de nouvelles émigrations.

C'est à ce déplacement continuel qu'il faut attribuer, en Amérique, l'absence de ces grands monuments, sortes d'assises fondamentales de toute colonie qui s'implante dans un pays nouveau pour y perpétuer sa race.

Ce vaste continent, qui pendant trois siècles a été la paisible possession des Espagnols, parcourez-le aujourd'hui, c'est à peine si de loin en loin quelque ruine sans nom y rappelle leur passage, tandis que les monuments élevés, bien des siècles avant la découverte, par les Aztèques et les Incas sont encore debout dans leur majestueuse simplicité, comme un témoignage impérissable de leur présence dans la contrée et de leurs efforts vers la civilisation.

Hélas! que sont devenues aujourd'hui ces glorieuses conquêtes enviées par l'Europe entière, où le sang des bourreaux s'est confondu avec le sang des victimes au profit de cette autre nation si fière alors de ses vaillants capitaines, de son territoire fertile et de son commerce qui embrassait le monde entier; le temps a marché et l'Amérique méridionale expie à l'heure qu'il est les crimes qu'elle a fait commettre. Déchirée par des factions qui se disputent un pouvoir éphémère, opprimée par des oligarchies ruineuses, désertée par les étrangers qui se sont engraissés de sa substance, elle s'affaisse lentement sous le poids de son inertie sans avoir la force de soulever le linceul de plomb qui l'étouffe, pour ne se réveiller qu'au jour où une race nouvelle, pure d'homicide et se gourvernant d'après les lois de Dieu, lui apportera le travail et la liberté qui sont la vie des peuples.

En un mot, la race Hispano-Américaine s'est perpétuée dans les domaines qui lui ont été légués par ses ancêtres sans en étendre les bornes; son héroïsme s'est éteint dans la tombe de Charles-Quint, et elle n'a conservé de la mère-patrie que ses mœurs hospitalières, son intolérance religieuse, ses moines, ses guittareros et ses mendiants armés d'escopettes.

De tous les États qui forment la vaste confédération Mexicaine, l'État de *Sonora* est le seul qui, à cause de ses luttes avec les tribus indiennes qui l'entourent et de ses frottements continuels avec ces peuplades, ait conservé une physionomie à part.

Les mœurs de ses habitants ont une certaine allure sauvage, qui les distingue au premier coup d'œil de ceux des provinces intérieures.

Le *Rio Gila* peut être considéré comme la limite septentrionale de cet État; de l'est à l'ouest il est resserré entre la *Sierra Madre* et le golfe de Californie.

La Sierra Madre, derrière *Durango*, se partage en deux branches, la principale continue la grande direction, courant du nord au sud, l'autre tourne vers l'ouest, longeant derrière les États de *Durango* et de *Guadalaxara*, toutes les régions qui vont finir vers le Pacifique. Cette branche des Cordillères forme les limites méridionales de la Sonora.

La nature semble comme à plaisir avoir prodigué ses bienfaits à pleines mains dans ce pays. Le climat est riant, tempéré, salubre; l'or, l'argent, la terre la plus féconde, les fruits les plus délicieux, les herbes médicinales y abondent; on y trouve les baumes les plus efficaces, les insectes les plus utiles pour la teinture, les marbres les plus rares, les pierres les plus précieuses, le gibier, les poissons de toutes sortes. Mais aussi dans les vastes solitudes du Rio Gila et de la Sierra Madre les Indiens indépendants, *Comanches*, *Pawnies*, *Pimas*, *Opatas* et *Apaches*, ont déclaré une rude guerre à la race blanche, et dans leurs courses implacables et incessantes lui font chèrement payer la possession de toutes ces richesses dont ses ancêtres les ont dépouillés et qu'ils revendiquent sans cesse.

Les trois principales villes de la Sonora sont : *Guaymas*, *Hermosillo* et *Arispe*.

Hermosillo, anciennement le *Pitic* et que l'expédition du comte de Raousset Boulbon a rendu célèbre, est l'entrepôt du commerce mexicain dans le Pacifique et compte plus de neuf mille habitants.

Cette ville, bâtie sur un plateau qui s'abaisse dans la direction du nord-ouest en pente douce jusqu'à la mer, s'appuie et s'abrite frileusement contre une colline nommée *el Cerro de la campana*, — Montagne de la cloche, — dont le sommet est couronné d'énormes blocs de pierre, qui, lorsqu'on les touche, rendent un son clair et métallique.

Du reste, comme ses autres sœurs américaines, cette *ciudad* est sale, bâtie en pisé et présente aux yeux étonnés du voyageur un mélange de ruines, d'incurie et de désolation qui attriste l'âme.

Le jour où commence ce récit, c'est-à-dire le 17 janvier 1817, entre trois et quatre heures de l'après-midi, moment où d'ordinaire la population fait la *siesta*, retirée au fond de ses demeures, la ville d'Hermosillo, si calme et si tranquille d'ordinaire, offrait un aspect étrange.

Une foule de *Leperos*, de *Gambusinos*, de contrebandiers et surtout de *Rateros* se pressait avec des cris, des menaces et des hurlements sans nom, dans la *calle del Rosario*, — rue du Rosaire. — Quelques soldats espagnols, — le Mexique à cette époque n'avait pas encore secoué le joug de la métropole, — cherchaient en vain à rétablir l'ordre et à dissiper la foule, frappant à tors et à travers à grands coups de bois de lances sur les individus qui se trouvaient devant eux.

Mais le tumulte loin de diminuer allait au contraire toujours croissant, les Indiens *Hiaquis* surtout, mêlés à la foule, criaient et gesticulaient d'une façon réellement effrayante.

Les fenêtres de toutes les maisons regorgeaient de têtes d'hommes et de femmes qui, les regards fixés du côté du Cerro de la campana, du pied duquel s'élevaient d'épais nuages de fumée en tourbillonnant vers le ciel, semblaient être dans l'attente d'un événement extraordinaire.

Tout à coup de grands cris se firent entendre, la foule se fendit en deux comme une grenade trop mûre, chacun se jeta de côté avec les marques de la plus grande frayeur et un jeune homme, un enfant plutôt car il avait à peine seize ans, apparut emporté comme dans un tourbillon par le galop furieux d'un cheval à demi sauvage.

— Arrêtez-le! criaient les uns.

— *Lassez-le!* vociféraient les autres.

— *Valgamedios!* murmuraient les femmes en se signant, c'est le démon lui-même.

Mais chacun, loin de songer à l'arrêter, l'évitait au plus vite; le hardi garçon continuait sa course rapide, un sourire railleur aux lèvres, le visage enflammé, l'œil étincelant et distribuant à droite et à gauche de rudes coups de *chicote*, à ceux qui se hasardaient trop près de lui, ou que leur mauvais destin empêchait de s'éloigner aussi vite qu'ils l'auraient voulu.

— Eh! eh! *Caspita!* fit lorsque l'enfant le frôla en passant un *vaquero* à la face stupide et aux membres athlétiques, au diable soit le fou qui a manqué me renverser! Eh mais, ajouta-t-il après avoir jeté un regard sur le jeune homme, je ne me trompe pas, c'est Rafaël, le fils de mon compère! attends un peu, *picaro!*

Tout en faisant cet aparté entre ses dents, le vaquero déroula le *lasso* qu'il portait attaché à sa ceinture et se mit à courir dans la direction du cavalier.

La foule qui comprit son intention applaudit avec enthousiasme.

— Bravo ! bravo ! cria-t-elle.

— Ne le manque pas, *Cornejo !* appuyèrent des vaqueros en battant des mains.

Cornejo, puisque nous savons le nom de cet intéressant personnage, se rapprochait insensiblement de l'enfant devant lequel les obstacles se multipliaient de plus en plus.

Averti du péril qui le menaçait par les cris des assistants, le cavalier tourna la tête.

Alors, il vit le vaquero.

Une pâleur livide couvrit son visage, il comprit qu'il était perdu.

—Laisse-moi me sauver, Cornejo, lui cria-t-il avec des larmes dans la voix.

—Non ! non ! hurla la foule, lassez-le ! lassez-le !

La populace prenait goût à cette chasse à l'homme, elle craignait de se voir frustrer du spectacle qui l'intéressait à un si haut point.

— Rends-toi ! répondit le géant, ou si non je t'en avertis, je te lasse comme un *Cibolo*.

— Je ne me rendrai pas ! dit l'enfant avec résolution.

Les deux interlocuteurs couraient toujours, l'un à pied, l'autre à cheval.

La foule suivait en hurlant de plaisir.

Les masses sont ainsi partout, barbares et sans pitié.

— Laisse-moi, te dis-je, reprit l'enfant, ou je te jure, sur les âmes bénies du purgatoire, qu'il t'arrivera malheur !

Le vaquero ricana et fit tournoyer son lasso autour de sa tête.

— Prends garde, Rafaël, dit-il, pour la dernière fois, veux-tu te rendre ?

— Non ! mille fois non ! cria l'enfant avec rage.

— A la grâce de Dieu alors ! fit le vaquero.

Le lasso siffla et partit.

Mais il se passa une chose étrange.

Rafaël arrêta court son cheval comme s'il eût été changé en un bloc de granit et s'élançant de la selle, il bondit comme un jaguar sur le géant que le choc renversa sur le sable, et avant que personne pût s'y opposer, il lui plongea dans la gorge le couteau que les Mexicains portent toujours à la ceinture.

Un long flot de sang jaillit au visage de l'enfant, le vaquero se tordit quelques secondes, puis resta immobile.

Il était mort !

La foule poussa un cri d'horreur et d'épouvante.

Prompt comme l'éclair, l'enfant s'était remis en selle et avait recommencé sa course désespérée en brandissant son couteau et en riant d'un rire de démon.

Lorsqu'après le premier moment de stupeur passé,

on voulut se remettre à la poursuite du meurtrier, il avait disparu.

Nul ne put dire de quel côté il avait passé.

Comme toujours en pareille circonstance, le *juez de letras* — juge criminel — flanqué d'une nuée d'alguazils déguenillés arriva sur le lieu du meurtre lorsqu'il était trop tard.

Le juez de letras, don *Inigo tormentos Albaceyte*, était un homme de quelque cinquante ans, petit et replet, à la face apoplectique, qui prenait du tabac d'Espagne dans une boîte d'or enrichie de diamants, et cachait sous une apparente bonhommie une avarice profonde doublée d'une finesse extrême et d'un sang-froid que rien ne pouvait émouvoir.

Contrairement à ce qu'on aurait pu supposer, le digne magistrat ne parut pas le moins du monde déconcerté de la fuite de l'assassin, il secoua la tête deux ou trois fois, jeta un regard circulaire sur la foule, et clignant son petit œil gris :

— Pauvre Cornejo, dit-il en se bourrant philosophiquement le nez de tabac, cela devait lui arriver un jour ou l'autre.

— Oui, dit un lepero, il a été proprement tué.

— C'est ce que je pensais, reprit le juge, celui qui a fait le coup s'y connaît, c'est un gaillard qui en a l'habitude.

— Ah! bien oui, répondit le lepero en haussant les épaules, c'est un enfant.

— Bah! fit le juge avec un feint étonnement et

en lançant un regard en dessous à son interlocuteur, un enfant !

— A peu près, dit le lepero, fier d'être ainsi écouté, c'est Rafaël, le fils aîné de don Ramon.

— Tiens, tiens, tiens, dit le juge avec une secrète satisfaction, mais non, reprit-il, ce n'est pas possible, Rafaël n'a que seize ans tout au plus, il n'aurait pas été se prendre de querelle avec Cornejo qui, rien qu'en lui serrant le bras, en aurait eu raison.

— C'est cependant ainsi, Excellence, nous l'avons tous vu, Rafaël avait joué au *monté* chez don Aguilar, il paraît que la chance ne lui était pas favorable, il perdit tout ce qu'il avait d'argent, alors la rage le prit, et pour se venger, il mit le feu à la maison.

— Caspita ! fit le juge.

— C'est comme j'ai l'honneur de vous le dire, Excellence, regardez, on voit encore la fumée quoique la maison soit déjà en cendres.

— En effet, fit le juge en jetant un regard du côté que lui indiquait le lepero, et ensuite...

— Ensuite, continua l'autre, naturellement il voulut se sauver, Cornejo essaya de l'arrêter...

— Il avait raison !

— Il avait tort puisque Rafaël l'a tué !

— C'est juste, dit le juge, mais soyez tranquilles, mes amis, la justice le vengera.

Cette parole fut accueillie par les assistants avec un sourire de doute.

Le magistrat, sans s'occuper de l'impression produite par ses paroles, ordonna à ses acolytes qui déjà avaient fouillé et dépouillé le défunt, de l'enlever et de le transporter sous le porche de l'église voisine, puis il rentra dans sa maison en se frottant les mains d'un air satisfait.

Le juge revêtit un habit de voyage, passa une paire de pistolets à sa ceinture, attacha une longue épée à son côté et après avoir dîné légèrement, il sortit.

Dix alguazils armés jusqu'aux dents, et montés sur de forts chevaux, l'attendaient à la porte ; un domestique tenait en bride un magnifique cheval noir qui piétinait et rongeait son frein avec impatience. Don Inigo se mit en selle, se plaça en tête de ses hommes et la troupe s'ébranla au petit trot.

— Eh! eh! disaient les curieux qui stationnaient aux environs sur le pas des portes, le juez Albaceyte se rend chez don Ramon Garillas, nous aurons demain du nouveau.

— Caspita! répondaient d'autres, son picaro de fils n'aura pas volé la corde qui servira à le pendre!

— Hum! fit un lepero, avec un sourire de regret, ce serait malheureux, le gaillard promet, sur ma parole! sa *cuchillada* à Cornejo est magnifique. Le pauvre diable a été proprement *coupé* (tué).

Cependant le juge continuait toujours sa route,

rendant avec la plus grande ponctualité les saluts dont on l'accablait sur son passage, bientôt il fut dans la campagne.

Alors s'enveloppant dans son manteau :

— Les armes sont-elles chargées ? demanda-t-il.

— Oui, Excellence, répondit le chef des alguazils.

— Bien ! à l'hacienda de don Ramon Garillas, et bon pas, tâchons d'arriver avant la nuit.

La troupe partit au galop.

II

L'HACIENDA DEL MILAGRO.

Les environs d'Hermosillo, sont de véritables déserts.

Le chemin qui conduit de cette ville à l'*hacienda del Milagro*, — ferme du Miracle, — est des plus tristes et des plus arides.

L'on ne voit à de rares intervalles, que des arbres à bois de fer, des gommiers, des arbres du Pérou aux grappes rouges et pimentées, des nopals et des cactus, seuls arbres qui peuvent croître dans un terrain calciné par les rayons incandescents d'un soleil perpendiculaire.

De loin en loin apparaissent comme une amère dérision les longues perches des citernes ayant un seau de cuir tordu et racorni à une extrémité et à l'autre des pierres attachées par des lanières ; mais les citernes sont taries et le fond n'est plus qu'une croûte noire et vaseuse dans laquelle une myriade d'animaux immondes prennent leurs ébats; des tourbillons d'une poussière fine et impalpable soulevés par le moindre souffle d'air saisissent à la gorge le voyageur haletant, et sous chaque brin d'herbe desséché les cigales appellent avec fureur la rosée bienfaisante de la nuit.

Cependant lorsqu'avec des peines extrêmes on a fait six lieues dans ces solitudes embrasées, l'œil se repose avec délice sur une splendide oasis qui semble tout à coup surgir du sein des sables.

Cet Éden est l'hacienda del Milagro.

Au moment où se passe notre histoire, cette hacienda, l'une des plus riches et des plus vastes de la province, se composait d'un corps de logis élevé de deux étages, bâti en *tapia* et en *adoves* avec un toit en terrasse, fait en roseaux recouverts de terre battue.

On arrivait à l'hacienda par une immense cour dont l'entrée en forme de portique voûté, était garnie de fortes portes battantes avec une poterne d'un côté. Quatre chambres complétaient la façade, les croisées avaient des grilles de fer dorées et dans l'intérieur des volets; elles étaient vitrées, luxe inouï dans ce pays à cette époque; sur chaque côté de la cour ou *patio*, se trouvaient les communs pour les *peones*, les enfants, etc.

Le rez-de-chaussée du corps de logis principal se composait de trois pièces, une espèce de grand vestibule meublé de fauteuils antiques et de canapés recouverts en cuir gaufré de Cordoue, d'une grande table de nopal et de quelques tabourets; sur les murs étaient accrochés dans des cadres dorés plusieurs vieux portraits de grandeur naturelle représentant des membres de la famille; les charpentes du plafond, laissées en relief, étaient décorées d'une profusion de sculptures.

Deux portes battantes s'ouvraient dans le salon; le côté qui était en face du patio s'élevait d'un pied environ au-dessus du reste du plancher, il était couvert d'un tapis avec un rang de tabourets bas, sculptés curieusement, garnis de velours cramoisi avec des coussins pour mettre les pieds; il y avait aussi une petite table carrée de dix-huit pouces de haut servant de table à ouvrage. Cette portion du salon est réservée aux dames qui s'y assoient les jambes croisées à la mauresque; de l'autre côté du salon se trouvaient des chaises recouvertes avec la même étoffe que les tabourets et les coussins; en face de l'entrée du salon s'ouvrait la principale chambre à coucher avec une alcôve à l'extrémité d'une estrade sur laquelle était placé un lit de parade, orné d'une infinité de dorures et de rideaux de brocart avec des galons et des franges d'or et d'argent. Les draps et les taies d'oreiller étaient de la plus belle toile et bordés d'une large dentelle.

Derrière le principal corps de logis se trouvait un second *patio*, où étaient placés les cuisines et le *corral*; après cette cour venait un immense jardin, fermé de murs et de plus de cent perches de profondeur, dessiné à l'anglaise et renfermant les arbres et les plantes les plus exotiques.

L'hacienda était en fête.

C'était l'époque de la *matanza del ganado*, — abattage des bestiaux, — les péons avaient formé à quelques pas de l'hacienda, un enclos dans lequel, après avoir fait entrer les bestiaux, ils séparaient les maigres d'avec les gras, que l'on faisait sortir un à un de l'enceinte.

Un *vaquero* armé d'un instrument tranchant de la forme d'un croissant garni de pointes placées à la distance d'un pied, embusqué à la porte de l'enclos, coupait avec une adresse infinie les jarrets de derrière des pauvres bêtes au fur et à mesure qu'elles passaient devant lui.

Si par hasard il manquait son coup, ce qui était rare, un second vaquero à cheval suivait l'animal au grand galop, lui jetait le lasso autour des cornes et le maintenait jusqu'à ce que le premier lui eût coupé les jarrets.

Nonchalamment appuyé contre le portique de l'hacienda, un homme d'une quarantaine d'années, revêtu d'un riche costume de gentilhomme fermier, les épaules recouvertes d'un *zarapé* aux brillantes couleurs, et la tête garantie des derniers rayons du soleil couchant par un fin chapeau de paille de Panama d'au moins cinq cents piastres, semblait présider à cette scène tout en fumant une cigarette de maïs.

C'était un cavalier de haute mine, à la taille élancée fine, cambrée et parfaitement proportionnée, les traits de son visage, bien dessinés, aux lignes fermes et arrêtées dénotaient la loyauté, le courage et surtout une volonté de fer. Ses grands yeux noirs ombragés par d'épais sourcils, étaient d'une douceur sans égale, mais lorsqu'une contrariété un peu vive colorait son teint bruni d'un reflet rougeâtre, son regard prenait une fixité et une force que nul ne pouvait supporter et qui faisaient hésiter et trembler les plus braves.

La finesse des extrémités et plus que tout le cachet d'aristocratie empreint sur sa personne dénotaient au premier coup d'œil que cet homme était de pure et noble race castillane.

En effet, ce personnage était don Ramon Garillas de Saavedra, le propriétaire de l'hacienda del Milagro que nous venons de décrire.

Don Ramon Garillas descendait d'une famille espagnole dont le chef avait été un des principaux lieutenants de Cortez, et s'était établi au Mexique après la miraculeuse conquête de cet aventurier de génie.

Jouissant d'une fortune princière, mais repoussé, à cause de son mariage avec une femme de race Aztèque mêlée, par les autorités espagnoles, il s'était adonné tout entier à la culture de ses terres et à l'amélioration de ses vastes domaines.

Après dix-sept ans de mariage, il se trouvait chef d'une nombreuse famille composée de six garçons et de trois filles, en tout neuf enfants, dont Rafaël, celui que nous avons vu si lestement tuer le vaquero, était l'aîné.

Le mariage de don Ramon et de dona Jesusita, n'avait été qu'un mariage de convenance, contracté au point de vue seul de la fortune, mais qui pourtant les rendait comparativement heureux ; nous disons comparativement, parce que la jeune fille n'étant sortie du couvent que pour se marier, l'amour n'avait jamais existé entre eux, mais avait été remplacé par une tendre et sincère affection.

Dona Jesusita passait son tems dans les soins que necessitaient ses enfants, au milieu de ses femmes indiennes ; de son côté son mari complétement absorbé par les devoirs de sa vie de gentilhomme fermier restait presque toujours avec ses vaqueros, ses péons et ses chasseurs, ne voyant sa femme que pendant quelques minutes aux heures des repas, et restant parfois des mois entiers absent pour une partie de chasse sur les bords du Rio Gila.

Cependant nous devons ajouter que, absent ou présent, don Ramon veillait avec le plus grand soin à ce que rien ne manquât au bien-être de sa femme et à ce que ses moindres caprices fussent satisfaits, n'épargnant ni l'argent ni les peines pour lui procurer ce qu'elle paraissait désirer.

Dona Jesusita était douée d'une beauté ravissante et d'une douceur angélique ; elle semblait avoir accepté sinon avec joie du moins sans trop de peine le genre de vie auquel son mari l'avait obligée à se plier ; mais dans les profondeurs de son grand œil noir languissant, dans la pâleur de ses traits et surtout dans le nuage de tristesse qui obscurcissait continuellement son beau front d'une blancheur mate, il était facile de deviner qu'une âme ardente était renfermée dans cette séduisante statue, et que ce cœur qui s'ignorait soi-même avait tourné toutes ses pensées vers ses enfants, qu'elle s'était mise à adorer de toutes les forces virginales de l'amour maternel, le plus beau et le plus saint de tous.

Pour don Ramon, toujours bon et prévenant pour sa femme, qu'il ne s'était jamais donné la peine d'étudier, il avait le droit de la croire la plus heureuse créature du monde, et elle l'était en effet depuis que Dieu l'avait rendue mère.

Le soleil était couché depuis quelques instants, le ciel perdait peu à peu sa teinte pourprée et s'assombrissait de plus en plus, quelques étoiles commençaient déjà à scintiller sur la voûte céleste, et le vent du soir se levait avec une force qui présageait pour la nuit un de ces orages terribles, comme ces régions en voient souvent éclater.

Le *mayoral*, après avoir fait renfermer avec soin le reste du ganado dans l'enclos, rassembla les vaqueros et les péons, et tous se dirigèrent vers l'hacienda où la cloche du souper les avertissait que l'heure du repos était enfin venue.

Lorsque le majordome passa le dernier en le saluant devant son maître :

— Eh bien, lui demanda celui-ci, nô Eusébio, combien de têtes avons-nous cette année ?

— Quatre cent cinquante, *mi amò*, — mon maître, — répondit le mayoral, grand homme sec et maigre à la tête grisonnante et au visage tanné comme un morceau de cuir, en arrêtant son cheval et ôtant son chapeau, c'est-à-dire soixante-quinze têtes de plus que l'année passée; nos voisins les jaguars et les *Apaches* ne nous ont pas causé de grands dommages, cette saison.

— Grâce à vous, nô Eusébio, répondit don Ramon, votre vigilance a été extrême, je saurai vous en récompenser.

— Ma meilleure récompense est la bonne parole que Votre Seigneurie vient de me dire, répondit le mayoral, dont le rude visage s'éclaira d'un sourire de satisfaction, ne dois-je pas veiller sur ce qui vous appartient avec le même soin que si tout était à moi?

— Merci, reprit le gentilhomme avec émotion en serrant la main de son serviteur, je sais que vous m'êtes dévoué.

— A la vie et à la mort, mon maître, ma mère vous a nourri de son lait, je suis à vous et à votre famille.

— Allons! allons! nô Eusébio, dit gaiement l'hacendero, le souper est prêt, la senora doit être à table, ne la laissons pas nous attendre plus longtemps.

Sur ce tous deux entrèrent dans le patio et nô Eusébio, ainsi que don Ramon l'avait nommé, se prépara, comme il le faisait chaque soir, à fermer les portes.

Pendant ce temps don Ramon entra dans la salle à manger de l'hacienda, où tous les vaqueros et les péons étaient réunis.

Cette salle à manger était meublée d'une immense

table qui en tenait tout le centre ; autour de cette table il y avait des bancs de bois garnis de cuir et deux fauteuils sculptés destinés à don Ramon et à la senora. Derrière les fauteuils un Christ en ivoire de quatre pieds de haut, pendait au mur entre deux tableaux représentant, l'un Jésus au jardin des Oliviers, l'autre le Sermon sur la montagne. Çà et là accrochées le long des murailles blanchies à la chaux, grimaçaient des têtes de jaguars, de buffles ou d'élans tués à la chasse par l'hacendero.

La table était abondamment servie de *lahua*, potage épais fait de farine de maïs cuite avec de la viande, de *puchero* ou *olla podrida* et de *pépian;* de distance en distance il y avait des bouteilles de *mezcal* et des carafes d'eau.

Sur un signe de l'hacendero le repas commença.

Bientôt l'orage qui menaçait éclata avec fureur.

La pluie tombait à torrents, à chaque seconde des éclairs livides faisaient pâlir les lumières, précédant les éclats formidables de la foudre.

Vers la fin du repas l'ouragan acquit une violence telle que le tumulte des éléments conjurés couvrit le bruit des conversations.

Le tonnerre éclata avec une force épouvantable, un tourbillon de vent s'engouffra dans la salle en défonçant une fenêtre, toutes les lumières s'éteignirent, les assistants se signèrent avec crainte.

En ce moment, la cloche placée à la porte de l'hacienda, retentit avec un bruit convulsif, et une voix qui n'avait rien d'humain, cria à deux reprises différentes :

— A moi !... à moi !...

— Sang du Christ ! s'écria don Ramon en s'élançant hors de la salle, on égorge quelqu'un dans la plaine.

Deux coups de feu retentirent presque en même temps, un cri d'agonie traversa l'espace, et tout retomba dans un silence sinistre.

Tout à coup un éclair blafard sillonna l'obscurité, le tonnerre éclata avec un fracas horrible et don Ramon reparut sur le seuil de la salle, portant un homme évanoui dans ses bras.

L'étranger fut déposé sur un siége, l'on s'empressa autour de lui.

Le visage de cet homme non plus que sa mise n'avaient rien d'extraordinaire, cependant en l'apercevant, Rafaël, le fils aîné de don Ramon, ne put réprimer un geste d'effroi, son visage devint d'une pâleur livide.

— Oh ! murmura-t-il à voix basse, le juez de letras !...

C'était en effet le digne juge que nous avons vu sortir d'Hermosillo en si brillant équipage.

Ses longs cheveux trempés de pluie tombaient sur sa poitrine, ses vêtements étaient en désordre, tachés de sang et déchirés en maints endroits.

Sa main droite serrait convulsivement la crosse d'un pistolet déchargé.

Don Ramon lui aussi avait reconnu le juez de letras, il avait malgré lui lancé à son fils un regard que celui-ci n'avait pu supporter.

Grâce aux soins intelligents qui lui furent prodigués par dona Jesusita et ses femmes, le juge ne tarda pas à revenir à lui ; il poussa un profond soupir, ouvrit des yeux hagards qu'il promena sur les assistants sans rien voir encore, et peu à peu reprit connaissance.

Tout à coup une vive rougeur colora son front si pâle une seconde auparavant, son œil étincela ; dirigeant vers Rafaël un regard qui le cloua au sol en proie à une terreur invincible, il se leva péniblement et s'avançant vers le jeune homme qui le regardait venir sans oser chercher à l'éviter, il lui posa rudement la main sur l'épaule, puis se tournant vers les péons terrifiés de cette scène étrange à laquelle ils ne comprenaient rien :

— Moi, don Inigo tormentos d'Albaceyte, dit-il d'une voix solennelle, juez de letras de la ville d'Hermosillo, au nom du roi j'arrête cet homme convaincu d'assassinat !...

— Grâce ! s'écria Rafaël, en tombant à deux geet en joignant les mains avec désespoir.

— Malheur !... murmura la pauvre mère en s'affaissant sur elle-même.

III

LE JUGEMENT.

Le lendemain, le soleil se leva splendide à l'horizon.

L'orage de la nuit avait complétement nettoyé le ciel qui était d'un bleu mat; les oiseaux gazouillaient, gaiement cachés sous la feuillée, tout dans la nature avait repris son air de fête accoutumé.

La cloche sonna joyeusement à l'hacienda del Milagro, les péons commencèrent à se disperser dans toutes les directions, les uns menant les chevaux au *pasto*, les autres conduisant les bestiaux dans les prairies artificielles, d'autres encore se rendant aux champs, enfin les derniers s'occupèrent dans le patio à traire les vaches et à réparer les dégâts causés par l'ouragan.

Les seules traces qui restaient de la tempête de la nuit étaient deux magnifiques jaguars étendus morts à la porte de l'hacienda, non loin du cadavre d'un cheval à demi dévoré.

Nô Eusébio, qui se promenait de long en large dans le patio en surveillant avec soin les occupations de chacun, fit retirer et nettoyer les riches harnais du cheval, et ordonna qu'on enlevât la peau des jaguars.

Ce qui fut exécuté en un clin d'œil.

Pourtant, nô Eusébio était inquiet, don Ramon ordinairement le premier levé à l'hacienda n'avait pas encore paru.

Le soir précédent à la suite de la foudroyante accusation lancée par le juez de letras contre le fils aîné de l'hacendero, celui-ci avait ordonné à ses serviteurs de se retirer, et après avoir lui-même, malgré les pleurs et les prières de sa femme, soliment garrotté son fils, il avait emmené don Inigo d'Albaceyte dans une salle retirée de la ferme, où tous deux étaient restés enfermés jusqu'à une heure fort avancée de la nuit.

Que s'était-il passé dans cet entretien pendant lequel avait dû être arrêté le sort de Rafaël? personne ne le savait, nô Eusébio pas plus que les autres.

Puis après avoir conduit don Inigo dans une chambre qu'il lui avait fait préparer, et lui avoir souhaité une bonne nuit, don Ramon était allé rejoindre son fils, auprès duquel la pauvre mère pleurait toujours ; sans prononcer une parole, il avait pris l'enfant dans ses bras et l'ayait emporté dans sa chambre à coucher où il l'avait étendu sur le sol auprès de son lit, ensuite l'hacendero avait fermé la porte à clé, s'était couché, deux pistolets à son chevet, et la nuit s'était écoulée ainsi, le père et le fils se lançant dans l'obscurité des regards de bêtes fauves, et la pauvre mère agenouillée sur le seuil de cette chambre dont l'entrée lui était interdite, pleurant silencieusement sur son premier-né qui, elle en avait le pressentiment terrible, allait lui être ravi pour toujours.

— Hum! murmurait à part lui le mayoral, tout en mâchonnant sans y songer le bout de sa cigarette éteinte, qu'est-ce que tout cela va devenir? Don Ramon n'est pas homme à pardonner, il ne transigera pas avec son honneur. Abandonnera-t-il son fils à la justice? oh! non! mais alors que fera-t-il?

Le digne mayoral en était là de ses réflexions lorsque don Inigo Albaceyte et don Ramon parurent dans le patio.

Le visage des deux hommes était sévère, celui de l'hacendero surtout était sombre comme la nuit.

— Nô Eusébio, dit don Ramon d'une voix brève, faites seller un cheval et préparer une escorte de quatre hommes pour conduire ce cavalier à Hermosillo.

Le mayoral s'inclina respectueusement et donna immédiatement les ordres nécessaires.

— Je vous remercie mille fois, continua don Ramon en s'adressant au juge, vous sauvez l'honneur de ma maison.

— Ne me soyez pas si reconnaissant, seigneur, répondit don Inigo, je vous jure que lorsque je suis sorti hier soir de la ville, je n'avais nullement l'intention de vous être agréable.

2.

L'hacendero fit un geste.

— Mettez-vous à ma place, je suis juge criminel avant tout, on *coupe* une personne, un mauvais drôle, je vous le concède, mais un homme, quoique de la pire espèce ; l'assassin est connu, il traverse au galop la ville, en plein soleil, à la vue de tous, avec une effronterie incroyable, que devais-je faire ? me mettre à sa poursuite, je n'ai pas hésité.

— C'est vrai, murmura don Ramon en baissant la tête.

— Et mal m'en a pris, les coquins qui m'accompagnaient m'ont abandonné comme des poltrons au plus fort de l'orage pour se cacher je ne sais où ; pour comble de disgrâce, deux jaguars, de magnifiques bêtes du reste, se sont lancés à ma poursuite, ils me serraient de si près que je suis venu tomber comme une masse à votre porte ; j'en ai tué un, c'est vrai, mais l'autre était bien près de me happer lorsque vous m'êtes venu en aide. Pouvais-je après cela arrêter le fils de l'homme qui m'avait sauvé la vie au péril de la sienne ? c'eût été agir avec la plus noire ingratitude.

— Merci, encore une fois.

— Mais non, nous sommes quittes, voilà tout. Je ne parle pas des quelques milliers de piastres que vous m'avez donnés, puisqu'ils serviront à fermer la bouche à mes loups cerviers ; seulement, croyez-moi, don Ramon, surveillez votre fils, s'il retombait une autre fois dans mes mains, je ne sais pas comment je pourrrais le sauver.

— Soyez tranquille, don Inigo, mon fils ne retombera plus dans vos mains.

L'hacendero prononça ces paroles d'une voix tellement sombre que le juge se retourna en tressaillant.

— Prenez garde à ce que vous allez faire ! dit-il.

— Oh ! ne craignez rien, répondit don Ramon, seulement comme je ne veux pas que mon fils monte sur un échafaud et traîne mon nom dans la boue, je saurai y mettre ordre.

En ce moment on amena le cheval.

Le juez de letras se mit en selle.

— Allons adieu, don Ramon, dit-il d'une voix indulgente, soyez prudent, ce jeune homme peut encore se corriger, il a le sang vif, pas autre chose.

— Adieu, don Inigo Albaceyte, répondit l'hacendero d'un ton sec qui n'admettait pas de réplique.

Le juge secoua la tête, et piquant des deux il partit au grand trot suivi de son escorte après avoir fait un dernier geste d'adieu au fermier.

Celui-ci le suivit des yeux tant qu'il put l'apercevoir, puis il rentra à grands pas dans l'hacienda.

— Nô Eusébio, dit-il au mayoral, sonnez la cloche pour réunir tous les péons ainsi que les autres serviteurs de l'hacienda.

Le mayoral après avoir regardé son maître avec étonnement, se hâta d'exécuter l'ordre qu'il avait reçu.

— Qu'est-ce que tout cela signifie? dit-il.

Au bruit de la cloche, les employés de la ferme s'empressèrent d'accourir, ne sachant à quoi attribuer cette convocation extraordinaire.

Ils furent bientôt réunis tous dans la grande salle qui servait de réfectoire. Le plus complet silence régnait parmi eux. Une angoisse secrète leur serrait le cœur. Ils avaient le pressentiment d'un événement terrible.

Après quelques minutes d'attente, dona Jesusita entra entourée de ses enfants, à l'exception de Rafaël, et fut prendre place sur une estrade préparée à l'un des bouts de la salle.

Ses traits étaient pâles, ses yeux rougis montraient qu'elle avait pleuré.

Don Ramon parut.

Il avait revêtu un costume complet de velours noir, sans broderies, une lourde chaîne d'or pendait sur sa poitrine, un chapeau de feutre noir à larges bords, orné d'une plume d'aigle, couvrait sa tête, une longue épée à garde en fer bruni pendait à son côté gauche.

Son front était chargé de rides, ses sourcils étaient froncés au-dessus de ses yeux noirs qui semblaient lancer des éclairs.

Un frisson de terreur parcourut les rangs de l'assemblée. Don Ramon Garillas avait revêtu son costume de justicier.

Justice allait donc être faite ?

Mais de qui ?

Lorsque don Ramon eut pris place à la droite de sa femme, il fit un signe.

Le mayoral sortit et rentra un instant après suivi de Rafaël.

Le jeune homme était nu-tête, il avait les mains attachées derrière le dos.

Les yeux baissés, le visage pâle, il se plaça devant son père, qu'il salua respectueusement.

A l'époque où se passe notre histoire, surtout dans les pays éloignés des centres, et exposés aux continuelles incursions des Indiens, les chefs de familles avaient conservé dans toute sa pureté cette autorité patriarcale, que les efforts de notre civilisation dépravée tendent de plus en plus à amoindrir et à faire disparaître.

Un père était souverain dans sa maison, ses jugements étaient sans appel et exécutés sans murmures et sans résistance.

Les gens de la ferme connaissaient le caractère ferme et la volonté implacable de leur maître, ils savaient qu'il ne pardonnait jamais, que son honneur lui était plus cher que la vie, ce fut donc avec un sentiment de crainte indéfinissable qu'ils se préparèrent à assister au drame terrible qui allait se jouer devant eux entre le père et le fils.

Don Ramon se leva, promena un regard sombre sur l'assistance, et jetant son chapeau à ses pieds :

— Écoutez tous, dit-il d'une voix brève et profondément accentuée, je suis d'une vieille race chrétienne dont les ancêtres n'ont jamais failli; l'honneur a toujours dans ma maison été considéré comme le premier bien, cet honneur que mes aïeux m'ont transmis intact et que je me suis efforcé de conserver pur, mon fils premier né, l'héritier de mon nom, vient de le souiller d'une tache indélébile. Hier, à Hermosillo, à la suite d'une querelle dans un tripot, il a mis le feu à une maison au risque d'incendier toute la ville, et comme un homme voulait s'opposer à sa fuite, il l'a tué d'un coup de poignard. Que penser d'un enfant qui, dans un âge aussi tendre, est doué de ces instincts de bête fauve? Justice doit être faite, vive Dieu! je la ferai sévère!

Après ces paroles, don Ramon croisa les bras sur sa poitrine et sembla se recueillir.

Nul n'osait hasarder un mot en faveur de l'accusé; les fronts étaient baissés, les poitrines haletantes.

Rafaël était aimé des serviteurs de son père, à cause de son intrépidité qui ne connaissait pas d'obstacles, de son adresse à manier un cheval et à se servir de toutes les armes, et plus que tout pour la franchise et la bonté qui faisaient le fond de son caractère. Dans ce pays surtout, où la vie d'un homme est comptée pour si peu de chose, chacun était intérieurement disposé à excuser le jeune homme et à ne voir dans l'action qu'il avait commise que la chaleur du sang et l'emportement de la colère.

Dona Jesusita se leva ; toujours elle avait sans murmurer courbé sous les volontés de son mari, que depuis longues années elle était accoutumée à respecter ; l'idée seule de lui résister l'effrayait et faisait courir un frisson dans ses veines, mais toutes les forces aimantes de son âme s'étaient concentrées dans son cœur, elle adorait ses enfants, Rafaël surtout, dont le caractère indomptable avait plus que les autres besoin des soins d'une mère.

— Monsieur, dit-elle à son mari d'une voix pleine de larmes, songez que Rafaël est votre premier-né, que sa faute quelque grave qu'elle est, ne doit pas cependant être inexcusable à vos yeux, que vous êtes son père, et que moi ! moi ! fit-elle en tombant à genoux et en joignant les mains en éclatant en sanglots, j'implore votre pitié ; grâce, monsieur ! grâce pour mon fils !

Don Ramon releva froidement sa femme dont les pleurs inondaient le visage, et après l'avoir obligée à reprendre sa place sur son fauteuil.

— C'est surtout comme père, dit-il, que mon cœur doit être sans pitié !... Rafaël est un assassin et un incendiaire, il n'est plus mon fils !

— Que prétendez-vous faire ? s'écria dona Jesusita avec effroi.

— Que vous importe, madame ? répondit brusquement don Ramon, le soin de mon honneur me regarde seul ; qu'il vous suffise de savoir que cette faute est la dernière que votre fils commettra.

— Oh ! fit-elle avec horreur, voulez-vous donc être son bourreau !...

— Je suis son juge, répliqua l'implacable gentilhomme d'une voix terrible. Nô Eusébio, préparez deux chevaux.

— Mon Dieu ! mon Dieu ! s'écria la pauvre femme en se précipitant vers son fils, qu'elle enlaça étroitement de ses bras, nul ne viendra-t-il donc à mon secours ?

Tous les assistants étaient émus. Don Ramon lui-même ne put retenir une larme.

— Oh ! s'écria la mère avec une joie folle, il est sauvé ! Dieu a amolli le cœur de cet homme de fer !

— Vous vous trompez, madame, interrompit don Ramon en la repoussant brusquement en arrière ; votre fils n'est plus à moi, il appartient à ma justice !

Alors fixant sur son fils un regard froid comme une lame d'acier :

— Don Rafaël, dit-il d'une voix dont l'accent terrible fit malgré lui tressaillir le jeune homme, à compter de cet instant vous ne faites plus partie de cette société que vos crimes ont épouvantée ; c'est avec les bêtes fauves que je vous condamne à vivre et à mourir.

A cet arrêt terrible, dona Jesusita fit quelques pas en chancelant et tomba à la renverse.

Elle était évanouie.

Rafaël jusqu'à ce moment avait à grand'peine renfermé dans son cœur les émotions qui l'agitaient, mais à cette dernière péripétie, il ne put se contenir plus longtemps ; il s'élança vers sa mère en fondant en larmes et en poussant un cri déchirant :

— Ma mère ! ma mère !

— Venez ! lui dit don Ramon en lui posant la main sur l'épaule.

L'enfant s'arrêta, chancelant comme un homme ivre.

— Voyez, monsieur ! mais voyez donc ! s'écria-t-il avec un sanglot déchirant, ma mère se meurt !

— C'est vous qui l'avez tuée, répondit froidement l'hacendero.

Rafaël se retourna comme si un serpent l'avait piqué ; il lança à son père un regard d'une expression étrange, et les dents serrées, le front livide, il lui dit :

— Tuez-moi, monsieur, car je vous jure que de même que vous avez été sans pitié pour ma mère et pour moi, si je vis, je serai plus tard sans pitié pour vous !

Don Ramon lui jeta un regard de mépris.

— Marchons ! dit-il.

— Marchons ! répéta l'enfant d'une voix ferme.

Dona Jesusita qui commençait à revenir à la vie, s'aperçut comme dans un rêve du départ de son fils.

— Rafaël ! Rafaël ! cria-t-elle d'une voix déchirante.

Le jeune homme hésita une seconde, puis d'un bond il se précipita sur elle, l'embrassa avec une tendresse folle, et rejoignant son père :

— Maintenant, je puis mourir, fit-il, j'ai dit adieu à ma mère !

Ils sortirent.

Les assistants attérés de cette scène se séparèrent sans oser se communiquer leurs impressions, mais livrés à une profonde douleur.

Sous les caresses de son fils, la pauvre mère avait de nouveau perdu connaissance.

IV.

LA MÈRE.

Deux chevaux tenus en bride par Nô Eusébio attendaient à la porte de l'hacienda.

— Accompagnerai-je votre seigneurie? demanda le majordome.

— Non! répondit sèchement l'hacendero.

Il se mit en selle, plaça son fils en travers devant lui.

— Rentrez ce second cheval, dit-il, je n'en ai pas besoin.

Et, enfonçant les éperons dans les flancs de sa monture qui hennit de douleur, il partit à fond de train.

Le majordome rentra dans la ferme en secouant tristement la tête.

Dès que l'hacienda eut disparu derrière un pli de terrain, don Ramon s'arrêta, sortit un mouchoir de soie de sa poitrine, banda les yeux de son fils sans lui adresser une parole, et repartit.

Cette course dura longtemps dans le désert; elle avait quelque chose de lugubre, qui faisait froid à l'âme.

Ce cavalier vêtu de noir, glissant silencieusement

dans les sables, emportant à l'arçon de sa selle un enfant garrotté, dont les tressaillements nerveux et les soubresauts révélaient seuls l'existence, avait un aspect fatal et étrange qui aurait imprimé la terreur à l'homme le plus brave.

Bien des heures se passèrent sans qu'un mot fût échangé entre le père et le fils; le soleil commençait à baisser à l'horizon, quelques étoiles apparaissaient déjà dans le bleu sombre du ciel, le cheval courait toujours.

Le désert prenait d'instants en instants une apparence plus triste et plus sauvage ; toute trace de végétation avait disparu ; seulement çà et là des monceaux d'ossements blanchis par le temps marbraient le sable de taches livides, les oiseaux de proie tournaient lentement au-dessus du cavalier en poussant des cris rauques, et dans les profondeurs mystérieuses des *chaparals*, les bêtes fauves, aux approches du soir, préludaient par de sourds rugissements à leurs lugubres concerts.

Dans ces régions le crépuscule n'existe pas ; dès que le soleil a disparu, la nuit est complète.

Don Ramon galopait toujours.

Son fils ne lui avait pas adressé une prière, n'avait pas poussé une plainte.

Enfin, vers huit heures du soir, le cavalier s'arrêta. Cette course fiévreuse durait depuis dix heures. Le cheval râlait sourdement et trébuchait à chaque pas.

Don Ramon jeta un regard autour de lui ; un sourire de satisfaction plissa ses lèvres.

De tous les côtés, le désert déroulait ses immenses plaines de sable ; d'un seul les premiers plans d'une forêt vierge découpaient à l'horizon leur silhouette bizarre, qui tranchait d'une façon sinistre sur l'ensemble du paysage.

Don Ramon mit pied à terre, posa son fils sur le sable, ôta la bride de son cheval, afin qu'il pût manger la provende qu'il lui donna ; puis lorsqu'il se fut acquitté avec le plus grand sang-froid de ces divers devoirs, il s'approcha de son fils et lui enleva le bandeau qui couvrait ses yeux.

L'enfant resta immobile, fixant sur son père un regard terne et froid.

— Monsieur, lui dit don Ramon, d'une voix sèche et brève, vous êtes ici à plus de vingt lieues de mon hacienda, dans laquelle vous ne devez plus mettre les pieds sous peine de mort ; à compter de ce moment vous êtes seul, vous n'avez plus ni père, ni mère, ni famille ; puisque vous êtes une bête fauve, je vous condamne à vivre avec les bêtes fauves ; ma résolution est irrévocable, vos prières ne pourraient la changer, épargnez-les-moi donc,

— Je ne vous prie pas, répondit l'enfant d'une voix sourde ; on ne prie pas le bourreau.

Don Ramon tressaillit ; il fit quelques pas de long en large avec une agitation fébrile ; mais se remettant presque aussitôt, il continua :

— Voici dans ce sac des vivres pour deux jours ; je vous laisse cette carabine rayée qui dans ma main n'a jamais manqué le but ; je vous donne aussi ces pistolets, ce machete, ce couteau, cette hache, de la poudre et des balles dans ces cornes de buffalos ; vous trouverez dans le sac aux provisions un briquet et tout ce qu'il faut pour faire du feu ; j'y ai joint une Bible appartenant à votre mère. Vous êtes mort pour la société dans laquelle vous ne devez plus rentrer ; le désert est devant vous ; il vous appartient ; pour moi, je n'ai plus de fils, adieu ! Le Seigneur vous fasse miséricorde, tout est fini entre nous sur la terre ; vous restez seul et sans famille, à vous maintenant à commencer une seconde existence et à pourvoir à vos besoins. La Providence n'abandonne jamais ceux qui placent leur confiance en elle ; seule, désormais, elle veillera sur vous.

Après avoir prononcé ces mots, don Ramon, le visage impassible, remit la bride à son cheval, rendit à son fils la liberté, en tranchant d'un coup les liens qui l'attachaient, et se mettant en selle, il partit avec rapidité.

Rafaël se releva sur les genoux, pencha la tête en avant, écouta avec anxiété le galop précipité du cheval sur le sable, suivit des yeux, aussi longtemps qu'il put la distinguer, la fatale silhouette qui se détachait en noir aux rayons de la lune ; puis, lorsque le cavalier se fut enfin confondu avec les ténèbres, l'enfant porta la main à sa poitrine, une expression de désespoir impossible à rendre crispa ses traits :

— Ma mère!... ma mère!... s'écria-t-il.

Et il tomba à la renverse sur le sable.

Il était évanoui.

Après un temps de galop assez long, don Ramon ralentit insensiblement et comme malgré lui l'allure de son cheval, prêtant l'oreille aux bruits vagues du désert, écoutant avec anxiété, sans se rendre bien compte lui-même des raisons qui le faisaient agir, mais attendant peut-être un appel de son malheureux fils pour retourner auprès de lui. Deux fois même sa main serra machinalement la bride, comme s'il obéissait à une voix secrète qui lui commandait de revenir sur ses pas ; mais toujours l'orgueil féroce de sa race fut le plus fort, et il continua à marcher en avant.

Le soleil se levait au moment où don Ramon arrivait à l'hacienda.

Deux personnes debout, de chaque côté de la porte, attendaient son retour.

L'une était dona Jesusita, l'autre le majordome.

A l'aspect de sa femme, pâle et muette, qui se tenait devant lui comme la statue de la désolation, l'hacendero sentit une tristesse indicible lui serrer le cœur ; il voulut passer.

Dona Jesusita fit deux pas, et saisissant la bride du cheval :

— Don Ramon, lui dit-elle avec angoisse, qu'avez-vous fait de mon fils ?

L'hacendero ne répondit pas ; en voyant la douleur de sa femme un remords lui tordit le cœur dans la poitrine, il se demanda mentalement s'il avait réellement le droit d'agir comme il l'avait fait.

Dona Jesusita attendait vainement une réponse. Don Ramon regardait sa femme ; il avait peur en apercevant les sillons indélébiles que le chagrin avait creusés sur ce visage si calme, si tranquille quelques heures à peine auparavant.

La noble femme était livide ; ses traits tirés avaient une rigidité inouïe ; ses yeux brûlés de fièvre étaient rouges et secs, deux lignes noires et profondes les rendaient caves et hagards ; une large tache marbrait ses joues, trace de larmes dont la source était tarie ; elle ne pouvait plus pleurer, sa voix était rauque et saccadée, sa poitrine oppressée se soulevait douloureusement pour laisser échapper une respiration haletante.

Après avoir attendu pendant quelques secondes une réponse à sa demande :

— Don Ramon, reprit-elle, qu'avez-vous fait de mon fils ?

L'hacendero détourna la tête avec embarras.

— Oh ! vous l'avez tué ! fit-elle avec un cri déchirant.

— Non !... répondit-il effrayé de cette douleur, et pour la première fois de sa vie forcé de reconnaître le pouvoir de la mère qui demande compte de son enfant.

— Qu'en avez-vous fait? reprit-elle en insistant.

— Plus tard, dit-il, quand vous serez calme, vous saurez tout.

— Je suis calme, répondit-elle, pourquoi feindre une pitié que vous n'éprouvez pas? mon fils est mort, et c'est vous qui l'avez tué!

Don Ramon descendit de cheval.

— Jesusita, dit-il à sa femme en lui prenant les mains et la regardant avec tendresse, je vous jure par ce qu'il y a de plus sacré au monde, que votre fils existe; je n'ai pas touché un cheveu de sa tête.

La pauvre mère resta pensive pendant quelques secondes.

— Je vous crois, dit-elle après un instant; qu'est-il devenu?

— Eh bien! reprit-il avec hésitation, puisque vous voulez tout savoir, apprenez que si j'ai abandonné votre fils dans le désert... c'est en lui laissant les moyens de pourvoir à sa sûreté et à ses besoins.

Dona Jesusita tressaillit, un frisson nerveux parcourut tout son corps.

— Vous avez été clément, dit-elle d'une voix incisive et avec une ironie amère; vous avez été clément envers un enfant de seize ans, don Ramon, il vous répugnait de tremper vos mains dans son sang, vous avez préféré laisser cette tâche aux bêtes fauves et aux féroces Indiens, qui seuls peuplent ces solitudes.

— Il était coupable ! répondit l'hacendero d'une voix basse mais ferme.

— Un enfant n'est jamais coupable pour celle qui l'a porté dans son sein et nourri de son lait, fit-elle avec énergie ; très-bien, don Ramon, vous avez condamné votre fils, moi, je le sauverai !

— Que voulez-vous faire ? dit l'hacendero effrayé de la résolution qu'il vit briller dans l'œil de sa femme.

— Que vous importe ? don Ramon, j'accomplirai mon devoir comme vous avez cru devoir accomplir le vôtre ! Dieu jugera entre nous ! tremblez qu'il ne vous demande compte un jour du sang de votre fils !...

Don Ramon courba la tête sous cet anathème ; le front pâle et l'âme remplie de remords cuisants, il rentra lentement dans l'hacienda.

Dona Jesusita le suivit un instant des yeux.

— Oh ! s'écria-t-elle ! mon Dieu ! faites que j'arrive à temps.

Alors elle sortit, suivie de Nô Eusébio.

Deux chevaux les attendaient, cachés derrière un bouquet d'arbres. Ils se mirent en selle.

— Où allons-nous, senora ? demanda le majordome.

— A la recherche de mon fils ! répondit-elle d'une voix éclatante.

Elle semblait transfigurée par l'espérance. Un vif

incarnat colorait ses joues ; ses yeux noirs lançaient des éclairs.

Nô Eusébio détacha quatre magnifiques limiers, nommés *rastreros* dans le pays, et qui servent à suivre les pistes ; il leur fit sentir une chemise appartenant à Rafaël ; les limiers s'élancèrent sur la voie en poussant de grands cris ; Nô Eusébio et dona Jesusita bondirent à leur suite en échangeant un regard d'espoir suprême.

Les chiens n'eurent pas de peine à suivre la piste, elle était droite et sans hésitation aucune ; aussi ne s'arrêtèrent-ils pas un instant.

Lorsque dona Jesusita arriva à l'endroit où Rafaël avait été abandonné par son père, la place était vide !... l'enfant avait disparu !

Les traces de son séjour étaient visibles. Un feu achevait de mourir. Tout indiquait que Rafaël n'avait quitté cette place que depuis une heure à peine.

— Que faire ? demanda Nô Eusébio avec anxiété.

— Pousser en avant ! répondit résolument dona Jesusita, en enfonçant les éperons dans le ventre de son cheval, qui poussa un hennissement de fureur et reprit sa course frénétique.

Nô Eusébio la suivit.

Le soir de ce même jour, la plus grande consternation régnait à l'hacienda del Milagro.

Dona Jesusita et Nô Eusébio n'étaient pas rentrés.

Don Ramon fit monter tout le monde à cheval.

Armés de torches, les péons et les vaqueros commencèrent une battue immense à la recherche de leur maîtresse et du majordome.

La nuit entière s'écoula sans amener aucun résultat satisfaisant.

Au point du jour, le cheval de dona Jesusita fut retrouvé à demi dévoré dans le désert. Ses harnais manquaient.

Le terrain environnant le cadavre du cheval semblait avoir été le théâtre d'une lutte acharnée.

Don Ramon désespéré donna l'ordre du retour.

— Mon Dieu ! s'écria-t-il en rentrant dans l'hacienda, est-ce déjà mon châtiment qui commence ?

Des semaines, des mois, des années s'écoulèrent sans que rien vînt lever un coin du voile mystérieux qui enveloppait ces sinistres événements, et malgré les plus actives recherches, on ne put rien apprendre sur le sort de Rafaël, de sa mère et de Nô Eusébio.

FIN DU PROLOGUE.

PREMIÈRE PARTIE.

LE CŒUR LOYAL.

PREMIÈRE PARTIE.

LE CŒUR LOYAL.

I.

LA PRAIRIE.

A l'ouest des États-Unis s'étend à plusieurs centaines de milles au delà du Mississipi un immense territoire, inconnu jusqu'à ce jour, composé de terres incultes, où ne s'élève ni la maison du blanc, ni le *hatto* de l'Indien.

Ce vaste désert, entremêlé de sombres forêts aux mystérieux sentiers tracés par le pas des bêtes fauves, et de prairies verdoyantes aux herbes hautes et touffues, ondulant au moindre vent, est arrosé par de puissants cours d'eau, dont les principaux sont la grande rivière *Canadienne*, *l'Arkansas* et la *rivière Rouge*.

Sur ces terres à la végétation si riche, errent en troupes innombrables les chevaux sauvages, les buffles, les élans, les longues cornes, et ces milliers d'animaux que la civilisation des autres parties de l'Amérique refoule de jour en jour, et qui retrouvent dans ces parages leur primitive liberté.

Aussi les plus puissantes tribus indiennes ont-elles établi dans cette contrée leurs territoires de chasse.

Les *Delawares*, les *Cricks*, les *Osages*, parcourent les frontières du désert aux environs des établissements des Américains, avec lesquels quelques faibles liens de civilisation commencent à les unir, luttant contre les hordes des *Pawnies*, des *Pieds-Noirs*, des *Assiniboins* et des *Comanches,* peuplades indomptées, nomades des prairies ou habitantes des montagnes, qui parcourent dans tous les sens ce désert, dont nulles d'elles n'osent s'arroger la propriété, mais qu'elles semblent s'entendre pour dévaster, se réunissant en grand nombre pour des parties de chasse, comme s'il s'agissait de faire la guerre.

En effet, les ennemis que l'on est exposé à rencontrer dans ce désert sont de toutes espèces; sans parler ici des bêtes fauves, il y a encore les chasseurs, les trappeurs et les partisans, qui ne sont pas moins redoutables pour les Indiens que leurs compatriotes.

Aussi la prairie, théâtre sinistre de combats incessants et terribles, n'est-elle en réalité qu'un vaste ossuaire, où s'engloutissent obscurément chaque année, dans une guerre d'ambuscades sans merci, des milliers d'hommes intrépides.

Rien de plus grandiose et de plus majstueux que l'aspect de ces prairies dans lesquelles la Providence a versé à pleines mains d'innombrables richesses, rien de plus séduisant que ces vertes campagnes, ces épaisses forêts, ces larges rivières ; le murmure mélancolique des eaux sur les cailloux de la plage, le chant des milliers d'oiseaux cachés sous la feuillée, les bonds des animaux s'ébattant au milieu des hautes herbes, tout enchante, tout attire et entraîne le voyageur fasciné, qui bientôt, victime de son enthousiasme, tombera dans un de ces piéges sans nombre tendus sous ses pas parmi les fleurs, et payera de sa vie son imprudente crédulité.

Vers la fin de l'année 1837, dans les derniers jours du mois de septembre, nommé par les Indiens *Lune des feuilles tombantes*, — *Inaqui Quisis*, — un homme jeune encore et qu'à la couleur de son teint, à défaut de son costume entièrement semblable à celui des Indiens, il était facile de reconnaître pour un blanc, était assis, une heure à peu près avant le coucher du soleil, auprès d'un feu dont le besoin commençait à se faire sentir à cette époque de l'année, dans un des endroits les plus ignorés de la prairie que nous venons de décrire.

Cet homme avait trente-cinq ou trente-six ans au plus, quoique quelques rides profondément creusées dans son large front d'une blancheur mate, semblassent indiquer un âge plus avancé.

Les traits de son visage étaient beaux, nobles, empreints de cette fierté et de cette énergie que donne la vie sauvage. Ses yeux noirs à fleur de tête couronnés d'épais sourcils, avaient une expression douce et mélancolique qui en tempérait l'éclat et la vivacité ; le bas de son visage disparaissait sous une barbe longue et touffue, dont la teinte bleuâtre tranchait avec l'étrange pâleur répandue sur ses traits.

Sa taille était haute, élancée, parfaitement proportionnée ; ses membres nerveux sur lesquels ressortaient des muscles d'une rigidité extrême, montraient qu'il était doué d'une vigueur peu commune. Enfin toute sa personne inspirait cette respectueuse sympathie que les natures d'élite s'attirent plus facilement dans ces contrées que dans nos pays, où l'apparence physique n'est presque toujours que l'apanage de la brute.

Son costume, d'une grande simplicité, se composait d'un *mitasse*, espèce de caleçon étroit tombant aux chevilles, attaché aux hanches par un ceinturon de cuir, et d'une blouse de chasse en calicot, brodée d'agréments en laine de différentes couleurs, qui lui descendait à mi-jambes. Cette blouse, ouverte par devant, laissait voir sa poitrine brunie, sur laquelle pendait un scapulaire de velours noir, retenu par une mince chaîne d'acier. Des bottines de peau de daim non tannée le garantissaient des morsures des reptiles, et lui montaient jusqu'au-dessus du genou ; enfin un bonnet de peau de castor dont la queue tombait par derrière, couvrait sa tête et laissait échapper de longues boucles d'une luxuriante chevelure noire, mêlée déjà de fils d'argent, qui s'épanouissaient sur ses larges épaules.

Cet homme était un chasseur.

Une magnifique carabine à canon rayé, placée auprès de lui à portée de sa main, la gibecière qu'il portait en bandoulière et les deux cornes de buffalos, pendues à sa ceinture et pleines de poudre et de balles, ne laissaient aucun doute à cet égard. Deux longs pistolets doubles étaient négligemment jetés auprès de la carabine.

Le chasseur, armé de ce long couteau nommé *machete*, sabre à lame courte et droite qui n'abandonne jamais les habitants des prairies, était occupé à écorcher consciencieusement un castor, tout en veillant avec soin sur un cuisseau de daim qui rôtissait au feu, suspendu à une corde, et en prêtant l'oreille aux moindres bruits qui s'élevaient dans la prairie.

L'endroit où se trouvait cet homme était admirablement choisi pour une halte de quelques heures.

C'était une clairière au sommet d'une colline assez élevée, qui par sa position dominant la prairie à une grande distance, empêchait une surprise. Une source jaillissait à quelques pas du lieu où le chasseur avait établi son bivouac, et descendait en formant une capricieuse cascade dans la plaine. L'herbe haute et abondante offrait un excellent *pasto* à deux superbes chevaux, à l'œil sauvage et étincelant, qui entravés à l'amble broyaient à pleines dents leur provende à quelques pas. Le feu allumé avec du bois sec, et abrité de trois côtés par des quartiers de roc, ne laissait échapper qu'une mince colonne de fumée imperceptible à dix pas, et un rideau d'arbres séculaires cachait le campement aux regards indiscrets de ceux qui probablement étaient en embuscade aux environs.

Enfin toutes les précautions nécessaires à la sûreté du chasseur avaient été prises avec cette prudence qui annonce une connaissance approfondie de la vie de coureur des bois.

Les feux rougeâtres du couchant teignaient de reflets charmants la cime des grands arbres, le soleil était près de disparaître derrière les montagnes qui bornaient l'horizon, lorsque les chevaux interrompirent subitement leur repas, levèrent la tête et pointèrent les oreilles, signes d'inquiétude qui n'échappèrent pas au chasseur.

Quoiqu'il n'entendît encore aucun bruit suspect, que tout semblât calme aux environs, il se hâta de placer devant le feu la peau du castor, tendue sur deux bâtons en croix, et sans se lever, il étendit la main vers sa carabine.

Le cri de la pie se fit entendre répété à trois reprises différentes, à intervalles égaux.

Le chasseur replaça sa carabine à ses côtés avec un sourire et se remit à surveiller le souper; presque immédiatement les herbes s'agitèrent violemment, et deux magnifiques limiers vinrent en bondissant se coucher auprès du chasseur, qui les flatta un instant et eut une certaine difficulté à se débarrasser de leurs caresses.

Les chevaux avaient repris insoucieusement leur repas interrompu.

Ces chiens ne précédaient que de quelques minutes un second chasseur, qui fit presque immédiatement son apparition dans la clairière.

Ce nouveau personnage, beaucoup plus jeune que le premier, car il ne paraissait pas âgé de plus de vingt-deux ans, était un homme grand, mince, agile, aux formes nerveuses, à la tête un peu ronde, éclairée par deux yeux gris, pétillants d'intelligence, et doué d'une physionomie ouverte et loyale, à laquelle de longs cheveux d'un blond cendré donnaient quelque chose d'enfantin.

Il était vêtu du même costume que son compagnon, et jeta en arrivant auprès du feu un chapelet d'oiseaux qu'il portait sur ses épaules.

Les deux chasseurs se livrèrent alors, sans échanger une parole, aux apprêts de l'un de ces soupers qu'un long exercice a toujours le privilége de faire trouver excellents.

La nuit était complétement venue, le désert s'éveillait peu à peu ; les hurlements des bêtes fauves résonnaient déjà dans la prairie.

Les chasseurs, après avoir soupé de bon appétit, allumèrent leurs pipes, et se plaçant le dos au feu afin que la lueur de la flamme ne les empêchât pas de distinguer l'approche des visiteurs suspects que l'obscurité pouvait leur amener, ils fumèrent avec cette béatitude de gens qui après une longue et pénible journée savourent un instant de repos, que peut-être ils ne retrouveront pas de long temps.

— Eh bien? dit laconiquement le premier chasseur, entre deux bouffées de tabac.

— Vous aviez raison, répondit l'autre.

— Ah!

— Oui, nous avons trop obliqué sur la droite, c'est ce qui nous a fait perdre la piste.

— J'en étais sûr, reprit le premier; voyez-vous, *Belhumeur*, vous vous fiez trop à vos habitudes canadiennes, les Indiens auxquels nous avons affaire ici, ne ressemblent en rien aux Iroquois, qui parcourent les territoires de chasse de votre pays.

Belhumeur inclina la tête en signe d'assentiment.

— Du reste, reprit l'autre, ceci est de peu d'importance en ce moment, l'urgent est de savoir quels sont nos voleurs.

— Je le sais.

— Bon! fit l'autre en retirant vivement sa pipe de sa bouche; et quels sont les Indiens qui ont osé voler des trappes marquées de mon chiffre?

— Les Comanches.

— Je m'en doutais, vive Dieu! Dix de nos meilleures trappes volées pendant la nuit! Je vous jure,

Belhumeur, qu'ils les paieront cher!... Et où se trouvent les Comanches en ce moment?

— A trois lieues de nous tout au plus. C'est un parti de pillards composé d'une douzaine d'hommes, d'après la direction qu'ils suivent, ils regagnent leurs montagnes.

— Ils n'y arriveront pas tous, fit le chasseur en jetant un coup d'œil sur sa carabine.

— Parbleu! dit Belhumeur avec un gros rire, ils n'auront que ce qu'ils méritent; je m'en rapporte à vous, *Cœur Loyal,* pour les punir de leur incartade; mais vous serez bien plus déterminé à vous venger d'eux, lorsque vous saurez par qui ils sont commandés.

— Ah! ah! je connais donc leur chef?

— Un peu, dit Belhumeur en souriant, c'est *Néhu nutah.*

— *La Tête d'Aigle!* s'écria le Cœur Loyal en bondissant, oh! oh! oui je le connais, et Dieu veuille que cette fois je puisse régler le vieux compte que nous avons ensemble. Il y a assez longtemps que ses *Mocksens* foulent le même sentier que moi et me barrent le passage.

Après avoir prononcé ces paroles avec un accent de haine qui fit frisonner Belhumeur, le chasseur fâché d'avoir laissé paraître la colère qui le dominait, reprit sa pipe et continua à fumer avec une feinte insouciance dont son compagnon ne fut point la dupe.

La conversation fut interrompue.

Les deux chasseurs semblaient absorbés par de profondes réflexions et fumaient silencieusement aux cotés l'un de l'autre.

Enfin Belhumeur se tourna vers son compagnon.

— Veillerai-je? demanda-t-il.

— Non, répondit à voix basse le Cœur Loyal, dormez, je ferai sentinelle pour vous et pour moi.

Belhumeur, sans faire la moindre observation, se coucha auprès du feu, et quelques minutes plus tard il dormait profondément.

Lorsque le hibou fit entendre son chant matinal qui semble saluer l'apparition prochaine du soleil, le Cœur Loyal, qui durant toute la nuit était demeuré immobile comme une statue de marbre, réveilla son compagnon.

— Il est l'heure, dit-il.

— Bien! répondit Belhumeur qui se leva aussitôt.

Les chasseurs sellèrent leurs chevaux, descendirent la colline avec précaution et s'élancèrent sur la piste des Comanches.

En ce moment le soleil apparut radieux à l'horizon, dissipant les ténèbres et illuminant la prairie de sa magnifique et vivifiante lumière.

II.

LES CHASSEURS.

Deux mots maintenant sur les personnages que nous venons de mettre en scène et qui sont appelés à jouer un role important dans cette histoire.

Le *Cœur Loyal* — ce nom était le seul sous lequel le chasseur était connu dans toutes les prairies de l'Ouest — jouissait d'une immense réputation d'adresse, de loyauté et de courage parmi les tribus indiennes avec lesquelles les hasards de son aventureuse existence l'avaient mis en rapport. Toutes le respectaient.

Les chasseurs et les trappeurs blancs, espagnols, américains du nord ou métis, faisaient grand cas de son expérience des bois et avaient souvent recours à ses conseils.

Les pirates des prairies eux-mêmes, gens de sac et de corde, rebut de la civilisation, qui ne vivent que de rapines et d'exactions, n'osaient s'attaquer à lui et évitaient autant que possible de se trouver sur son passage.

Ainsi cet homme était parvenu par la force seule de son intelligence et de sa volonté, à se créer presqu'à son insu une puissance acceptée et reconnue par les féroces habitants de ces vastes déserts.

Puissance dont il ne se servait que dans l'intérêt commun, et pour faciliter à tous les moyens de se livrer en toute sûreté aux occupations qu'ils avaient adoptées.

Nul ne savait qui était le Cœur Loyal, ni d'où il venait; le plus grand mystère couvrait ses premières années.

Un jour, il y avait quinze ou vingt ans de cela, il était tout jeune alors, des chasseurs l'avaient rencontré sur les bords de l'Arkansas en train de tendre des trappes à castors. Les rares questions qui lui avaient été adressées sur sa vie étaient demeurées sans réponse; les chasseurs, gens peu causeurs de leur nature, croyant soupçonner sous les paroles embarrassées et les réticences du jeune homme, un secret qu'il désirait garder, se firent un scrupule de le presser davantage et tout fut dit.

Cependant au contraire des autres chasseurs ou trappeurs des prairies qui tous ont un ou deux compagnons avec lesquels ils s'associent et qu'ils ne quittent jamais, le Cœur Loyal vivait seul, n'ayant pas d'habitation fixe, il parcourait dans tous les sens le désert sans planter sa tente nulle part.

Toujours sombre et mélancolique, il fuyait la société de ses semblables, tout en étant prêt, lorsque l'occasion s'en présentait, à leur rendre service et même à exposer sa vie pour eux. Puis lorsqu'on voulait lui exprimer de la reconnaissance, il piquait son cheval et allait tendre ses trappes au loin afin de donner le temps à ceux qu'il avait obligés d'oublier le service rendu.

Tous les ans à la même époque, c'est-à-dire vers le mois d'octobre, le Cœur Loyal disparaissait pendant des semaines entières sans que l'on pût soupçonner où il allait, puis lorsqu'il reparaissait, pendant quelques jours, son visage était plus sombre et plus triste.

Un jour, il était revenu de l'une de ces mystérieuses expéditions accompagné de deux magnifiques limiers tout jeunes, qui depuis étaient demeurés avec lui et qu'il semblait aimer beaucoup.

Cinq ans avant l'époque où nous reprenons ce récit, revenant un soir de poser ses trappes pour la nuit, il avait tout à coup distingué à travers les arbres, le feu d'un campement indien.

Un homme blanc, âgé de dix-sept ans à peine, attaché à un poteau, servait de but aux couteaux des Peaux Rouges, qui se divertissaient à le martyriser avant de le sacrifier à leur rage sanguinaire.

Cœur Loyal, n'écoutant que la pitié que lui inspirait la victime, sans réfléchir au danger terrible auquel il s'exposait, s'était bravement élancé au milieu des Indiens, et était venu se placer devant le prisonnier, auquel il avait fait un rempart de son corps.

Ces Indiens étaient des Comanches; étourdis par

cette irruption subite à laquelle ils étaient loin de s'attendre, ils restèrent quelques instants immobiles, confondus par tant d'audace.

Sans perdre de temps, Cœur Loyal avait tranché les liens du prisonnier et lui donnant son couteau que l'autre reçut avec joie, ils se préparèrent tous deux à vendre chèrement leur vie.

Les blancs inspirent aux Indiens une terreur instinctive invincible. Cependant les Comanches revenus de leur surpise firent un geste pour s'élancer en avant et attaquer les deux hommes qui semblaient les braver.

Mais la lueur du feu qui donnait en plein sur le visage du chasseur avait permis de le reconnaître.

Les Peaux Rouges reculèrent avec respect en murmurant entre eux :

— Le Cœur Loyal! le grand chasseur pâle.

La Tête d'Aigle, ainsi se nommait le chef des Indiens, ne connaissait pas le chasseur ; c'était la première fois qu'il descendait dans les prairies de l'Arkansas, il n'avait rien compris à l'exclamation de ses guerriers. D'ailleurs, il détestait cordialement les blancs, auxquels il avait juré de faire une guerre d'extermination. Outré de ce qu'il considérait comme une lâcheté de la part de ceux qu'il commandait, il s'était avancé seul contre le Cœur Loyal; mais alors il s'était passé une chose étrange.

Les Comanches s'étaient jetés sur leur chef et malgré leur respect pour lui, ils l'avaient désarmé pour qu'il ne pût se porter à aucune voie de fait contre le chasseur.

Le Cœur Loyal, après les avoir remerciés, avait lui-même rendu au chef les armes qu'on lui avait enlevées et que celui-ci reçut en lançant un regard sinistre à son généreux adversaire.

Le chasseur avait haussé les épaules avec dédain ; heureux de sauver la vie à un homme, il s'était retiré avec le prisonnier.

Le Cœur Loyal venait en moins de dix minutes de se faire un ennemi implacable et un ami dévoué.

L'histoire du prisonnier était simple.

Parti du Canada avec son père, pour venir chasser dans les prairies, ils étaient tombés entre les mains des Comanches ; après une résistance désespérée son père, couvert de blessures, n'avait pas tardé à succomber ; les Indiens fâchés de cette mort qui leur enlevait une victime, avaient prodigué au jeune homme les plus grands soins, afin qu'il pût honorablement figurer au poteau du supplice, ce qui serait inévitablement arrivé, sans l'intervention providentielle du Cœur Loyal.

Après avoir obtenu ces renseignements, le chasseur avait demandé au jeune homme quelles étaient ses intentions et si le rude apprentissage qu'il venait de faire du métier de coureur des bois ne l'avait pas dégoûté de la vie d'aventures.

— Ma foi non, au contraire, avait répondu l'autre, je me sens plus que jamais déterminé à suivre cette

4.

carrière, et puis, avait-il ajouté, je veux venger mon père.

— C'est juste, avait observé le chasseur.

La conversation en était restée là.

Cœur Loyal avait conduit le jeune homme à une de ses *caches*, espèces de magasins creusés dans la terre et dans lesquels les trappeurs conservent leurs richesses; il en avait tiré tout l'équipement d'un trappeur, fusil, couteau, pistolets, gibecières, trappes, puis après avoir remis ces divers objets à son protégé.

— Allez, lui avait-il dit simplement, et que Dieu vous aide !

L'autre l'avait regardé sans répondre ; évidemment il ne comprenait pas.

Le Cœur Loyal sourit.

— Vous êtes libre, reprit-il, voici les objets nécessaires pour faire votre nouveau métier, je vous les donne, la prairie est devant vous, bonne chance.

Le jeune homme secoua la tête.

— Non, dit-il, je ne vous quitterai pas à moins que vous ne me chassiez; je suis seul, sans famille, sans amis, vous m'avez sauvé la vie, je vous appartiens.

— Je ne fais pas payer les services que je rends, dit le chasseur.

— Vous les faites payer trop cher, répondit vivement l'autre puisque vous n'acceptez pas la reconnaissance ; reprenez vos dons, ils me sont inutiles, je ne suis pas un mendiant auquel on jette une aumône, je préfère aller me livrer de nouveau aux Comanches, adieu !

Et le Canadien se mit résolument en marche du côté du camp des Indiens.

Le Cœur Loyal fut ému; ce jeune homme avait l'air si franc, si naïf, qu'il sentit quelque chose se remuer pour lui dans sa poitrine.

— Arrêtez, dit-il.

L'autre s'arrêta.

— Je vis seul, continua le chasseur, l'existence que vous passerez avec moi sera triste ; un grand chagrin me dévore, pourquoi vous attacher à moi qui suis malheureux ?

— Pour partager votre chagrin, si vous m'en jugez digne, et vous consoler si cela est possible ; l'homme seul risque de tomber dans le désespoir, Dieu lui a ordonné de s'adjoindre des compagnons.

— C'est vrai ! murmura le chasseur indécis.

— A quoi vous arrêtez-vous? demanda le jeune homme avec anxiété.

Le Cœur Loyal le considéra un instant avec attention, son œil d'aigle sembla vouloir scruter ses plus secrètes pensées, puis sans doute satisfait de son examen :

— Comment vous nommez-vous? lui dit-il.

— Belhumeur, répondit l'autre, ou si vous le préférez, Georges Talbot, mais on ne me donne ordinairement que le premier nom.

Le chasseur sourit.

— Ce nom promet, dit-il, et lui tendant la main : Belhumeur, ajouta-t-il, à partir de cet instant vous êtes mon frère, désormais c'est entre nous à la vie et à la mort.

Il le baisa sur les yeux ainsi que cela se pratique dans les prairies dans des circonstances semblables.

— A la vie et à la mort! répondit avec élan le Canadien en serrant chaleureusement la main qui lui était tendue, et en baisant à son tour son nouveau frère sous les yeux.

Voilà de quelle façon le Cœur Loyal et Belhumeur s'étaient connus. Depuis cinq ans, pas le moindre nuage, pas la plus petite ombre n'avait passé sur l'amitié que ces deux natures d'élite s'étaient jurée dans le désert, à la face de Dieu. Au contraire, tous les jours elle semblait s'accroître, ils n'avaient qu'un cœur à deux, complétement sûrs l'un de l'autre, devinant leurs pensées les plus cachées ; ces deux hommes avaient vu leurs forces se décupler et telle était leur confiance réciproque, qu'ils en étaient arrivés à ne plus douter de rien, à entreprendre et mener à bien les expéditions les plus audacieuses, devant lesquelles dix hommes résolus auraient hésité.

Mais tout leur réussissait. Rien ne paraissait leur être impossible, on aurait dit qu'un charme les protégeait et les rendait invulnérables et invincibles.

Aussi leur réputation s'était-elle répandue au loin,

et ceux que leur nom ne frappait pas d'admiration, le répétaient avec terreur.

Après quelques mois passés par Cœur Loyal à étudier son compagnon, entraîné par ce besoin que l'homme éprouve de confier ses peines à un ami sûr, le chasseur n'avait plus eu de secrets pour Belhumeur. Cette confidence que le jeune homme attendait avec impatience, mais qu'il n'avait rien fait pour amener, avait resserré encore, s'il est possible, les liens qui attachaient les deux hommes, en fournissant au Canadien les moyens de donner à son ami les consolations que son âme froissée exigeait, et lui permettant de ne jamais irriter des plaies toujours saignantes.

Le jour où nous les avons rencontrés dans la prairie, ils venaient d'être victimes d'un vol audacieux, commis par leur vieil ennemi la Tête d'Aigle, le chef Comanche, dont la haine et la rancune au lieu de s'affaiblir avec le temps, n'avaient au contraire fait que s'augmenter.

L'Indien, avec la fourberie caractéristique de sa race, avait dissimulé et dévoré en silence l'affront qu'il avait subi de la part des siens et dont les deux chasseurs blancs étaient les causes directes, attendant patiemment l'heure de la vengeance. Il avait sourdement creusé un abîme sous les pieds de ses ennemis, indisposant peu à peu les Peaux Rouges contre eux, répandant adroitement des calomnies sur leur compte. Grâce à ce système, il avait enfin réussi, il le croyait du moins, à indisposer jusqu'aux chasseurs blancs et métis et à faire considérer les deux hommes comme des ennemis, par tous les individus dispersés dans la prairie.

Dès que ce résultat avait été obtenu, la Tête d'Aigle s'était mis à la tête d'une trentaine de guerriers dévoués, et voulant amener un éclat qui perdrait ceux dont il avait juré la mort, il avait dans une seule nuit volé toutes leurs trappes, certain qu'ils ne laisseraient pas un tel affront impuni et qu'ils voudraient en tirer vengeance.

Le chef ne s'était pas trompé dans ses calculs, tout était arrivé comme il l'avait prévu.

C'était là qu'il attendait ses ennemis.

Pensant qu'ils ne trouveraient aucun secours parmi les Indiens ou les chasseurs, il se flattait, grâce aux trente hommes résolus qu'il commandait, de s'emparer facilement des deux chasseurs qu'il se proposait de faire mourir dans des tortures atroces.

Mais il avait commis la faute de dissimuler le nombre de ses guerriers, afin d'inspirer plus de confiance aux chasseurs.

Ceux-ci n'avaient été qu'à moitié dupes de ce stratagème ; se trouvant assez forts pour lutter même contre vingt Indiens, ils n'avaient réclamé l'aide de personne pour se venger d'ennemis qu'ils méprisaient et s'étaient, comme nous l'avons vu, mis résolument à la poursuite des Comanches.

Fermant ici cette parenthèse un peu longue, mais

indispensable pour l'intelligence de ce qui va suivre, nous reprendrons notre récit au point où nous l'avons interrompu en terminant le précédent chapitre.

265

III

LA PISTE.

La Tête d'Aigle, qui voulait être découvert par ses ennemis, n'avait pris aucun soin pour dissimuler sa piste.

Elle était parfaitement visible dans les hautes herbes, et si parfois elle semblait s'effacer, les chasseurs n'avaient qu'à se pencher légèrement de côté pour en retrouver les empreintes.

Jamais dans la prairie l'on avait suivi un ennemi de la sorte. Cela devait d'autant plus paraître singulier au Cœur Loyal qui de longue date connaissait à fond toutes les ruses des Indiens et savait avec quel talent, lorsqu'ils le jugent nécessaire, ils font disparaître les marques de leur passage.

Cette facilité lui donnait à réfléchir. Pour que les Comanches n'eussent pas pris plus de soin, il fallait qu'ils se crussent bien forts, ou bien qu'ils eussent préparé une embuscade dans laquelle ils espéraient faire tomber leurs trop confiants ennemis.

Les deux chasseurs s'avançaient, jetant de temps en temps un regard à droite ou à gauche afin d'être sûrs de ne pas se tromper, mais la piste allait toujours en ligne droite, sans détours ni circuits d'aucune sorte. Il était impossible de rencontrer plus de facilité dans une poursuite, Belhumeur lui même commençait à trouver cela extraordinaire et à s'en inquiéter sérieusement.

Mais si les Comanches n'avaient pas voulu se donner la peine de cacher leur marche, les chasseurs n'agissaient pas comme eux, ils n'avançaient qu'en effaçant au fur et à mesure la trace de leur passage.

Ils arrivèrent ainsi sur les bords d'un ruisseau assez large, nommé le *Vert de gris,* qui est un affluent de la grande Canadienne.

Avant de traverser cette petite rivière de l'autre côté de laquelle les chasseurs ne seraient plus très éloignés des Indiens, Cœur Loyal s'arrêta en faisant signe à son compagnon de l'imiter.

Tous deux descendirent de cheval, et conduisant leurs montures par la bride, ils se retirèrent à l'abri d'un bouquet d'arbres, afin de ne pas être aperçus, si par hasard quelque sentinelle indienne était chargée de surveiller leur approche :

Lorsqu'ils furent cachés dans l'épaisseur du bois, Cœur Loyal posa un doigt sur sa bouche pour recommander la prudence à son compagnon, et approchant ses lèvres de son oreille, il lui dit d'une voix faible comme un souffle.

— Avant d'aller plus loin, consultons-nous, afin de bien savoir ce que nous voulons faire.

Belhumeur baissa la tête en signe d'acquiescement.

— Je soupçonne quelque trahison, reprit le chasseur, les Indiens sont des guerriers trop expérimentés et qui ont trop l'habitude de la vie des prairies pour agir comme ils le font, sans une raison impérieuse.

—C'est vrai, appuya le Canadien avec conviction, cette piste est trop belle et trop clairement indiquée pour ne pas cacher un piège.

— Oui, mais ils ont voulu être trop fins, leur astuce a dépassé le but, ce ne sont pas de vieux chasseurs comme nous que l'on peut tromper ainsi. Nous devons donc redoubler de prudence, examiner chaque feuille et chaque brin d'herbe avec soin avant de nous aventurer plus près du campement des peaux rouges.

— Faisons mieux, dit Belhumeur en jetant un regard autour de lui, cachons nos chevaux dans un endroit sûr, où nous puissions les retrouver au besoin. Nous irons ensuite à pied reconnaître la position et le nombre de ceux que nous voulons surprendre.

—Vous avez raison, Belhumeur, dit le Cœur Loyal, votre conseil est excellent, nous allons le mettre en pratique.

— Je crois qu'il faut nous hâter, alors.

— Pourquoi donc? ne nous pressons pas au contraire, les Indiens ne nous voyant pas paraître, se relâcheront de leur surveillance, et nous profiterons de leur négligence pour les attaquer, si nous sommes forcés d'en venir à ce moyen extrême: du reste, il vaudrait peut être mieux attendre la nuit pour commencer notre expédition.

— Mettons d'abord nos chevaux en sûreté, nous verrons ensuite.

Les chasseurs sortirent du fourré avec la plus grande précaution. Au lieu de traverser la rivière ils rebroussèrent chemin et suivirent pendant quelque temps la route qu'ils avaient déjà faite, puis ils appuyèrent sur la gauche et s'engagèrent dans un ravin, ou ils disparurent bientôt au milieu de hautes herbes.

— Je vous laisse nous guider, Belhumeur, dit le Cœur Loyal, je ne sais réellement pas où vous nous conduisez.

— Rapportez-vous-en à moi, j'ai découvert par hasard à deux portées de fusil de l'endroit où nous sommes une espèce de citadelle où nos chevaux seront on ne peut mieux, et dans laquelle, le cas échéant, nous pourrions soutenir un siége en règle.

— *Caramba*! exclama le chasseur, qui par ce juron qui lui était habituel, trahissait son origine espagnole, comment avez vous donc fait cette précieuse découverte ?

—Mon Dieu! dit Belhumeur, de la façon la plus simple, je venais de tendre mes trappes, lorsqu'en gravissant la montagne qui est là devant nous, afin d'abréger mon chemin et de vous rejoindre plus vite, à peu près aux deux tiers de la montée je vis passer entre les broussailles le museau velu d'un superbe ours.

— Ah ! ah ! mais je connais à peu près cette aventure, vous m'avez apporté ce jour là, si je ne me trompe, non pas une, mais bien deux peaux d'ours noir.

— C'est cela même, mes gaillards étaient deux, un mâle et une femelle, vous comprenez qu'à leur vue mes instincts de chasseur se réveillèrent immédiatement, oubliant ma fatigue, j'armai ma carabine et je me mis à leur poursuite. Vous allez voir par vous même quel fort ils avaient choisis, ajouta-t-il en mettant pied à terre, manœuvre que son compagnon imita.

Devant eux s'élevait en amphithéâtre, une masse de rochers qui affectaient les formes les plus bizarres et les plus capricieuses, de maigres broussailles poussaient ça et là dans l'interstice des pierres, des plantes grimpantes couronnaient la cime des rochers et donnaient à cette masse qui s'élançait à plus de six cents mètres au-dessus de la prairie, l'apparence d'une de ces antiques ruines féodales que l'on rencontre de loin en loin, sur les bords des grands fleuves d'Europe.

Ce lieu était nommé par les chasseurs de ces parages, *les châteaux blancs*, à cause de la couleur des blocs de granit dont il était formé.

— Nous ne pourrons jamais monter là avec nos chevaux, fit le Cœur Loyal, après avoir étudié un instant avec soin l'espace qu'ils avaient à franchir.

— Essayons toujours, dit Belhumeur en traînant son cheval par la bride.

L'ascension était rude, et tous autres chevaux que ceux des chasseurs habitués aux chemins les plus difficiles, n'auraient pu l'accomplir et se seraient brisés mille fois en roulant du haut en bas.

Il fallait choisir avec soin l'endroit où l'on posait le pied, puis s'élancer en avant d'un bond, et toujours ainsi avec des tours et des détours à donner le vertige.

Après une demi-heure à peu près de difficultés inouïes, ils arrivèrent à une espèce de plate-forme, de dix mètres de large tout au plus.

— C'est ici, dit Belhumeur en s'arrêtant.

— Comment ici ? répondit Cœur-Loyal en regardant de tous côtés sans apercevoir d'ouverture.

Belhumeur sourit.

— Venez, dit-il.

Et toujours traînant son cheval, il passa derrière un bloc de rocher, le chasseur le suivit avec curiosité.

Après avoir marché pendant cinq minutes dans une espèce de boyau large de trois pieds tout au plus qui semblait tourner sur lui-même, les aventuriers se trouvèrent subitement devant la bouche béante d'une profonde caverne.

Ce chemin tracé par une de ces convulsions terribles de la nature, si fréquentes dans ces régions, était si bien dissimulé derrière les rocs et les pierres qui le masquaient qu'il était impossible de le découvrir à moins d'un hasard providentiel.

Les chasseurs entrèrent.

Avant de monter, Belhumeur avait fait une énorme provision de bois-chandelle, il alluma deux torches, en remit une à son compagnon et garda l'autre.

Alors la grotte leur apparut dans toute sa sauvage majesté.

Ses murailles étaient hautes et chargées de stalactiques brillantes qui renvoyaient la lumière en la décuplant et formaient une illumination féérique.

— Cette caverne, dit Belhumeur, après avoir donné à son ami le temps de l'examiner dans tous ses détails est, je n'en doute pas, une des merveilles de la prairie ; cette galerie qui descend en pente douce en face de nous, passe dessous le vert de gris et va aboutir de l'autre côté de la rivière à plus d'un mille dans la plaine. En sus de la galerie par laquelle nous sommes entrés et celle qui est devant nous, il en existe quatre autres, qui toutes ont des sorties en divers endroits. Vous voyez qu'ici, nous ne risquons pas d'être cernés et que ces chambres spacieuses, nous offrent une suite d'appartements à rendre jaloux le président des États-Unis lui-même.

Cœur-Loyal enchanté de la découverte de ce refuge voulut le visiter dans les moindres détails, et bien qu'il fut éminemment silencieux de sa nature, le chasseur ne put à différentes reprises retenir son admiration.

— Pourquoi ne m'en avez-vous pas encore parlé? dit-il à Belhumeur.

— J'attendais l'occasion, répondit celui-ci.

Les chasseurs parquèrent leurs chevaux avec des vivres en abondance, dans un des compartiments de la grotte où le jour pénétrait par des fissures imperceptibles ; puis lorsqu'ils se furent assurés que les nobles bêtes ne manqueraient de rien durant leur absence et qu'elles ne pouvaient s'échapper, ils jetèrent leur carabine sur l'épaule, sifflèrent leurs chiens et s'enfoncèrent à grands pas dans la galerie qui passait sous la rivière.

Bientôt l'air devint humide autour d'eux, un bruit sourd et continu se fit entendre au-dessus de leur tête, ils passaient sous le vert de gris ; seulement grâce à l'espèce de lanterne formée par un rocher creux placé en vedette au milieu du courant de la rivière, la clarté était suffisante pour se guider.

Après une demi-heure de marche, ils débouchèrent dans la prairie par une entrée masquée par un fourré de broussailles et de plantes grimpantes.

Ils étaient restés longtemps dans la grotte. D'abord ils l'avaient examinée minutieusement en hommes qui prévoient qu'un jour ou l'autre, ils auront besoin d'y chercher un abri, ensuite, ils avaient fait une espèce d'écurie pour leurs chevaux, et enfin ils avaient mangé un morceau sous le pouce, de sorte que le soleil était sur le point de se coucher au moment où ils se remettaient sur la piste des Comanches.

Alors commença la véritable poursuite indienne. Les deux chasseurs après avoir fait prendre la voie à leurs limiers, se glissèrent silencieusement sur leurs traces, rampant sur les genoux et sur les mains au milieu des hautes herbes, l'œil au guet et l'oreille aux écoutes, retenant leur souffle et s'arrêtant par intervalle pour humer l'air et interroger ces mille bruits de la prairie que les chasseurs perçoivent avec une facilité inouïe et qu'ils expliquent sans hésiter.

Le désert était plongé dans un silence de mort.

A l'approche de la nuit dans ces immenses solitudes, la nature semble se recueillir et préluder dans une religieuse adoration, aux mystères des ténèbres.

Les chasseurs avançaient toujours, redoublant de précautions et rampant sur deux lignes parallèles.

Tout à coup les chiens tombèrent silencieusement en arrêt. Les braves animaux paraissaient comprendre le prix du silence dans ces lieux et qu'un seul cri coûterait la vie à leurs maîtres.

Belhumeur jeta un regard perçant autour de lui.

Son œil étincela, il se ramassa pour ainsi dire sur lui-même, et bondissant comme une panthère, il s'élança sur un guerrier indien qui, le corps penché en avant, la tête baissée semblait pressentir l'approche d'un ennemi.

L'Indien fut brusquement renversé sur le dos avant qu'il put jeter un cri d'appel ou de détresse, Belhumeur lui serra la gorge et lui appuya le genou sur la poitrine.

5.

Alors avec un sang-froid extrême, le chasseur dégaîna son couteau et l'enfonça jusqu'à la poignée dans le cœur de son ennemi.

Lorsque le sauvage vit qu'il était perdu il dédaigna de tenter une résistance inutile, mais fixant sur le Canadien un regard de haine et de dédain, un sourire ironique plissa ses lèvres et il laissa venir la mort avec un visage impassible.

Belhumeur replaça son couteau à sa ceinture et poussant le cadavre de côté :

— *Un !* dit-il imperturbablement.

Et il recommença à ramper.

Le Cœur-Loyal avait suivi les mouvements de son ami avec la plus grande attention, prêt à le secourir si besoin était ; lorsque l'indien fut mort il reprit impassiblement la piste.

Bientôt la lueur d'un feu brilla entre les arbres et une odeur de chair rôtie frappa l'odorat subtil des chasseurs.

Ils se dressèrent comme deux fantômes le long d'un énorme chêne-liége, qui se trouvait à quelques pas et embrassant le tronc noueux de l'arbre, ils se cachèrent dans ses branches touffues.

Alors ils regardèrent.

Ils planaient sur le camp des Comanches qui se trouvait à dix mètres d'eux tout au plus.

IV

LES VOYAGEURS.

Environ à l'heure où les trappeurs sortaient de la grotte et reprenaient la piste des Comanches, à vingt milles à peu près de l'endroit où ils se trouvaient, une troupe assez considérable de voyageurs blancs s'arrêtait sur les bords de la grande Canadienne et se préparait à camper pour la nuit, dans une magnifique position, où se voyaient encore quelques vestiges d'une ancienne halte de chasse indienne.

Les chasseurs et les Gambusinos demi-sang qui servaient de guides aux voyageurs se hâtèrent de décharger une douzaine de mules escortées par des Lanceros Mexicains.

Avec les ballots, ils firent une enceinte de forme ovale dans l'intérieur de laquelle ils allumèrent du feu, puis sans plus s'occuper de leurs compagnons, les guides se réunirent en un petit groupe et préparèrent leur repas du soir.

Alors, un jeune officier de vingt-quatre à vingt-cinq ans, à la tournure martiale, aux traits fins et caractérisés, s'approcha respectueusement d'un palanquin, attelé de deux mules, escorté par deux cavaliers.

— Dans quel endroit votre seigneurie désire-t-elle que l'on dresse la tente de la senorita? demanda le jeune officier en se découvrant.

— Où vous voudrez, capitaine Aguilar, pourvu que ce soit bientôt fait, ma nièce tombe de fatigue, répondit le cavalier qui se tenait à droite du palanquin.

C'était un homme de haute taille, aux traits durs et accentués, au regard d'aigle, dont les cheveux étaient blancs comme les neiges du Chimborazo, et qui sous le large manteau militaire qui le couvrait, laissait voir le splendide uniforme, étincelant de broderies, de général Mexicain.

Le capitaine se retira après s'être incliné et retournant auprès des Lanceros, il leur donna l'ordre d'établir au milieu de l'enceinte du camp, une jolie tente rayée de rose et de bleu, portée en travers sur le dos d'une mule.

Cinq minutes plus tard le général mettant pied à terre offrit galamment la main à une jeune femme qui sauta légèrement hors du palanquin et il la conduisit sous la tente où, grâce au capitaine Aguilar, tout avait été préparé pour qu'elle se trouvât aussi confortablement que les circonstances le permettaient.

Derrière le général et sa nièce, deux personnes entrèrent dans la tente.

L'une était un homme gros et court, à la figure pleine et rougeaude, portant des lunettes vertes et une perruque blonde, qui étouffait dans un uniforme d'officier de santé.

Ce personnage dont l'âge était un problème, mais qui paraissait avoir près de cinquante ans, se nommait Jérôme-Boniface Durieux, il était Français et chirurgien-major au servir du Mexique.

En mettant pied à terre, il avait saisi et placé sous son bras, avec une espèce de respect une grosse valise attachée derrière la selle de son cheval et dont il semblait ne vouloir pas se séparer.

La seconde personne, était une jeune fille ou plutôt une enfant de quinze ans, à la mine mutine et éveillée, au nez retroussé et au regard hardi, appartenant à la race métise, qui servait de camériste à la nièce du général.

Un superbe nègre décoré du nom majestueux de Jupiter, se hâtait, aidé par deux ou trois Gambusinos de préparer le souper.

— Eh bien! docteur, dit en souriant le général au gros homme qui venait en soufflant comme un bœuf de s'asseoir sur sa valise, comment trouvez-vous ma nièce, ce soir?

— La senorita est toujours charmante, répondit galamment le docteur en s'essuyant le front, ne trouvez-vous pas que la chaleur est étouffante?

— Ma foi non, répondit le général, pas plus qu'à l'ordinaire.

— Alors je me le serai figuré, dit le médecin avec un soupir, de quoi riez-vous, petite masque?

ajouta-t-il en se tournant vers la camériste, qui, en effet, riait à se démonter la mâchoire.

— Ne faites pas attention à cette folle, docteur, vous savez bien que c'est une enfant, dit la jeune femme avec un charmant sourire.

— Je vous ai toujours dit, dona Luz, insista le médecin en fronçant ses gros sourcils et en enflant ses joues, que cette petite fille est un démon, pour qui vous êtes trop bonne et qui finira par vous jouer un mauvais tour un jour ou l'autre.

— Ooouh ! le méchant ramasseur de cailloux ! dit avec une grimace la métise, faisant allusion à la manie du docteur de collectionner les pierres.

— Allons ! allons ! la paix, dit le général, la route d'aujourd'hui vous a-t-elle fatiguée, ma nièce ?

— Non, pas excessivement, répondit la jeune fille avec un baillement étouffé ; depuis près d'un mois que nous sommes en voyage, je commence à m'habituer à ce genre de vie, que je l'avoue dans les commencements, je trouvais excessivement pénible.

Le général poussa un soupir, mais ne répondit pas. Le docteur était absorbé par le soin avec lequel il classait les plantes et les pierres qu'il avait recueillies dans la journée.

La métise tournait comme un oiseau dans la tente occupée à mettre en ordre les divers objets dont sa maîtresse pourrait avoir besoin.

Nous profiterons de cet instant de répit pour faire en deux mots le portrait de la jeune femme.

Dona Luz de Bermudez était la fille d'une sœur cadette du général.

C'était une charmante enfant de seize ans au plus. Ses grands yeux noirs couronnés de sourcils dont la teinte foncée tranchait avec la blancheur de son front pur, étaient voilés par de longs cils de velours qui en cachaient chastement l'éclat, sa bouche mignonne ornée de dents de perles était bordée de deux lèvres rouges comme du corail, sa peau fine avait conservé ce duvet des fruits murs et les tresses de ses cheveux aux reflets bleuâtres pouvaient, lorsqu'elles étaient défaites, former un voile à tout son corps.

Sa taille était fine et cambrée, elle possédait au suprême degré ce mouvement onduleux, gracieusement serpentin qui distingue les Américaines, ses mains et ses pieds étaient d'une petitesse extrême, sa démarche avait cette nonchalante mollesse des créoles, si remplie de désinvolture.

Enfin, toute la personne de cette jeune fille était un composé de grâces et de perfections.

Ignorante comme toutes ses compatriotes, elle était gaie et rieuse, s'amusant de la moindre bagatelle et ne connaissant de la vie que ce qu'elle a d'agréable.

Mais cette belle statue ne vivait pas, c'était Pandore avant que Prométhée eût dérobé pour elle le feu du ciel, et pour continuer notre comparaison mythologique, l'amour ne l'avait pas encore effleurée de son aile, ses sourcils ne s'étaient pas froncés sous la pression de la pensée et son cœur n'avait pas battu sous l'attrait du désir.

Élevée par les soins du général dans une retraite presque claustrale, elle ne l'avait quittée que pour le suivre dans le voyage qu'il avait entrepris dans les prairies.

Dans quel but ce voyage, et pourquoi son oncle avait-il si absolument désiré l'emmener avec lui? Cela importait peu à la jeune fille.

Heureuse de vivre au grand air, de voir sans cesse des pays nouveaux, d'être libre en comparaison de la vie qu'elle avait menée jusque-là, elle n'en avait pas demandé davantage, et n'avait jamais tenté d'adresser à son oncle d'indiscrètes questions.

A l'époque où nous la rencontrons, dona Luz était donc une heureuse enfant, vivant au jour le jour, satisfaite du présent, ne songeant nullement à l'avenir.

Le capitaine Aguilar entra, précédant Jupiter qui portait le dîner.

La table avait été dressée par Phébé la camériste.

Le repas se composait de conserves et d'un cuisseau de daim rôti.

Quatre personnes prirent place autour de la table.

Le général, sa nièce, le capitaine et le docteur.

Jupiter et Phébé servaient.

La conversation fut assez languissante pendant le premier service, lorsque l'appétit des convives fut un peu calmé, la jeune fille qui se plaisait à lutiner le docteur lui adressa la parole.

— Avez-vous fait une riche moisson aujourd'hui, docteur? lui demanda-t-elle.

— Pas trop bonne, senorita, répondit-il.

— Eh! mais, fit-elle en souriant, il me semble que les pierres sont assez abondantes sur notre route, et qu'il n'a tenu qu'a vous d'en ramasser la charge d'une mule.

— Vous devez être heureux de votre voyage, il vous offre l'occasion de vous livrer en liberté à votre passion pour les plantes de toutes sortes, dit le général.

— Pas trop, général, je vous l'avoue, la prairie n'est pas aussi riche que je l'aurais cru, et, si ce n'était l'espoir que j'ai de découvrir une plante dont les qualités puissent faire faire un pas à la science, je regretterais presque ma petite maison de Guadeloupe où ma vie s'écoulait si tranquille et si uniforme.

— Bah! interrompit le capitaine, nous ne sommes encore que sur les frontières des prairies, vous verrez quand nous nous serons enfoncés davantage dans l'intérieur, vous ne pourrez pas suffire à recueillir les richesses qui se rencontreront sous vos pas.

— Dieu vous entende, capitaine, fit le savant avec un soupir, pourvu que je retrouve la plante que je cherche, je me tiendrai pour satisfait.

— C'est donc une plante bien précieuse? demanda dona Luz.

— Comment, senorita, s'écria le gros docteur en s'échauffant, une plante que Linnée a décrite et classée, mais que personne n'a jamais retrouvée depuis, une plante qui peut faire ma réputation, vous me demandez si elle est précieuse?

— A quoi sert-elle donc? dit la jeune fille avec curiosité.

— A quoi elle sert?
— Oui.
— A rien! répondit naïvement le savant.

Dona Luz partit d'un éclat de rire argentin dont les notes perlées auraient rendu un rossignol jaloux.

— Et vous l'appelez une plante précieuse?
— Oui, par sa rareté même.
— Ah!... très-bien.
— Espérons que vous la trouverez, docteur, dit le général d'un ton conciliant, Jupiter, appelez le chef des guides.

Le nègre sortit et rentra presqu'aussitôt suivi par un Gambusino.

Celui-ci était un homme d'une quarantaine d'années, d'une taille haute, carrée et musculeuse ; sa physionomie, sans être laide, avait quelque chose de repoussant dont on ne pouvait se rendre compte, ses yeux fauves et louches, enfoncés sous l'orbite jetaient une lueur sauvage, son front bas, ses cheveux crépus et son teint cuivré complétaient un ensemble qui n'avait rien de fort agréable. Il portait le costume des coureurs des bois, était froid, impassible, d'une nature essentiellement silencieuse et répondait au nom de *Babillard*, que sans doute les Indiens, ou ses compagnons eux-mêmes lui avaient donné par antiphrase.

— Tenez, mon brave, lui dit le général, en lui tendant un verre plein jusqu'au bord d'une espèce d'eau-de-vie appelée Mezcal du nom de l'endroit où on la fabrique, buvez ceci.

Le chasseur s'inclina, vida d'un trait le verre qui contenait près d'un litre de liqueur, puis, passant le bout de sa manche sur sa moustache, il attendit.

— Je compte, dit le général, m'arrêter quelques jours dans une position sûre, afin de me livrer sans craindre d'être inquiété, à certaines recherches, serions-nous en sûreté ici ?

L'œil du guide étincela, il fixa un regard brûlant sur le général.

— Non, répondit-il laconiquement.
— Pourquoi?
— Trop d'Indiens et de bêtes fauves.

— En connaissez-vous un plus convenable?
— Oui.
— Loin?
— Non.
— A quelle distance?
— Quarante milles.
— Combien nous faudra-t-il de jours pour y arriver?
— Trois.
— C'est bien, vous nous y conduirez, demain au lever du soleil nous nous mettrons en marche.
— C'est tout?
— C'est tout.
— Bonne nuit.

Et le chasseur se retira.

— Ce que j'aime dans le Babillard, c'est que sa conversation n'est pas ennuyeuse, dit le capitaine en souriant.

— J'aimerais mieux qu'il parlât davantage, fit le docteur en hochant la tête, je me méfie des gens qui craignent toujours d'en trop dire, c'est qu'ils ont quelque chose à cacher.

Le guide, après avoir quitté la tente, rejoignit ses compagnons avec lesquels il se mit à parler vivement à voix basse.

La nuit était magnifique, les voyageurs réunis devant la tente, causaient entre eux en fumant leur cigare.

Dona Luz chantait une de ces charmantes chansons créoles, pleines de suaves mélodies.

Tout à coup une lueur rougeâtre parut à l'horison, grandissant d'instant en instant et un bruit sourd et continu, comme les grondements d'un tonnerre lointain se fit entendre,

— Qu'est cela? s'écria le général en se levant précipitamment.

— C'est la prairie qui brûle, répondit paisiblement le Babillard.

A cette annonce terrible faite si tranquillement, tout fut en rumeur dans le camp.

Il fallait fuir en toute hâte, si l'on ne voulait courir le risque d'être brûlé vif.

Un des Gambusinos, profitant du désordre, se glissa parmi les ballots et disparut dans la plaine après avoir échangé un signe mystérieux avec le Babillard.

V

LES COMANCHES.

Le Cœur Loyal et Belhumeur cachés au milieu des branches touffues du chêne-liège observaient les Comanches.

Les Indiens comptaient sur la vigilance de leurs sentinelles. Loin de soupçonner que leurs ennemis se trouvaient si près d'eux et observaient leurs moindres mouvements; accroupis ou couchés autour des feux ils mangeaient ou fumaient insoucieusement.

Ces sauvages, au nombre de vingt-cinq à peu près, étaient parés de leurs robes de bisons et peints de la manière la plus variée et la plus fantastique. La plupart avaient la figure toute entière avec du cinabre, d'autres étaient tout à fait noirs, avec une longue raie blanche sur chaque joue, ils portaient sur le dos leur bouclier, leur arc et leurs flèches, et près d'eux leur fusil.

Du reste, au grand nombre de queues de loups attachées à leurs moksens et qui trainaient par terre derrière eux, il était facile de reconnaître que tous étaient des guerriers d'élite, renommés dans leur tribu.

A quelques pas, la Tête d'Aigle se tenait immobile contre un arbre. Les bras croisés sur la poitrine, mais le corps légèrement penché en avant, il semblait prêter l'oreille à des bruits vagues, perceptibles pour lui seul.

La Tête d'Aigle était un Indien Osage, tout jeune les Comanches l'avaient adopté mais toujours il avait conservé le costume et les mœurs de sa nation.

C'était un homme de vingt-huit ans au plus, sa taille atteignait presque six pieds, ses membres gros et sur lesquels saillaient des muscles énormes, dénotaient une rare vigueur.

Contrairement à ses compagnons, il ne portait qu'une couverture attachée autour des reins, de manière à laisser son buste et ses bras nus, l'expression de son visage était belle et remplie de noblesse, ses yeux noirs et vifs, rapprochés de son nez busqué, sa bouche un peu grande, lui donnaient une lointaine ressemblance avec un oiseau de proie. Il avait les cheveux rasés à l'exception d'une raie sur le milieu de la tête qui faisait l'effet du cimier d'un casque, et d'une longue mèche à scalper qui tombait par derrière et dans laquelle était fichée une touffe de plumes d'aigles.

Il avait le visage peint de quatre couleurs différentes, bleu, blanc, noir et rouge, les blessures faites par lui à ses ennemis étaient dessinées en bleu sur sa poitrine nue. Des mocksens en peau de daim non tannée lui montaient jusqu'au dessus des genoux, et de nombreuses queues de loups étaient attachées à ses talons.

Heureusement pour les chasseurs, les Indiens étaient sur le sentier de la guerre et n'avaient pas de chiens avec eux, sans cela ils auraient été éventés depuis longtemps et n'auraient pu s'approcher ainsi du camp sans être découverts.

Malgré son immobilité de statue, l'œil du chef étincelait, ses narines se gonflaient, il leva machinalement la main droite comme pour imposer silence à ses guerriers.

— Nous sommes éventés, murmura Cœur Loyal d'une voix si basse que son compagnon l'entendit à peine.

— Que faire? répondit Belhumeur.

— Agir, dit laconiquement le trappeur.

Tous deux alors se glissèrent silencieusement de branche en branche d'arbre en arbre sans mettre pied à terre jusqu'au côté opposé du camp, juste au-dessus de l'endroit où les chevaux des Comanches paissaient entravés.

Belhumeur descendit doucement et coupa les longes qui les retenaient. Alors les chevaux, excités par les coups de fouets des chasseurs, se précipitèrent dans toutes les directions en hennissant et en lançant des ruades.

Les Indiens se levèrent en désordre et coururent avec de grands cris à la recherche de leurs chevaux.

La Tête d'Aigle seul, comme s'il avait deviné l'endroit où ses ennemis se tenaient en embuscade, s'était dirigé droit vers eux, s'abritant le mieux possible derrière les arbres qui se trouvaient sur son passage.

Les chasseurs reculaient pied à pied, surveillant les environs afin de ne pas se laisser tourner.

Les cris des Indiens s'éteignaient dans le lointain; ils s'acharnaient à la poursuite de leurs chevaux.

Le chef se trouvait seul en présence de deux ennemis.

Arrivé à un arbre dont le tronc énorme lui offrait toutes les garanties de sûreté désirables, dédaignant de se servir de son fusil, et l'occasion lui paraissant favorable, il ajusta une flèche sur son arc.

Mais quelles que fussent sa prudence et son adresse, il ne put faire ce mouvement sans se découvrir un peu ; le Cœur Loyal épaula son fusil, le coup partit, la balle siffla, le chef bondit sur lui même en poussant un rugissement de rage et tomba sur le sol.

Il avait le bras fracassé.

Les deux chasseurs étaient déjà près de lui.

— Pas un geste, Peau Rouge, lui dit le Cœur Loyal, pas un geste ou vous êtes mort!

L'Indien resta immobile, impassible en apparence, dévorant sa colère.

— Je pouvais vous tuer, continua le chasseur, je ne l'ai pas voulu, voici la seconde fois que je vous donne la vie, chef, ce sera la dernière, ne vous trouvez plus sur ma route, et surtout ne volez plus mes trappes, sinon je vous jure que je ne vous ferai pas grâce.

— La Tête d'Aigle est un chef renommé parmi les hommes de sa tribu, répondit l'Indien avec orgueil, il ne craint pas la mort, le chasseur blanc peut le tuer, il ne le verra pas se plaindre.

— Non, je ne vous tuerai pas, chef, mon Dieu défend de verser le sang d'un homme sans nécessité.

— *Oah!* fit l'Indien avec un sourire ironique, mon frère est missionnaire.

— Non, je suis un honnête trappeur, je ne veux pas vous assassiner.

— Mon frère blanc a des sentiments de vieilles femmes, reprit l'Indien, *Nehunutah* ne pardonne pas, il se venge!

— Vous ferez comme il vous plaira, chef, répondit le chasseur en haussant les épaules avec dédain, je n'ai pas la prétention de changer votre nature, seulement vous êtes averti, adieu.

— Et que le diable vous caresse! ajouta Belhumeur en le poussant du pied avec mépris.

Le chef sembla rester insensible à cette nouvelle insulte, seulement ses sourcils se froncèrent, il ne bougea pas, mais il suivit d'un regard implacable ses deux ennemis qui, sans plus s'occuper de lui, s'enfoncèrent dans la forêt.

— C'est égal, dit Belhumeur en manière de réflexion, vous avez eu tort, Cœur Loyal, vous auriez dû le tuer.

— Bah! pourquoi faire? répondit insoucieusement le chasseur.

— *Cascaras*! pourquoi faire? et mais c'eût été une vermine de moins dans la prairie.

— Il y en a tant, fit l'autre, qu'une de plus ne signifie pas grand chose.

— C'est vrai! répondit Belhumeur convaincu, mais où allons nous maintenant.

— Chercher nos trappes, caramba! croyez-vous que je veuille les perdre?

— Au fait, c'est une idée cela.

Les chasseurs s'avançaient effectivement dans la direction du camp, mais à la mode indienne, c'est à dire en faisant des détours sans nombre, destinés à dépister les Comanches.

Après vingt minutes de marche, ils arrivèrent au camp. Les Indiens n'avaient pas encore reparus, mais selon toutes probabilités, ils ne devaient pas tarder à revenir. Tous leurs bagages étaient épars çà et là. Deux ou trois chevaux qui n'avaient pas eu la velléité de fuir, paissaient tranquillement leurs pois grimpants.

Sans perdre de temps les chasseurs s'occupèrent, ce qui fut bientôt fait, à rassembler leurs trappes, ils se chargèrent chacun de cinq et sans plus tarder ils reprirent le chemin de la caverne où ils avaient abrité leurs chevaux.

Malgré le poids assez lourd qu'ils portaient sur leurs épaules, les deux hommes marchaient légèrement enchantés d'avoir si bien terminé leur expédition, et surtout riant du bon tour qu'ils avaient joué aux Indiens.

Ils cheminaient ainsi depuis assez longtemps; déjà ils entendaient à peu de distance le murmure sourd des eaux de la rivière, lorsque tout à coup le hennissement d'un cheval frappa leurs oreilles.

— On nous poursuit, dit Cœur Loyal en s'arrêtant.

— Hum! fit Belhumeur, c'est peut être un cheval sauvage.

— Non, le cheval sauvage ne hennit pas de cette façon, ce sont les Comanches, du reste, ajouta-t-il, nous allons le savoir.

Alors s'étendant à terre, il colla son oreille sur le sol et écouta.

Il se releva presqu'aussitôt.

—J'en étais certain, dit-il, ce sont les Comanches, mais ils ne suivent pas une piste franche, ils hésitent.

— Ou peut être leur marche est elle retardée par la blessure de la Tête d'Aigle.

— C'est possible! oh! oh! se croient-ils donc capables de nous atteindre, si nous voulons leur échapper?

— Ah! si nous n'étions pas chargés, ce serait bientôt fait.

Le Cœur Loyal réfléchit un instant.

—- Venez, dit-il, nous avons une demi-heure devant nous, c'est plus qu'il en faut.

Un ruisseau coulait à une légère distance, le chasseur entra dans son lit avec son compagnon qui suivait tous ses mouvements.

Arrivés au milieu du courant, le Cœur Loyal enveloppa avec soin les trappes dans une peau de buffle afin que l'humidité ne pût les atteindre puis il les laissa glisser au fond de l'eau.

Cette précaution prise, les chasseurs traversèrent le ruisseau et firent une fausse piste d'à peu près deux cents pas, revenant ensuite avec précaution afin de ne pas laisser d'empreintes qui dénonçât leur retour, ils rentrèrent dans la forêt après avoir d'un geste renvoyé leurs chiens, auprès des chevaux.

Les intelligents animaux prirent leur course et disparurent bientôt dans l'obscurité.

Cette résolution de se séparer des chiens leur était utile en aidant à dépister les Indiens, qui ne manqueraient pas de suivre les traces fugitives laissées par les limiers dans les hautes herbes.

Une fois dans la forêt, les chasseurs remontèrent sur un arbre et commencèrent à s'avancer entre ciel et terre; manière de voyager beaucoup plus usitée qu'on ne le croit en Europe, dans ces pays où il est souvent impossible à cause de l'enchevêtrement des lianes et des arbres, d'avancer sans se servir de la hache pour se frayer un passage.

L'on peut ainsi, en passant de branche en branche, faire des lieues entières sans toucher le sol.

C'était justement, quoique pour une autre cause, ce qu'exécutaient en ce moment les chasseurs.

Ils s'avançaient de cette façon au-devant de leurs ennemis, dont les pas se rapprochaient de plus en plus et que bientôt ils aperçurent au dessous d'eux, marchant en file indienne, c'est à dire l'un derrière l'autre, et suivant attentivement leur piste.

La Tête d'Aigle venait le premier, à demi couché sur son cheval à cause de sa blessure, mais plus animé que jamais à la poursuite de ses ennemis.

Lorsqu'ils croisèrent les Comanches, les deux trappeurs se blottirent dans les feuilles, en retenant leur souffle. La circonstance la plus futile suffisait pour dénoncer leur présence.

Les Indiens passèrent sans les voir. Les chasseurs reprirent leur marche.

— Ouf! dit Belhumeur au bout d'un instant, je crois que nous en voilà quittes cette fois.

— Ne nous hâtons pas de chanter victoire, mais éloignons-nous aussi rapidement que nous pourrons, ces démons de Peaux Rouges sont fins, ils ne seront pas longtemps dupes de notre stratagème.

— Sacrebleu! s'écria tout à coup Belhumeur, j'ai laissé tomber mon couteau, je ne sais où, si ces démons le trouvent, nous sommes perdus.

— C'est probable, murmura le Cœur Loyal, raison de plus pour ne pas perdre une minute.

Cependant, la forêt qui jusqu'alors avait été calme, commença subitement à gronder sourdement, les oiseaux volaient en poussant des cris de frayeur, et dans les fourrés on entendait craquer les branches sèches sous les pas pressés des bêtes fauves.

— Que se passe-t-il donc? fit le Cœur Loyal, en

s'arrêtant et en regardant autour de lui avec inquiétude, la forêt semble saisie de vertige.

Les deux chasseurs s'élancèrent jusqu'au sommet de l'arbre sur lequel ils se trouvaient et qui par hasard était un des plus élevés de la forêt.

Une lueur immense colorait l'horizon à une lieue tout au plus de l'endroit où ils étaient, cette lueur grandissait de minute en minute et s'avançait vers eux à pas de géants.

— Malédiction, s'écria Belhumeur, les Comanches ont mis le feu à la prairie.

— Oui, et je crois que cette fois, comme vous le disiez tout à l'heure, nous sommes perdus, répondit froidement le Cœur Loyal.

— Que faire? demanda le Canadien, dans un instant nous serons cernés.

Le Cœur Loyal réfléchissait profondément.

Au bout de quelques secondes, il releva la tête, un sourire de triomphe relevait les coins de ses lèvres.

— Ils ne nous tiennent pas encore, dit-il, suivez moi, frère!... et il ajouta à voix basse : je veux revoir ma mère!...

VI

LE SAUVEUR.

Pour bien faire comprendre au lecteur la position dans laquelle se trouvaient les chasseurs, il est nécessaire de revenir au chef comanche.

A peine ses ennemis avaient ils disparu parmi les arbres, que la Tête d'Aigle se releva doucement, pencha le corps en avant et prêta l'oreille afin de s'assurer qu'ils s'éloignaient réellement. Dès qu'il eut acquis cette certitude, il déchira un morceau de son *blankett* — couverture — avec lequel il enveloppa tant bien que mal, son bras blessé et malgré sa faiblesse occasionnée par le sang qu'il avait perdu, et les vives douleurs qu'il éprouvait, il se mit résolument sur les traces des chasseurs.

Il les accompagna ainsi sans être vu, jusqu'aux limites du camp. Là, caché derrière un ébénier, il fut témoin sans pouvoir s'y opposer, mais en bouillant de colère, de la recherche faite par les chasseurs pour retrouver leurs trappes, et enfin de leur départ après les avoir recouvrées.

Bien que les limiers que les chasseurs avaient avec eux, fussent d'excellentes bêtes, dressées à sentir les Indiens de fort loin, par un hasard providentiel, et qui probablement sauva le chef comanche, ils se jetèrent gloutonnement sur les restes épars du repas des Peaux Rouges, leurs maîtres qui ne se croyaient pas épiés ne songèrent nullement à leur ordonner la vigilance.

Les Comanches regagnèrent enfin leur camp, après avoir avec des difficultés infinies réussi à retrouver leurs chevaux.

La vue de leur chef blessé, leur causa une surprise et une irritation extrême, dont la Tête d'Aigle profita habilement pour les lancer de nouveau à la recherche des chasseurs qui retardés par les trappes qu'ils portaient, ne devaient pas être loin et ne pouvaient manquer de tomber promptement entre leurs mains.

Ils n'avaient été dupes qu'un instant du stratagème inventé par Cœur Loyal, et n'avaient pas été long à reconnaître sur les premiers arbres de la forêt, des traces non équivoques du passage de leurs ennemis.

Ce fut alors que, honteux d'être tenu ainsi en échec par deux hommes déterminés, dont les ruses supérieures aux siennes déjouaient tous ses calculs, la Tête d'Aigle résolut d'en finir avec eux et mit à exécution le diabolique projet de brûler la forêt. Moyen qui, de la façon dont il l'emploierait, devait, il n'en doutait pas, lui livrer enfin ses redoutables adversaires.

En conséquence, dispersant ses guerriers dans différentes directions, de manière à former un vaste cercle, il fit allumer les hautes herbes dans plusieurs endroits à la fois.

L'idée, quoique barbare et digne des sauvages guerriers qui s'en servaient, était bonne.

Les chasseurs après avoir vainement tenté de sortir du réseau de feu, qui les envelopperait de toutes parts seraient obligés malgré eux, s'ils ne préféraient être brûlés vifs, de se rendre à leurs féroces ennemis.

La Tête d'Aigle avait tout calculé, tout prévu, excepté la chose la plus simple et la plus facile, la seule chance de salut qui resterait au Cœur Loyal.

Comme nous l'avons dit, sur l'ordre de leur chef, les guerriers s'étaient dispersés et avaient allumé l'incendie dans plusieurs endroits à la fois.

Dans cette saison avancée de l'année, les plantes et les herbes, brûlés par les rayons incandescens du soleil de l'été, s'étaient immédiatement enflammés et le feu s'était étendu dans toutes les directions avec une rapidité effrayante.

Pas assez vite cependant, pour ne pas laisser s'écouler un certain laps de temps avant de se réunir.

Le Cœur Loyal n'avait pas hésité, pendant que les Indiens couraient comme des démons autour de la barrière de flamme qu'ils venaient d'opposer à leurs ennemis et qu'ils poussaient des hurlements de joie, le chasseur suivi de son ami, s'était élancé au pas de course entre deux murailles de feu qui, à droite et à gauche, marchaient sur lui en sifflant et menaçaient de se réunir à la fois sous ses pieds et au-dessus de sa tête. Au milieu des arbres calcinés, qui tombaient avec fracas, aveuglés par des flots d'une fumée épaisse qui leur coupait la respiration, brûlés par des nuées d'étincelles qui pleuvaient sur eux de toutes parts, suivant hardiment leur route sous une voute de flamme, les intrépides aventuriers avaient franchi, au prix de quelques brûlures sans conséquences, l'enceinte maudite, dans laquelle les Indiens avaient cru les ensevelir pour jamais et déjà ils étaient loin de leurs ennemis, que ceux-ci s'applaudissaient encore du succès de leur ruse.

Cependant l'incendie prenait des proportions formidables, la forêt se tordait sous l'étreinte du feu ; la prairie n'était plus qu'une nappe de flammes, au milieu de laquelle couraient affolées de terreur les bêtes fauves, que cette catastrophe inattendue chassait de leurs repaires.

Le ciel avait pris des reflets sanglants, et un vent impétueux balayait devant lui la flamme et la fumée.

Les Indiens eux-mêmes étaient effrayés de leur ouvrage en voyant autour d'eux des montagnes entières s'allumer comme des phares sinistres, la terre devenir chaude et d'immenses troupes de bisons faire trembler le sol dans leur course furieuse en poussant ces bramements de désespoir qui remplissent de terreur les hommes les plus braves.

Au camp des Mexicains, tout était dans le plus grand désordre ; c'était un bruit, une confusion effroyable, les chevaux avaient rompu leurs entraves et fuyaient dans tous les sens, les hommes saisissaient leurs armes, leurs munitions, d'autres emportaient les selles et les ballots.

Chacun criait, jurait, commandait, tous couraient dans le camp comme s'ils eussent été frappés de vertige.

Le feu s'avançait majestueusement, engloutissant tout sur son passage, précédé par une foule innombrable d'animaux de toutes sortes, qui bondissaient avec des hurlements de frayeur, poursuivis par le fléau qui les atteignait à chaque pas.

Une fumée épaisse chargée d'étincelles passait déjà sur le camp des Mexicains, vingt minutes encore et tout était dit pour eux.

Le général serrant sa nièce dans ses bras, demandait en vain aux guides les moyens d'éviter le péril immense qui les menaçait.

Mais ces hommes terrifiés par l'imminence du péril, avaient perdu tout sang-froid.

Et puis quel remède employer? les flammes formaient un cercle immense dont le camp était devenu le centre.

Cependant la forte brise qui jusque-là avait avivé l'incendie en lui prêtant des ailes était tombée tout à coup.

L'air n'avait plus un souffle.

La marche du feu se trouva ralentie.

La Providence accordait quelques minutes de plus à ces malheureuses créatures.

En ce moment le camp offrait un aspect étrange.

Tous ces hommes frappés de terreur avaient perdu même l'instinct de la conservation.

Les Lanceros se confessaient les uns aux autres.

Les guides étaient plongés dans un sombre désespoir.

Le général accusait le ciel de sa disgrâce.

Pour le docteur il ne regrettait que la plante qu'il ne pourrait pas découvrir, chez lui toute autre considération cédait devant celle-là.

Dona Luz, les mains jointes et les genoux en terre priait avec ferveur.

Le feu marchait toujours avec son avant-garde de bêtes fauves.

— Oh ! s'écria le général en secouant avec force le bras du guide, nous laisserez-vous donc brûler ainsi sans chercher à nous sauver ?

— Que faire contre Dieu ? répondit impassiblement le Babillard.

— N'est-il donc aucun moyen de nous préserver de la mort ?

— Aucun !

— Il en est un ! s'écria un homme qui, les cheveux et le visage à demi brûlés, se précipita dans le camp en escaladant les ballots, suivi d'un autre individu.

— Qui êtes-vous? s'écria le général.

— Peu importe, répondit sèchement l'étranger, je viens vous sauver ! mon compagnon et moi nous étions hors de danger; pour vous secourir nous avons bravé des périls inouis, ceci doit vous suffire. Votre salut est entre vos mains, il ne s'agit que de vouloir.

— Commandez, répondit le général, le premier je vous donnerai l'exemple de l'obéisance.

— Vous n'avez donc pas de guides avec vous ?

— Si ! reprit le général.

— Alors, ce sont des traîtres ou des lâches, car le moyen que je vais employer est connu de tout le monde dans la prairie.

Le général lança un regard de défiance au Babillard qui n'avait pu s'empêcher de tressaillir à l'apparition subite des deux inconnus.

— Du reste, continua le chasseur, c'est un compte que vous règlerez plus tard avec eux, il ne s'agit pas de cela en ce moment.

Les Mexicains, à la vue de cet homme déterminé, à la parole brève et profondément accentuée, avaient instinctivement deviné un sauveur, ils avaient senti le courage revenir avec l'espoir, et ils se tenaient prêts à exécuter ses ordres avec célérité.

— Hâtez-vous, dit le chasseur, arrachez toutes les herbes qui entourent le camp.

Chacun se mit à l'œuvre.

— Nous, continua l'étranger en s'adressant au général, prenons des couvertures mouillées et étendons-les devant les ballots.

Le général, le capitaine et le docteur, guidés par le chasseur, exécutèrent ce qu'il avait commandé, pendant que son compagnon lassait les chevaux et les mules, qu'il entravait au milieu du camp.

— Hâtons-nous ! hâtons-nous ! criait incessamment le chasseur, l'incendie nous gagne.

Chacun redoubla d'ardeur.

Bientôt un large espace fut dépouillé,

Dona Luz regardait avec admiration cet homme étrange, apparu tout à coup d'une façon providentielle, qui paraissait au milieu de l'horrible danger qui les enveloppait, aussi calme et aussi tranquille, que s'il avait eu le pouvoir de commander à l'épouvantable fléau qui s'avançait contre eux à pas de géant.

La jeune fille ne pouvait détacher de lui ses regards ; elle se sentait malgré elle entraînée vers ce sauveur inconnu, dont la voix, les gestes, toute la personne en un mot la subjuguaient.

Lorsque les herbes et les plantes eurent été arrachées avec cette fiévreuse rapidité que les hommes en danger de mort mettent à ce qu'ils font, le chasseur sourit doucement.

— Maintenant, dit-il en s'adressant aux Mexicains, le reste regarde mon ami et moi, laissez-nous faire; pour vous, enveloppez-vous avec soin de couvertures mouillées.

Chacun suivit son conseil.

L'étranger jeta un regard autour de lui, puis après avoir fait un signe à son compagnon, il marcha au-devant du feu.

— Je ne vous quitte pas, dit le général avec intérêt.

— Venez, répondit laconiquement l'étranger.

Arrivés à l'extrémité de la place où les herbes avaient été arrachées, le chasseur fit un monceau de plantes et de bois sec avec son pied, et jetant un peu de poudre dessus il y mit le feu.

— Que faites-vous? s'écria le général avec stupeur.

— Vous le voyez, je combats le feu par le feu, répondit simplement le chasseur.

Son compagnon avait agi de la même manière d'un côté opposé.

Un rideau de flammes s'éleva rapidement et pendant quelques minutes le camp se trouva presque caché sous une voûte de feu.

Il y eut un quart-d'heure d'anxiété terrible, d'attente suprême.

Peu à peu les flammes devinrent moins intenses, l'air plus pur, la fumée se dissipa, les mugissements de l'incendie diminuèrent.

Enfin l'on put se reconnaître dans cet horrible chaos.

Un soupir de soulagement s'exhala de toutes les poitrines.

Le camp était sauvé!

L'incendie dont les grondements se faisaient de plus en plus sourds, vaincu par le chasseur, allait porter ses ravages dans d'autres directions.

Chacun se précipita vers l'étranger pour le remercier.

— Vous avez sauvé la vie de ma nièce, lui dit le général avec effusion, comment m'acquitterai-je ja-jamais envers vous?

— Vous ne me devez rien, monsieur, répondit le chasseur avec une noble simplicité, dans la prairie tous les hommes sont frères, je n'ai fait que mon devoir en vous venant en aide.

Dès que le premier moment de joie fut passé et que l'on eut remis un peu d'ordre dans le camp, chacun chercha un repos que les terribles émotions de la nuit rendaient indispensable.

Les deux étrangers qui avaient constamment repoussé avec modestie, mais avec fermeté, les avances que le général leur avait faites dans l'entraînement de sa reconnaissance, s'étaient nonchalamment étendus sur les ballots pour reposer quelques heures.

Un peu avant le lever du soleil ils se levèrent.

— La terre doit être froide, dit l'un, partons avant que ces gens s'éveillent, peut-être ne voudraient-ils pas nous laisser les quitter ainsi.

— Partons, répondit laconiquement l'autre.

Au moment où ils franchissaient les limites du camp, une main s'appuya légèrement sur l'épaule du premier, il se retourna.

Dona Luz était devant lui.

Les deux hommes s'arrêtèrent et saluèrent la jeune femme avec respect.

— Vous nous quittez? dit-elle d'une voix douce et mélodieuse.

— Il le faut, senorita, répondit un des chasseurs.

— Je comprends, fit-elle avec un sourire charmant, maintenant que, grâce à vous, nous sommes sauvés, vous n'avez plus rien à faire ici, n'est-ce pas?

Les deux hommes s'inclinèrent sans répondre.

— Accordez-moi une grâce, dit-elle.

— Parlez, madame.

Elle ôta une mignonne petite croix en diamants qu'elle portait au cou.

— Gardez ceci en souvenir de moi.

Le chasseur hésita.

— Je vous en prie, murmura-t-elle avec des larmes dans la voix.

— J'accepte, madame, dit le chasseur avec émotion en plaçant la croix sur sa poitrine auprès de son scapulaire, j'aurai un talisman à joindre à celui que m'a donné ma mère.

— Merci, répondit la jeune fille avec joie, un mot encore?

— Dites.

— Quels sont vos noms ?

— Mon compagnon se nomme Belhumeur.

— Mais vous ?

— Le Cœur Loyal.

Après s'être inclinés une seconde fois en signe d'adieu, les deux chasseurs s'éloignèrent rapidement et ne tardèrent pas à disparaître dans l'obscurité.

Dona Luz les suivit des yeux tant qu'elle put les apercevoir, puis elle revint à pas lents toute pensive vers la tente, en murmurant à demi-voix :

— Le Cœur Loyal !... oh ! je m'en souviendrai !..

VII

LA SURPRISE.

Les États-Unis ont hérité de l'Angleterre ce système d'envahissement et d'usurpation continuel qui est un des points les plus saillants du caractère britannique.

A peine l'indépendance de l'Amérique du Nord fut-elle proclamée, la paix conclue avec l'ancienne métropole, que ces hommes qui criaient si haut à la tyrannie, à l'oppression, qui réclamaient contre la violation du droit des gens, dont, disaient-ils, ils étaient victimes, organisèrent avec cet implacable sang-froid qu'ils tiennent de leur origine, une chasse aux Indiens. Non-seulement sur toute l'étendue de leur territoire, mais encore mécontents de la possession des vastes régions que leur population inquiète ne suffit pas malgré son activité à défricher et à mettre en valeur, ils voulurent se rendre maîtres des deux Océans, cernant de tous côtés les tribus aborigènes qu'ils refoulent sans cesse et que, suivant les paroles prophétiques et pleines d'amer désespoir d'un vieux chef indien, ils finiront par noyer dans le Pacifique à force de trahisons et de perfidies.

Aux États-Unis, pays sur le compte duquel on

commence beaucoup à revenir, mais que des gens prévenus ou mal informés, s'obstinent encore à représenter comme la terre classique de la liberté, se rencontre cette odieuse anomalie de deux races dépouillées au profit d'une troisième qui s'arroge sur elles le droit de vie et de mort et ne les considère que comme des bêtes de somme.

Ces deux races, si dignes de l'intérêt de tous les esprits éclairés, et des véritables amis de l'espèce humaine, sont les races noire et rouge.

Il est vrai que d'un autre côté pour montrer jusqu'à quel point ils sont philanthropes, les États-Unis ont dès l'an 1795, signé *un traité de paix et d'amitié* avec les États Barbaresques qui leur donnaient des avantages incomparablement plus grands que ceux que leur offrait l'ordre de Malte qui voulait lui aussi traiter avec eux.

Traité garanti par les Régences d'Alger et de Tripoli et dans lequel il est positivement dit que, *le gouvernement des États-Unis n'est fondé, en aucun sens, sur la religion chrétienne.*

A ceux auxquels cela pourra sembler fort, nous répondrons que c'est logique, et que les Américains en fait de Dieu, n'en connaissent qu'un seul : *Le Dieu Dollar!* qui de tout temps a été le seul adoré par les pirates de toutes les contrées.

Qu'on tire la conséquence !

Les *Squatters*, ces gens sans feu ni lieu, sans droit ni loi, reniés par toutes les nations, et qui sont la honte et le rebut de la population nord américaine, s'avancent incessamment vers l'ouest, et de défrichements en défrichements, tentent de relancer les tribus indiennes de leurs derniers refuges.

Derrière les Squatters, arrivent cinq ou six soldats, un tambour, un trompette et un officier quelconque, portant un drapeau étoilé.

Ces soldats élèvent un fort avec quelques troncs d'arbres, plantent le drapeau au sommet et proclament que les frontières de la Confédération s'étendent jusque-là.

Alors autour du fort se bâtissent quelques cabanes, se groupe une population bâtarde, composé hétérogène de blancs, de noirs, de rouges, de cuivrés, etc., et voilà une ville fondée à laquelle on donne un nom sonore comme Utique ou Syracuse, Rome ou Carthage, par exemple, et quelques années plus tard, lorsque cette ville possède deux ou trois maisons en pierre, elle devient de droit la capitale d'un nouvel État qui n'existe pas encore.

Ainsi se passent les choses dans ce pays, c'est bien simple, comme on voit.

Quelques jours après les événements que nous avons racontés dans notre précédent chapitre, une scène étrange se passait dans une *possession* élevée depuis deux ans à peine, sur les bords de la grande Canadienne, dans une charmante position au pied d'une verdoyante colline.

Cette possessisn se composait d'une vingtaine de

cabanes groupées capricieusement auprès les unes des autres, à l'abri d'un fortin armé de quatre petits canons, qui commandait le cours de la rivière.

Ce village, si jeune encore, avait déjà, grâce à la prodigieuse activité américaine, acquis toute l'importance d'une ville. Deux tavernes regorgeaient de buveurs, trois temples de sectes différentes servaient à réunir les fidèles.

Çà et là les habitants allaient et venaient avec cette préoccupation de gens qui travaillent sérieusement et qui vaquent à leurs affaires.

De nombreux canots sillonnaient la rivière, et des charrettes chargées de marchandises allaient dans tous les sens, en grinçant sur leurs essieux criards et en creusant de profondes ornières.

Cependant malgré tout ce mouvement ou peut-être à cause de lui, il était facile de reconnaître qu'une certaine inquiétude régnait dans le village.

Les habitants s'interrogeaient les uns les autres, des groupes se formaient sur le pas des portes et plusieurs hommes, montés sur de forts chevaux, s'élançaient en éclaireurs dans plusieurs directions, après avoir pris les ordres du capitaine commandant le fort qui, revêtu de son grand uniforme, une longue-vue à la main et les bras derrière le dos, se promenait à grands pas sur les glacis du fortin.

Peu à peu les canots regagnèrent la plage, les charrettes furent dételées, les bêtes de somme renfermées dans les parcs, et la population entière se trouva réunie sur la place du village.

Le soleil s'abaissait rapidement à l'horizon, la nuit n'allait pas tarder à venir, les cavaliers envoyés aux environs étaient tous de retour.

— Vous le voyez, dit le capitaine aux habitants assemblés, nous n'avons rien à craindre, ce n'était qu'une fausse alerte, vous pouvez rentrer paisiblement dans vos demeures, l'on n'a trouvé aucune trace d'Indiens à vingt milles à la ronde.

— Hum! observa un vieux chasseur métis appuyé sur son fusil, les Indiens ne sont pas longs à faire vingt milles.

— C'est possible, *Blancs-Yeux*, répondit le commandant, mais soyez convaincu que si j'ai agi comme je l'ai fait, cela a été simplement dans le but de rassurer la population, les Indiens n'oseront pas se venger.

— Les Indiens se vengent toujours, capitaine, dit sentencieusement le vieux chasseur.

—Vous avez bu trop de whisky, Blancs-Yeux, il vous a porté au cerveau, vous rêvez tout éveillé.

— Dieu veuille que vous ayez raison, capitaine, mais toute ma vie s'est passée sur les défrichements, je connais les mœurs des Peaux Rouges, tandis que vous n'êtes sur les frontières que depuis deux ans.

— C'est autant qu'il en faut, interrompit peremptoirement le capitaine.

— Cependant, avec votre permission, les Indiens

sont des hommes, et les deux Comanches qui ont été traîtreusement assassinés ici, au mépris du droit des gens, étaient des guerriers renommés dans leur tribu.

— Blancs-Yeux, vous êtes un sang-mêlé, vous tenez un peu trop de la race rouge, dit le capitaine avec ironie.

— La race rouge, répondit fièrement le chasseur, est loyale, elle n'assassine pas pour le plaisir de verser du sang, ainsi que vous-même avez fait il y a quatre jours de ces deux guerriers qui passaient inoffensifs dans leur canot, sous le prétexte d'essayer un nouveau fusil que vous avez reçu d'*Acropolis*.

— C'est bon! assez! faites-moi grâce de vos commentaires, Blancs-Yeux, je n'ai pas d'observations à recevoir de vous.

Le chasseur salua gauchement, jeta son fusil sur l'épaule et se retira tout en grommelant:

— C'est égal, le sang versé crie vengeance, les Peaux Rouges sont des hommes, ils ne laisseront pas le crime impuni.

Le capitaine rentra dans le fort, visiblement contrarié de ce que lui avait dit le métis. Peu à peu les habitants se dispersèrent après s'être souhaité le bon soir et se renfermèrent chez eux, avec cette insouciance particulière aux hommes habitués à risquer leur vie à chaque minute.

Une heure plus tard, la nuit était complétement venue, d'épaisses ténèbres enveloppaient le village dans lequel les habitants fatigués des rudes travaux du jour, reposaient dans une sécurité profonde.

Les éclaireurs envoyés au déclin du jour par le capitaine, s'étaient mal acquittés de leur devoir, ou bien ils n'étaient pas habitués aux ruses indiennes, sans cela ils n'auraient pas donné par leurs rapports une confiance trompeuse aux colons.

A un mille à peine du village, cachés et confondus au milieu des épaisses broussailles et des arbres enchevêtrés les uns dans les autres d'une forêt vierge, dont les premiers plans étaient tombés déjà sous la hache infatigable des défricheurs, deux cents guerriers Comanches de la tribu du *Serpent* guidés par plusieurs chefs renommés, au nombre desquels se trouvait la Tête d'Aigle, qui bien que blessé avait voulu faire partie de l'expédition, attendaient avec cette patience indienne, que rien ne peut rebuter, le moment propice de tirer une vengeance éclatante de l'insulte qui leur avait été faite.

Plusieurs heures se passèrent ainsi, sans que le silence de la nuit fût troublé par un bruit quelconque.

Les Indiens, immobiles comme des statues de bronze, attendaient, sans témoigner la moindre impatience.

Vers onze heures du soir la lune se leva, éclairant le paysage de ses reflets argentés.

Au même instant les hurlements éloignés d'un chien se firent entendre à deux reprises.

La Tête d'Aigle se détachant alors de l'arbre derrière lequel il s'abritait, commença à ramper avec une adresse et une vélocité extrêmes, dans la direction du village.

Arrivé sur la lisière de la forêt il s'arrêta, puis après avoir jeté autour de lui un regard investigateur, il imita le hennissement du cheval avec une telle perfection que deux chevaux du village lui répondirent immédiatement.

Après quelques secondes d'attente, l'ouïe exercée du chef perçut un bruit presque insensible dans les feuilles, le grave mugissement d'un bœuf se fit entendre à une courte distance, alors le chef se leva et attendit.

Deux secondes plus tard un homme le rejoignait.

Cet homme était *Blancs-Yeux*, le vieux chasseur.

Un sourire sinistre relevait le coin de ses lèvres minces.

— Que font les blancs? demanda le chef.

— Ils dorment, répondit le métis.

— Mon frère me les livrera?

— Donnant, donnant.

— Un chef n'a qu'une parole. La femme pâle et la tête grise?

— Sont ici.

— Ils m'appartiendront?

— Tous les habitants du village seront remis entre les mains de mon frère.

— *Och!* le chasseur n'est pas venu?

— Pas encore.

— Il arrivera trop tard.

— C'est probable.

— Que dit mon frère à présent?

— Où est ce que j'ai demandé au chef? fit le chasseur.

— Les peaux, les fusils et la poudre sont en arrière gardés par mes jeunes gens.

— Je me fie à vous, chef, répondit le chasseur, mais si vous me trompez....

— Un Indien n'a qu'une parole.

— C'est bon!... alors quand vous voudrez.

Dix minutes plus tard, les Indiens étaient maîtres du village, dont tous les habitants réveillés les uns après les autres, avaient été faits prisonniers sans coup férir.

Le fort était cerné par les Comanches, qui après avoir entassé au pied de ses murailles de troncs d'arbres, les charrettes, les meubles et tous les instruments de labourage des colons désespérés, n'attendaient plus qu'un signal de leur chef pour commencer l'attaque.

Tout à coup une forme vague se dessina au sommet du fort et le cri de l'épervier d'eau traversa l'espace.

Les Indiens mirent le feu à l'espèce de bûcher qu'ils avaient élevé et se précipitèrent contre les palissades, en poussant tous ensemble cet horrible et strident cri de guerre qui leur est particulier, et qui sur les frontières est toujours le signal du massacre.

VIII

LA VENGEANCE INDIENNE.

La position des Américains était des plus critiques.

Le capitaine, surpris par l'attaque silencieuse des Comanches, avait été réveillé en sursaut par l'effroyable cri de guerre qu'ils avaient poussé, dès que le feu avait été mis par eux aux matériaux entassés devant le fort.

Sautant au bas de son lit, le brave officier, un moment ébloui par les lueurs rougeâtres des flammes, s'était à demi vêtu et son sabre à la main précipité du côté où reposait la garnison, qui déjà avait pris l'alarme et se hâtait de se rendre à son poste avec cette insouciante bravoure qui distingue les *Yankees*.

Mais que faire?

La garnison se montait, capitaine compris, à douze hommes.

Comment, avec une force numérique aussi faible, résister aux Indiens dont il voyait les diaboliques silhouettes se dessiner fantastiquement aux reflets sinistres de l'incendie?

L'officier poussa un soupir.

— Nous sommes perdus! murmura-t-il.

Dans les combats incessants qui se livrent sur les frontières indiennes, les lois de nos guerres civilisées sont complétement inconnues.

Le *væ victis* règne dans toute l'acception du mot.

Les ennemis acharnés qui combattent les uns contre les autres avec tous les raffinements de la barbarie ne demandent et n'accordent pas de quartier.

Toute lutte est donc une question de vie ou de mort.

Tel est l'usage.

Le capitaine le savait, aussi ne se faisait-il pas la moindre illusion sur le sort qui l'attendait s'il tombait aux mains des Comanches.

Il avait commis la faute de se laisser surprendre par les Peaux Rouges, il devait subir les conséquences de son imprudence.

Mais le capitaine était un brave soldat; certain de ne pouvoir se retirer sain et sauf du guêpier dans lequel il se trouvait, il voulut du moins succomber avec honneur.

Les soldats n'avaient pas besoin d'être excités à faire leur devoir, ils savaient aussi bien que leur capitaine qu'il ne leur restait aucune chance de salut.

Aussi les défenseurs du fort se placèrent résolument derrière les barricades et commencèrent à fusiller les Indiens avec une justesse et une précision qui ne laissèrent pas que de leur causer de grandes pertes.

La première personne que le capitaine aperçut en montant sur la plate-forme du fortin, fut le vieux chasseur Blancs-Yeux.

— Ah! ah! murmura l'officier à part lui, que fait ici cet homme et comment y est-il arrivé?

Tirant alors un pistolet de sa ceinture, il marcha droit au métis, et le saisissant par la gorge il lui appuya le canon de l'arme sur la poitrine, en lui disant avec ce sang-froid que les Américains tiennent des Anglais et qu'ils ont considérablement augmenté :

— De quelle façon vous êtes vous donc introduit dans le fort, vieille chouette?

— Eh! par la porte apparemment, répondit l'autre sans s'émouvoir.

— Ah! bah! vous êtes donc sorcier alors?

— Peut-être.

— Trêve de raillerie, sang-mêlé, vous nous avez vendus à vos frères, les Peaux Rouges.

Un sourire sinistre éclaira le visage du métis, le capitaine l'aperçut.

— Mais votre trahison ne vous profitera pas, misérable, dit-il d'une voix tonnante, vous en serez la première victime.

Le chasseur se dégagea par un mouvement brusque et inattendu; puis il fit un bond en arrière et épaulant son fusil :

— Nous verrons, dit-il en ricanant.

Ces deux hommes placés face à face sur cette étroite

plate-forme éclairée par les reflets sinistres de l'incendie, dont l'intensité croissait à chaque seconde, avaient une expression terrifiante pour le spectateur auquel il aurait été donné de les contempler de sang-froid.

Chacun d'eux personnifiait en lui ces deux races en présence aux États-Unis, dont la lutte ne finira que par l'extinction complète de l'une au profit de l'autre.

A leurs pieds le combat prenait les gigantesques proportions d'une épopée.

Les Indiens se ruaient avec rage et en poussant de grands cris contre les retranchements, où les Américains les recevaient par des décharges à bout portant ou à coups de baïonnettes.

Mais le feu gagnait toujours, les soldats tombaient les uns après les autres ; bientôt tout serait fini.

A la menace de Blancs-Yeux, le capitaine avait répondu par un sourire de mépris.

Prompt comme l'éclair, il avait déchargé son pistolet sur le chasseur ; celui-ci avait laissé échapper son fusil, son bras droit était fracassé.

Le capitaine se précipita sur lui avec un rugissement de joie.

Le métis fut renversé par ce choc imprévu.

Alors son ennemi lui appuya le genou sur la poitrine et le considéra un instant.

— Eh bien ! lui dit-il, avec un rire amer, me suis-je trompé ?

— Non, répondit le métis d'une voix ferme, je suis un sot, ma vie t'appartient, tue-moi.

— Sois tranquille, je te réserve une mort indienne.

— Hâte-toi, si tu veux te venger, reprit le chasseur avec ironie, car bientôt il sera trop tard.

— J'ai le temps... Pourquoi nous as-tu trahis, misérable?

— Que t'importe?

— Je veux le savoir.

— Eh bien ! sois satisfait, dit le chasseur après un instant de silence, les blancs tes frères sont les bourreaux de toute ma famille, j'ai voulu me venger.

— Mais nous ne t'avions rien fait, nous?

— N'êtes-vous pas des blancs? tue-moi et que cela finisse... je puis mourir avec joie, car de nombreuses victimes me suivront dans la tombe.

— Eh bien ! puisqu'il en est ainsi, dit le capitaine avec un rire sinistre, je vais t'envoyer rejoindre tes frères, tu vois que je suis un loyal adversaire.

Alors appuyant fortement son genou sur la poitrine du chasseur afin de l'empêcher de se soustraire au châtiment qu'il lui réservait.

— A l'indienne, lui dit-il.

Et prenant son couteau, il saisit de la main gauche l'épaisse et rude chevelure grise du métis et avec une dextérité inouïe, il la lui enleva.

Le chasseur ne put retenir un cri d'effroyable douleur à cette affreuse mutilation, le sang coulait en abondance de son crâne nu, et inondait son visage.

— Tue-moi! dit-il, tue-moi, cette douleur est horrible.

— Tu trouves? dit le capitaine.

— Oh! tue-moi! tue-moi!

— Allons donc, répondit l'officier en haussant les épaules, me prends-tu pour un boucher, non, je vais te rendre à tes dignes amis.

Il prit alors le chasseur par les jambes, le traîna jusqu'au bord de la plate-forme et le poussa du pied.

Le misérable chercha instinctivement à se retenir en saisissant de la main gauche l'extrémité d'une poutre qui faisait saillie au dehors.

Un instant il resta suspendu dans l'espace.

Il était hideux à voir, son crâne à vif, son visage sur lequel coulaient incessamment des flots d'un sang noir, contracté par la souffrance et la terreur, tout son corps agité de mouvements convulsifs, inspiraient l'horreur et le dégoût.

— Pitié! pitié! murmurait-il.

Le capitaine le regardait le sourire aux lèvres, les bras croisés sur la poitrine.

Mais les nerfs fatigués du misérable ne purent le soutenir plus longtemps, ses doigts crispés lâchèrent le pieu qu'il avait saisi avec l'énergie du désespoir.

— Bourreau! sois maudit! cria-t-il avec un accent de rage suprême.

Et il tomba.

— Bon voyage ! fit le capitaine en ricanant.

Une clameur immense s'éleva aux portes du fort.

Le capitaine s'élança au secours des siens.

Les Comanches s'étaient emparés des barricades.

Ils se précipitaient en foule dans l'intérieur du fortin, massacrant et scalpant les ennemis qu'ils rencontraient sur leur passage.

Quatre soldats américains restaient seuls debout.

Les autres étaient morts.

Le capitaine se retrancha au milieu de l'escalier qui conduisait à la plate-forme.

— Mes amis, dit-il à ses compagnons, mourez sans regret, j'ai tué celui qui nous a trahis.

Les soldats répondirent par un hurra de joie à cette consolation d'une nouvelle espèce, et ils se préparèrent à vendre chèrement leur vie.

Mais alors il se passa une chose incompréhensible.

Les cris des Indiens avaient cessé comme par enchantement.

L'attaque était suspendue.

— Que font-ils donc, murmura le capitaine, quelle nouvelle diablerie inventent ces démons ?

Une fois maître de toutes les approches du fort, la Tête d'Aigle ordonna d'interrompre le combat.

Les colons faits prisonniers dans le village furent amenés les uns après les autres, ils étaient douze, parmi lesquels se trouvaient quatre femmes.

Lorsque ces douzes malheureux se tinrent tremblants devant lui, la Tête d'Agle fit mettre les femmes à part.

Ordonnant aux hommes de passer l'un après l'autre devant lui, il les regardait attentivement, puis faisait un signe aux guerriers placés à ses côtés.

Ceux-ci s'emparaient immédiatemment des Américains, leur abattaient les deux poignets à coups de machete et les poussaient dans le fort après les avoir scalpés.

Sept colons avaient souffert cette atroce torture.

Il n'en restait plus qu'un.

C'était un vieillard de haute taille, maigre, mais encore vert, ses cheveux blancs comme la neige tombaient sur ses épaules, ses yeux noirs lançaient des éclairs, mais ses traits demeuraient immobiles; il attendait impassible en apparence que la Tête d'Aigle décidât de son sort et l'envoyât rejoindre les malheureux qui l'avaient précédé.

Cependant le chef Comanche le considérait avec une attention extrême.

Enfin les traits du sauvage se détendirent, un sourire se dessina sur ses lèvres et tendant la main au vieillard :

— *Usted no conocer amigo?* — Vous ne pas connaître ami ?—lui dit-il en mauvais espagnol avec l'accent guttural de sa race.

A cette parole, le vieillard tressaillit, regardant à son tour l'Indien.

—Oh! dit-il avec étonnement *el Gallo* —le Coq.

— *Oah!* répondit le chef avec satisfaction, je suis un ami de la tête grise, les Peaux Rouges n'ont pas deux cœurs, mon père m'a sauvé la vie, mon père viendra dans ma hutte.

— Merci, chef, j'accepte votre proposition, dit le vieillard en serrant chaleureusement la main que l'Indien lui tendait.

Et il alla en toute hâte se placer auprès d'une femme d'un certain âge, au visage noble, dont les traits flétris par la douleur, conservaient cependant les traces d'une grande beauté.

— Dieu soit béni! dit-elle avec effusion, lorsque le vieillard la rejoignit.

— Dieu n'abandonne jamais ceux qui placent leur confiance en lui, répondit-il.

Pendant ce temps, les Peaux Rouges jouaient les dernières scènes de l'horrible drame auquel nous avons fait assister le lecteur.

Lorsque tous les colons eurent été renfermés dans le fort, l'incendie fut ravivé avec toutes les matières que l'on put trouver, une barrière de flammes sépara pour toujours du monde les malheureux Américains.

Bientôt le fort ne fut plus qu'un immense bûcher, d'où s'échappaient des cris de douleur mêlés par intervalles à des détonations d'armes à feu.

Les Comanches, impassibles, surveillaient à distance les progrès de l'incendie et souriaient comme des démons à leur vengeance.

Les flammes avaient gagné tout le bâtiment, elles montaient avec une rapidité effrayante, éclairant au loin le désert, comme un lugubre phare.

Au sommet du fort on voyait s'agiter quelques individus avec désespoir, tandis que d'autres agenouillés semblaient implorer la miséricorde divine.

Tout à coup un craquement horrible se fit entendre, un cri de suprême agonie s'élança vers le ciel, et le fort s'écroula dans le bûcher incandescent qui le minait en faisant jaillir des millions d'étincelles.

Tout était fini !

Les Américains avaient succombé.

Les Comanches plantèrent un énorme mât à l'endroit où avait été la place du village ; ce mât auquel ils clouèrent les mains des colons, fut surmonté d'une hache dont le fer était teint de sang.

Puis après avoir mis le feu aux quelques cabanes qui restaient encore debout, la Tête d'Aigle donna l'ordre du départ.

Les quatre femmes et le vieillard seuls survivant de la population de ce malheureux défrichement, suivirent les Comanches.

Et un silence lugubre plana sur ces ruines fumantes, qui venaient d'être le théâtre de tant de scènes navrantes.

IX

LE FANTOME.

Il était à peu près huit heures du matin, un joyeux soleil d'automne éclairait splendidement la prairie.

Les oiseaux voletaient çà et là en poussant des cris bizarres, tandis que d'autres cachés au plus épais du feuillage formaient de mélodieux concerts. Parfois un daim montrait sa tête effarouchée au-dessus des hautes herbes et disparaissait au loin en bondissant.

Deux cavaliers revêtus du costume des coureurs des bois, montés sur de magnifiques chevaux à demi sauvages, suivaient au grand trot la rive gauche de la grande Canadienne, tandis que plusieurs limiers à la robe noire, tachés de feu aux yeux et au poitrail, couraient et gambadaient autour d'eux.

Ces cavaliers étaient le Cœur Loyal et son ami Belhumeur.

Contrairement à ses habitudes, le Cœur Loyal semblait en proie à la joie la plus vive, son visage rayonnait, il jetait avec complaisance les yeux autour de lui. Parfois il s'arrêtait, fixait son regard au loin, paraissant chercher à l'horizon quelque objet qu'il ne pouvait encore apercevoir. Alors avec un mouvement de dépit, il se remettait en marche pour recommencer cent pas plus loin la même manœuvre.

— Ah! parbleu! lui dit enfin Belhumeur en riant, nous arriverons, soyez tranquille.

— Eh! caramba! je le sais bien, mais je voudrais déjà y être! pour moi les seuls moment de bonheur que Dieu m'accorde, se passent auprès de celle que nous allons voir! ma mère! ma mère chérie! qui pour moi a tout quitté! tout abandonné sans regret, sans hésitation! oh! que c'est bon d'avoir une mère! de posséder un cœur qui comprenne le vôtre, qui fasse abnégation complète de lui-même pour s'absorber en vous! qui vit de votre existence! se réjouissant de vos joies, s'attristant de vos peines! qui fait deux parts de votre vie, se réservant la plus lourde, vous laissant la plus légère et la plus facile! oh! Belhumeur! pour bien comprendre ce que c'est que cet être divin composé de dévouement et d'amour que l'on nomme une mère, il faut comme moi en avoir été privé pendant de longues années et puis tout à coup l'avoir retrouvée plus aimante, plus adorable qu'auparavant! que nous marchons lentement! chaque minute de retard est un baiser de ma mère que le temps me vole! n'arriverons-nous donc jamais?

— Nous voici au gué.

— Je ne sais pourquoi, mais une crainte secrète

me serre le cœur, un pressentiment indéfinissable me fait trembler malgré moi.

— Chassez ces idées noires, mon ami, dans quelques minutes nous serons près de votre mère.

— Oui, n'est-ce pas? et pourtant, je ne sais si je m'abuse, mais on dirait que la campagne n'a pas son aspect accoutumé, ce silence qui règne autour de nous, cette solitude qui nous environne, me semblent peu naturels, nous voici près du village, nous devrions déjà entendre les abois des chiens, le chant des coqs et ces mille bruits qui dénoncent les lieux habités.

— En effet, dit Belhumeur avec une vague inquiétude, tout est bien silencieux autour de nous.

Les voyageurs se trouvaient à un endroit où la rivière fait un coude assez brusque; ses rives profondément encaissées, couvertes d'immenses blocs de rochers et d'épais taillis, ne permettaient pas à la vue de s'étendre au loin.

Le village vers lequel se dirigeaient les chasseurs n'était éloigné que d'une portée de fusil à peine du gué où ils se préparaient à traverser la rivière, mais il était complétement invisible à cause de la disposition des lieux.

Au moment où les chevaux mettaient les pieds dans l'eau ils firent un brusque mouvement en arrière, et les limiers poussèrent un de ces hurlements plaintifs, particuliers à leur race, qui glacent d'effroi l'homme le plus brave.

— Qu'est-ce là ! murmura le Cœur Loyal en devenant pâle comme un mort et en jetant autour de lui un regard effaré.

— Voyez ! répondit Belhumeur, et du doigt il montra à son compagnon plusieurs cadavres que la rivière emportait et qui glissaient entre deux eaux.

— Oh ! s'écria le Cœur Loyal, il s'est passé ici quelque chose d'épouvantable. Ma mère ! ma mère !

— Ne vous effrayez pas ainsi, dit Belhumeur, elle est sans doute en sûreté.

Sans écouter les consolations que son ami lui prodiguait sans y croire lui-même, le Cœur Loyal enfonça les éperons dans le ventre de son cheval et s'élança dans les flots.

Ils arrivèrent bientôt sur l'autre rive.

Alors tout leur fut expliqué.

Ils avaient devant eux la scène de désolation la plus épouvantablement complète qui se puisse imaginer.

Le village et le fort n'étaient plus qu'un monceau de ruines.

Une fumée noire, épaisse et nauséabonde montait en longues spirales vers le ciel.

Au milieu du village s'élevait un mât après lequel était cloués des lambeaux humains que des *urubus* se disputaient avec de grands cris.

Çà et là gisaient des cadavres à demi dévorés par les bêtes fauves et les vautours.

Nul être vivant n'apparaissait.

Rien n'était resté intact, tout était brisé ou renversé. L'on reconnaissait au premier coup-d'œil que les Indiens avaient passé par-là, avec leur rage sanguinaire et leur haine invétérée contre les blancs. Leurs pas étaient profondément gravés en lettres de feu et de sang.

— Oh! s'écria le chasseur, en frémissant, mes pressentiments étaient un avertissement du ciel, ma mère! ma mère!

Le Cœur Loyal se laissa tomber sur le sol avec désespoir, il cacha sa tête dans ses mains et pleura!

La douleur de cet homme si fortement trempé, doué d'un courage à toute épreuve et que nul danger ne pouvait surprendre, était comme celle du lion, elle avait quelque chose d'effrayant.

Ses sanglots, semblables à des rugissements, lui déchiraient la poitrine.

Belhumeur respecta la douleur de son ami; quelle consolation pouvait-il lui offrir? Mieux valait laisser couler ses larmes et donner au premier paroxisme du désespoir le temps de se calmer; certain que cette nature de bronze ne se laisserait pas longtemps abattre et que bientôt viendrait une réaction qui lui permettrait d'agir.

Seulement avec cet instinct inné chez les chasseurs, il commença à fureter de tous les côtés, espérant trouver quelque indice, qui plus tard servirait à diriger leurs recherches.

Après avoir longtemps tourné autour des ruines,

il fut tout à coup attiré du côté d'un buisson peu éloigné par des aboiements qu'il crut reconnaître.

Il s'avança précipitamment ; un limier semblable aux siens sauta joyeusement après ses jambes et l'étourdit par ses folles caresses.

— Oh ! oh ! dit le chasseur, que signifie cela, qui a attaché ainsi le pauvre Trim ?

Il coupa le lien qui retenait l'animal et s'aperçut alors qu'il avait au cou un papier plié en quatre et soigneusement attaché.

Il s'en empara et courut rejoindre le Cœur Loyal.

— Frère, lui dit-il, espérez !

Le chasseur savait que son ami n'était pas homme à lui prodiguer de vulgaires consolations, il leva vers lui son visage baigné de larmes.

Aussitôt libre, le chien s'était mis à fuir avec une vélocité incroyable en poussant ces jappements sourds et saccadés des limiers sur la voie.

Belhumeur qui avait prévu cette fuite, s'était hâté d'attacher sa cravate autour du cou de l'animal.

— On ne sait pas ce qui peut arriver ! murmura le Canadien en voyant le chien disparaître.

Et sur cette réflexion philosophique il était allé rejoindre son ami.

— Qu'y a-t-il ? demanda le Cœur Loyal.

— Lisez ! répondit simplement Belhumeur.

Le chasseur s'empara du papier qu'il lut avidement.

Il ne contenait que ces mots :

« Nous sommes prisonniers des Peaux Rouges...
« Courage !... Il n'est rien arrivé de malheureux à
« votre mère. »

— Dieu soit béni !... s'écria le Cœur Loyal avec effusion en baisant le papier qu'il serra dans sa poitrine, ma mère est vivante !... Oh ! je la retrouverai !...

— Pardieu !... appuya Belhumeur d'un accent convaincu.

Un changement complet s'était comme par enchantement opéré dans l'esprit du chasseur, il s'était redressé de toute sa hauteur, son front rayonnait.

— Commençons nos recherches, dit-il, peut-être quelqu'un des malheureux habitants a-t-il échappé à la mort; par lui nous apprendrons ce qui s'est passé.

— Bien ! dit Belhumeur avec joie, c'est ça, cherchons.

Les chiens grattaient avec frénésie dans les ruines du fort.

— Commençons par là, dit le Cœur Loyal.

Tous deux déblayèrent les décombres. Ils travaillaient avec une ardeur qu'ils ne comprenaient pas eux-mêmes.

Au bout de vingt minutes, ils découvrirent une espèce de trappe.

Des cris faibles et inarticulés se faisaient entendre au-dessous.

— Ils sont là ! dit Belhumeur.

— Dieu veuille que nous soyons arrivés à temps pour les sauver !

Ce ne fut qu'après un temps assez long et avec des peines infinies qu'ils parvinrent à lever la trappe.

Alors un spectacle horrible s'offrit à eux.

Dans un caveau exhalant une odeur fétide, une vingtaine d'individus étaient littéralement empilés les uns sur les autres.

Les chasseurs ne purent réprimer un mouvement d'effroi et se reculèrent malgré eux.

Mais ils revinrent immédiatement au bord du caveau pour tâcher, s'il en était temps encore, de sauver quelques-unes de ces malheureuses victimes.

De tous ces hommes un seul donnait quelques signes de vie, les autres étaient morts.

Ils le sortirent du souterrain, l'étendirent doucement sur un amas de feuilles sèches et lui prodiguèrent les secours que son état réclamait.

Les chiens léchaient les mains et le visage du blessé.

Au bout de quelques minutes cet homme fit un léger mouvement, ouvrit les yeux à plusieurs reprises, puis il poussa un profond soupir.

Belhumeur introduisit entre ses dents serrées le goulot d'une bouteille de cuir pleine de rhum, et l'obligea à boire quelques gouttes de liqueur.

— Il est bien malade, dit le chasseur.

— Il est perdu, répondit le Cœur Loyal en secouant la tête.

Cependant le blessé avait repris quelques forces.

— Mon Dieu! dit-il d'une voix faible et entrecoupée, mourir, je vais mourir!

— Espérez, lui dit doucement Belhumeur.

Une rougeur fugitive colora les joues pâles du blessé, un sourire triste crispa le coin de ses lèvres.

—Pourquoi vivrais-je? répondit-il, les Indiens ont massacré tous mes compagnons après les avoir horriblement mutilés, la vie serait une trop lourde charge pour moi.

— Si avant de mourir vous désirez quelque chose qu'il soit en notre pouvoir de faire, parlez, et, foi de chasseurs, nous le ferons.

Les yeux du mourant étincelèrent d'une lueur fauve.

— Votre gourde? dit-il à Belhumeur.

Celui-ci la lui donna.

Le blessé but avidement, son front se couvrit d'une sueur moite, et une rougeur fébrile enflamma son visage qui prit alors une expression effrayante.

— Écoutez, dit-il d'une voix rauque et saccadée, c'est moi qui commandais ici; les Indiens, aidés par un misérable métis qui nous a vendus à eux, ont surpris le village.

— Le nom de cet homme? fit vivement le chasseur.

— Il est mort!... je l'ai tué! répondit le capitaine avec un indéfinissable accent de haine et de joie. Les Indiens ont voulu s'emparer du fort, la lutte a été terrible, nous étions douze hommes résolus contre quatre cents sauvages, que pouvions-nous faire? lutter jusqu'à la mort. C'est ce qui fut résolu. Les Indiens reconnaissant l'impossibilité de s'emparer de nous vivants, nous ont jeté les colons du village après les avoir scalpés et leur avoir coupé les poignets, ensuite ils ont incendié le fort.

Le blessé dont la voix s'affaiblissait de plus en plus et dont les paroles devenaient inintelligibles, but quelques gouttes de liqueur, puis il continua son récit que les chasseurs écoutaient avidement.

— Un souterrain servant de cave s'étendait sous les fossés du fort, lorsque je reconnus que tout moyen de salut nous échappait, que la fuite était impossible, je fis descendre mes malheureux compagnons dans cette cave, espérant que Dieu permettrait peut-être que nous pussions nous sauver ainsi. Quelques minutes plus tard le fort s'écroula sur nous. Nul ne peut s'imaginer les tortures que nous avons souffertes dans ce gouffre infect, sans air et sans lumière. Les cris des blessés, et nous l'étions tous plus ou moins, demandant de l'eau, le râle des mourants formaient un épouvantable concert qu'il n'est donné à aucune plume de décrire. Nos souffrances déjà intolérables s'accrurent encore par le manque d'air; une espèce de folie furieuse s'empara de nous, nous nous ruâmes les uns contre les autres, et dans les ténèbres, sous une masse de décombres, commença un combat hideux qui ne devait se terminer que par la mort de tous les combattants. Combien dura-t-il de temps? je ne saurais le dire. Déjà je sentais que la mort qui avait saisi tous mes compagnons allait aussi s'emparer de moi, lorsque vous êtes venus la retarder de quelques minutes. Dieu soit loué! je ne mourrai pas sans vengeance.

Après ces mots prononcés d'une voix presque inarticulée, il y eut un silence funèbre entre ces trois hommes, silence interrompu seulement par le râle sourd du mourant, dont l'agonie commençait.

Tout à coup le capitaine se raidit avec force, il se redressa et fixant un regard sanglant sur les chasseurs :

—Les sauvages qui m'ont attaqué appartiennent à la nation des Comanches, dit-il, leur chef se nomme la Tête d'Aigle, jurez de me venger en loyaux chasseurs.

— Nous le jurons! s'écrièrent les deux hommes d'une voix ferme.

—Merci! murmura le capitaine et tombant brusquement en arrière, il resta immobile.

Il était mort.

Son visage crispé et ses yeux ouverts conservaient encore l'expression de haine et de désespoir qui l'avaient animé à son dernier moment.

Les chasseurs le considérèrent un instant, puis, secouant cette impression pénible, ils se mirent en devoir de rendre les honneurs suprêmes aux malheureuses victimes de la rage des Indiens.

Aux derniers rayons du soleil couchant ils terminaient la rude tâche qu'ils s'étaient imposée.

Après avoir pris quelques instants de repos, le Cœur Loyal se leva et sella son cheval.

— Maintenant, frère, dit-il à Belhumeur, mettons-nous sur la piste de la Tête d'Aigle.

— Allons, répondit le chasseur.

Les deux hommes jetèrent autour d'eux un long et triste regard d'adieu, et, sifflant leurs chiens, ils s'enfoncèrent hardiment sous la forêt dans les profondeurs de laquelle avaient disparu les Comanches.

En ce moment la lune se leva dans un océan de vapeur et répandit à profusion ses rayons mélancoliques sur les ruines du village américain dans lequel régnaient pour toujours la solitude et la mort.

X

LE CAMP RETRANCHÉ.

Nous laisserons aux chasseurs suivre la piste des Peaux Rouges et nous reviendrons au général.

Quelques minutes après que les deux hommes eurent quitté le camp des Mexicains, le général sortit de la tente et tout en jetant un regard investigateur autour de lui, et respirant l'air frais du matin, il se mit à se promener de long en large d'un air préoccupé.

Les événements de la nuit avaient produit une vive impression sur le vieux soldat.

Pour la première fois peut-être depuis qu'il avait entrepris cette expédition, il l'entrevoyait sous son véritable jour, il se demandait s'il avait bien réellement le droit d'associer à cette vie de périls et d'embûches continuelles, une jeune fille de l'âge de sa nièce, dont l'existence n'avait été jusqu'à ce moment qu'une suite non interrompue de douces et tranquilles émotions, et qui probablement ne pourrait pas s'accoutumer à ces dangers incessants et à ces agitations de la vie des prairies qui, en peu de temps, brisent les ressorts des âmes les mieux trempées.

Sa perplexité était grande. Il adorait sa nièce ; c'était son seul amour, sa seule consolation. Pour elle il aurait mille fois sacrifié tout ce qu'il possédait sans regret et sans hésitation ; mais, d'un autre côté, les raisons qui l'avaient obligé à entreprendre ce périlleux voyage, étaient d'une importance telle, qu'il frémissait et sentait une sueur froide envahir son front rien qu'à la pensée d'y renoncer.

— Que faire ?... disait-il, que faire ?

Dona Luz qui sortait à son tour de la tente, aperçut son oncle dont la promenade saccadée durait toujours, elle accourut vers lui, et lui jetant avec abandon les bras autour du cou :

—Bonjour, mon oncle, lui dit-elle en l'embrassant.

—Bonjour, ma fille, répondit le général ; — il avait l'habitude de la nommer ainsi — eh ! eh ! mon enfant, vous êtes bien gaie ce matin.

Et il lui rendit avec effusion les caresses qu'elle lui prodiguait.

— Pourquoi ne serais-je pas gaie, mon oncle ? grâce à Dieu, nous venons d'échapper à un immense péril, tout semble sourire dans la nature, les oiseaux chantent sur toutes les branches, le soleil nous inonde de ses chauds rayons, nous serions ingrats envers le créateur si nous restions insensibles à cette manifestation de son pouvoir.

—Ainsi nos périls de cette nuit n'ont laissé aucune fâcheuse impression dans votre esprit, chère enfant ?

— Aucune, mon oncle, si ce n'est une immense

reconnaissance pour les bienfaits dont Dieu nous accable.

— Bien, ma fille, répondit le général avec joie, je suis heureux de vous entendre parler ainsi.

— Tant mieux si je vous fais plaisir, mon oncle.

— De sorte, reprit le général, suivant toujours son idée, que la vie que nous menons en ce moment ne vous fatigue pas.

— Nullement, je la trouve fort agréable, au contraire, dit-elle en souriant, et surtout fort accidentée.

— Oui, fit le général en partageant la gaieté de sa nièce, mais, ajouta-t-il en redevenant sérieux, il me semble que nous oublions un peu trop nos libérateurs.

— Ils sont partis, répondit dona Luz.

— Ils sont partis? dit le général en tressaillant.

— Depuis une heure déjà.

— Comment le savez-vous, ma nièce?

— Par une raison toute simple, mon oncle, ils m'ont dit adieu, avant de nous quitter.

— Ce n'est pas bien, murmura le général avec tristesse, un service oblige autant ceux qui le rendent que ceux qui le reçoivent, ils n'auraient pas dû nous abandonner ainsi, sans nous dire si nous pourrons jamais les revoir et même sans nous laisser leurs noms.

— Je les sais.

— Vous les savez, ma fille ? dit le général avec étonnement.

— Oui, mon oncle, avant de partir, ils me les ont dits.

— Et... comment se nomment-ils ? demanda vivement le général.

— Le plus jeune, Belhumeur.

— Et le plus âgé ?

— Le Cœur Loyal.

— Oh ! il faudra que je retrouve ces deux hommes, dit le général avec une émotion dont il ne put se rendre compte.

— Qui sait ? répondit la jeune fille rêveuse, peut-être au premier danger qui nous menacera les verrons-nous apparaître comme deux bienfaisants génies.

— Dieu veuille que ce ne soit pas à une pareille cause que nous devions leur retour parmi nous.

Le capitaine vint leur adresser les souhaits du matin.

— Eh bien ! capitaine, dit en souriant le général, vos hommes sont-ils remis de leurs émotions ?

— Parfaitement, général, répondit le jeune homme, ils sont prêts à repartir dès que vous en donnerez l'ordre.

— Après déjeuner, nous lèverons le camp, veuillez, je vous prie, donner les ordres nécessaires aux lanceros et m'envoyer le Babillard.

Le capitaine se retira.

— Quant à vous, ma nièce, continua le général en s'adressant à dona Luz, surveillez, je vous prie, les apprêts du déjeuner, tandis que je causerai avec le guide.

La jeune fille s'envola.

Le Babillard arriva bientôt.

Son air était plus sombre, sa mine plus renfrognée que de coutume.

Le général ne parut pas s'en apercevoir.

— Vous savez, lui dit-il, que hier je vous ai manifesté l'intention de trouver un emplacement où ma troupe puisse camper en sûreté pendant quelques jours?

— Oui, général.

— Vous m'avez assuré connaître un endroit qui remplirait parfaitement ce but?

— Oui, général.

— Êtes-vous disposé à m'y conduire ?

— Quand vous voudrez.

— Combien nous faut-il de temps pour nous y rendre ?

— Deux jours.

— Fort bien. Nous partirons aussitôt après le déjeuner.

Le Babillard s'inclina sans répondre.

— A propos, dit le général avec une feinte indifférence, il me semble qu'il nous manque un de vos hommes?

— Oui.

— Qu'est-il devenu ?

— Je ne sais pas.

— Comment, vous ne le savez pas ? s'écria le général avec un coup-d'œil investigateur.

— Non. Dès qu'il a vu l'incendie, la peur s'est emparée de lui, et il s'est sauvé.

— Eh bien ?

— Il aura probablement été victime de sa couardise.

— Que voulez-vous dire ?

— Le feu l'aura dévoré.

— Pauvre diable !

Un sourire sardonique crispa les lèvres du guide.

— Vous n'avez plus rien à me dire, général ?

— Non... Ah ! attendez.

— J'attends.

— Ne connaissez-vous pas ces deux chasseurs, qui cette nuit nous ont rendu un si grand service ?

— Tout le monde se connaît, dans la prairie.

— Quels sont ces hommes ?

— Des chasseurs et des trappeurs.

— Ce n'est pas cela que je vous demande.

— Quoi donc, alors ?

— Je vous parle de leur moralité.

— Ah ! fit le guide avec un mouvement.

— Oui.

— Je ne sais pas.

— Comment se nomment-ils ?

— Belhumeur et le Cœur Loyal.
— Et vous ne connaissez rien de leur vie?
— Rien..
— C'est bien, vous pouvez vous retirer.

Le guide salua et rejoignit à pas lents ses compagnons qui faisaient leurs préparatifs de départ.

— Hum! murmura le général en le suivant des yeux, je surveillerai ce drôle, il y a du louche dans sa conduite.

Après cet à parté, le général entra dans la tente où le capitaine, le docteur et dona Luz l'attendaient pour déjeuner.

Le repas fut court.

Une demi-heure plus tard tout au plus la tente était repliée, les caisses chargées sur les mules et la caravane continuait son voyage sous la direction du Babillard qui marchait en éclaireur à une vingtaine de pas en avant.

L'aspect de la prairie avait bien changé depuis la veille.

La terre noire et brûlée était recouverte par places de monceaux de cendres fumantes, çà et là, des arbres calcinés, mais debout encore, montraient leur squelette attristant. Au loin l'incendie grondait toujours, et des nuages d'une fumée cuivrée masquaient l'horizon.

Les chevaux n'avançaient qu'avec précaution sur ce terrain accidenté, où parfois ils trébuchaient contre les os des animaux saisis par l'étreinte terrible des flammes.

Une sombre tristesse, augmentée encore par la vue du paysage qui se déroulait devant eux, s'était emparée des voyageurs ; ils marchaient auprès les uns des autres, sans se parler, enfoncés dans leurs réflexions.

Le chemin que suivait la caravane, serpentait dans un étroit ravin, lit desséché de quelque torrent, profondément encaissé entre deux collines.

Le terrain foulé par le pied des chevaux se composait de cailloux ronds qui fuyaient sous leurs sabots, et augmentaient les difficultés de la marche, rendue plus difficile encore par les rayons brûlants du soleil qui tombaient d'aplomb sur les voyageurs sans qu'ils pussent s'en garantir, car le pays qu'ils traversaient avait pris complétement l'apparence de l'un de ces vastes déserts que l'on rencontre dans l'intérieur de l'Afrique.

La journée s'écoula ainsi sans que, à part la fatigue qui les accablait, aucun incident rompît la monotonie du voyage.

Le soir ils campèrent dans une plaine absolument nue, mais à l'horizon ils aperçurent la verdure, ce qui fut pour eux une grande consolation, ils allaient enfin entrer dans une zone épargnée par l'incendie.

Le lendemain, deux heures avant le lever du soleil, le Babillard donna l'ordre du départ.

Cette journée fut encore plus fatigante que la précédente, les voyageurs étaient littéralement exténués lorsque l'on campa.

Le Babillard n'avait pas trompé le général, le site était admirablement choisi pour repousser une attaque indienne ; nous ne le décrirons pas, le lecteur le connaissant déjà : c'était en ce lieu que se trouvaient les chasseurs, lorsque pour la première fois nous les avons mis en scène.

Le général après avoir jeté autour de lui ce regard infaillible de l'homme de guerre, ne put s'empêcher de manifester sa satisfaction.

— Bravo, dit-il au guide, si nous avons eu des difficultés presque insurmontables à vaincre pour arriver ici, au moins nous pourrions, le cas échéant, y soutenir un siége.

Le guide ne répondit pas, il s'inclina avec un sourire équivoque et se retira.

— C'est étonnant, murmura le général, bien qu'en apparence la conduite de cet homme soit loyale, et qu'il me soit impossible de lui reprocher la moindre chose, malgré cela je ne sais pourquoi j'ai le pressentiment qu'il nous trompe et qu'il machine quelque diabolique projet contre nous.

Le général était un vieux soldat rempli d'expérience, qui ne voulait rien laisser au hasard, ce *deus ex machinâ*, qui rompt en une seconde les plans les mieux conçus.

Malgré la fatigue de ses gens il ne voulut pas perdre une minute ; aidé par le capitaine, il fit abattre une énorme quantité d'arbres afin de former un solide retranchement hérissé de chevaux de frise. Derrière le retranchement, les lanceros creusèrent un large fossé dont ils rejetèrent la terre du côté du camp, puis derrière ce deuxième retranchement les ballots furent empilés de façon à former une troisième et dernière enceinte.

On planta la tente au milieu du camp, les sentinelles furent placées et chacun alla se livrer à un repos dont il avait le plus grand besoin.

Le général qui avait l'intention de séjourner quelque temps en ce lieu, voulait autant que possible assurer la sécurité de ses compagnons, et grâce à ses minutieuses précautions il croyait avoir réussi.

Depuis deux jours les voyageurs marchaient à travers des chemins exécrables, dormant à peine, ne s'arrêtant que le temps strictement nécessaire pour prendre un peu de nourriture, nous l'avons dit, ils étaient rendus de fatigue ; aussi malgré tout leur désir de rester éveillées, les sentinelles ne purent résister au sommeil qui les accablait, et elles ne tardèrent pas de tomber dans un assoupissement profond.

Vers minuit, au moment où tout le monde dans le camp était plongé dans le sommeil, un homme se leva doucement et rampant dans l'ombre avec la légèreté d'un reptile, marchant avec des précautions extrêmes, il se glissa en dehors des barricades et des retranchements.

Alors il s'étendit sur le sol et peu à peu d'une façon presque insensible, s'aidant des mains et des genoux, il se dirigea à travers les hautes herbes, vers une forêt qui couvrait les premiers plans de la colline et s'étendait au loin dans la prairie.

Arrivé à une certaine distance, sûr désormais de ne pas être découvert, il se releva.

Un rayon de lune passant entre deux nuages, vint alors éclairer son visage.

Cet homme était le Babillard !

Il regarda autour de lui avec soin, tendit l'oreille, puis avec une perfection inouïe, il imita le cri du chien des prairies.

Presque instantanément le même cri fut répété et un homme parut à dix pas au plus du Babillard.

Cet homme était le guide, qui trois jours auparavant s'était échappé du camp aux premières lueurs de l'incendie.

XI

LE MARCHÉ.

Les Indiens et les coureurs des bois ont deux langues, dont ils se servent tour à tour, suivant les circonstances.

La langue parlée, et la langue mimée.

Comme la langue parlée, la langue mimée a en Amérique des fluctuations infinies, chacun, pour ainsi dire, fait la sienne. C'est un composé de gestes bizarres et mystérieux, une espèce de télégraphe maçonnique, dont les signes qui varient à volonté, ne sont compréhensibles que pour un petit nombre d'adeptes.

Le Babillard et son compagnon s'entretenaient par gestes.

Cette conversation singulière dura près d'une heure, elle semblait vivement intéresser les interlocuteurs, si vivement les intéresser même, qu'ils ne remarquèrent pas, malgré les précautions extrêmes dont ils avaient usé pour ne pas être surpris, deux yeux ardents qui du milieu d'un fourré étaient fixés sur eux avec une ténacité étrange.

— Enfin, dit le Babillard en se risquant à prononcer quelque mots, j'attends votre bon plaisir.

— Et vous ne l'attendrez pas longtemps, répondit l'autre.

— Je compte sur toi, Kennedy, pour moi j'ai rempli ma promesse.

— C'est bon, c'est bon, il n'est pas besoin de tant de mots pour s'entendre, fit Kennedy en haussant les épaules, seulement tu aurais pu les conduire dans une position moins forte, il ne sera pas facile de les surprendre.

— Cela vous regarde, dit le Babillard avec un mauvais sourire.

Son compagnon le considéra un instant avec attention.

— Hum ! fit-il, prends garde, *Compadre*, c'est presque toujours une maladresse de jouer un double jeu avec des hommes comme nous.

— Je ne joue pas un double jeu, mais nous nous connaissons depuis longtemps, n'est-ce pas ? Kennedy.

— Après ?

— Après ? eh bien, je ne veux pas que cette fois il m'arrive ce qui déjà m'est arrivé, voilà tout.

— Reculerais-tu, ou bien songerais-tu à nous trahir ?

— Je ne recule pas et je n'ai nullement l'intention de vous trahir, seulement...

— Seulement ? répéta l'autre.

— Cette fois je ne veux vous livrer ce que je vous ai promis que lorsque mes conditions seront acceptées bien carrément, sinon, non...

— Au moins, voilà de la franchise.

— Il faut de la loyauté en affaires, observa le Babillard en hochant la tête.

— C'est juste, eh bien! répète-moi tes conditions, je verrai si nous pouvons les accepter.

— A quoi bon? tu n'es pas le principal chef, n'est-ce pas?

— C'est vrai, mais pourtant...

— Tu n'y pourrais rien, ainsi c'est inutile, ah! si *Ouaktehno* — Celui qui tue — était là, ce serait autre chose, je suis certain que nous nous entendrions bientôt.

— Parle donc alors, car il t'écoute, dit une voix forte et sonore.

Il se fit un certain mouvement dans les buissons et le personnage, qui jusqu'à ce moment était demeuré témoin invisible de la conversation des deux hommes, jugea sans doute que l'heure d'y prendre part était arrivée, car, d'un bond il s'élança du milieu des broussailles qui le cachaient et vint se placer entre les interlocuteurs.

— Oh! oh! vous nous écoutiez, capitaine Ouaktehno, fit le Babillard toujours impassible.

— Cela vous contrarie? demanda le nouvel arrivé avec un sourire ironique.

— Pas le moins du monde.

— Continuez alors, mon brave ami, je suis tout oreilles.

— Au fait, dit le guide, cela vaut peut-être mieux ainsi.

— Très-bien, parlez, je vous écoute.

Le personnage auquel le Babillard, donnait le terrible nom indien de Ouaktehno, était un homme de pure race blanche âgé de trente ans au plus, d'une taille haute et bien proportionnée, d'une tournure élégante, portant avec un certain laisser aller le costume pittoresque des coureurs des bois.

Ses traits étaient nobles, caractérisés, empreints de cette expression hautaine et loyale, que l'on rencontre si souvent parmi les hommes habitués à la rude et libre vie des prairies.

Il fixait sur le Babillard ses grands yeux noirs pleins d'éclairs, un mystérieux sourire plissait ses lèvres et il s'appuyait nonchalamment sur sa carabine, tout en écoutant le guide.

— Si je fais tomber entre vos mains les gens que je suis payé pour escorter et pour conduire, au moins ne le ferai-je qu'autant que j'y trouverai un large bénéfice, dit le bandit.

— C'est juste! observa Kennedy, et ce bénéfice le capitaine est prêt à te l'assurer.

— Oui, fit l'autre en baissant la tête en signe de consentement.

— Très-bien, reprit le guide, mais quel sera ce bénéfice ?

— Que demandez-vous ? dit le capitaine, encore faut-il connaître vos conditions, afin de savoir si on peut vous satisfaire.

— Oh ! mes conditions sont bien simples.

— Mais encore ?

Le guide hésita, ou pour mieux dire, il calcula mentalement les chances de gain et de perte que lui offrait cette affaire, puis au bout d'un instant il reprit :

— Ces Mexicains sont fort riches.

— C'est probable, dit le capitaine.

— Alors il me semble que...

— Parlez sans tergiverser, Babillard, nous n'avons pas le temps d'écouter vos circonlocutions, de même que les autres demi-sang, la nature indienne l'emporte toujours chez vous, et jamais vous ne pouvez franchement venir au fait.

— Eh bien ! reprit brutalement le guide, je veux cinq mille piastres fortes, ou il n'y a rien de fait.

— A la bonne heure, au moins, voilà qui est parler, maintenant nous savons à quoi nous en tenir, vous voulez cinq mille piastres ?

— Oui.

— Et, moyennant cette somme, vous vous chargez de nous livrer le général, sa nièce et tous les individus qui les accompagnent.

— A votre premier signal.

— Très-bien, à présent écoutez ce que je vais vous dire.

— J'écoute.

— Vous me connaissez, n'est-ce pas ?

— Parfaitement.

— Vous savez que l'on peut compter sur ma parole

— Elle est d'or.

— Bon, si vous remplissez loyalement les engagements que vous prenez librement envers moi, c'est-à-dire si vous me livrez, je ne dis pas tous les Mexicains qui composent votre caravane, gens fort honorables sans doute, mais dont je me soucie très-peu, mais seulement la jeune fille que l'on nomme, je crois, dona Luz, je ne vous donnerai pas cinq mille piastres, comme vous me le demandez, mais huit mille, vous m'avez bien compris, n'est-ce pas?

Les yeux du guide brillèrent de convoitise et de cupidité.

— Oui, dit-il.

— Bien.

— Mais ce sera difficile de l'attirer seule en dehors du camp.

— C'est votre affaire.

— J'aimerais mieux vous les livrer tous en bloc.

— Au diable! que voulez-vous que j'en fasse?

— Hum! que dira le général?

— Ce qu'il voudra, cela ne me regarde pas, oui ou non, acceptez-vous le marché que je vous propose?

— J'accepte.

— Vous jurez d'être fidèle à nos conditions?

— Je le jure.

— Maintenant, combien de temps le général compte-t-il rester dans son nouveau campement?

— Dix jours.

— Que me disiez-vous donc, que vous ne saviez comment attirer la jeune fille au dehors, ayant tant de temps devant vous ?

— Dame ! je ne savais pas quand vous exigiez qu'elle vous fût livrée, moi.

— C'est juste, eh bien ! je vous donne neuf jours, c'est-à-dire que la veille du départ la jeune fille me sera remise.

— Oh ! de cette façon...

— Ainsi, cet arrangement vous convient?

— On ne peut mieux.

— C'est arrêté ?

— Irrévocablement.

— Tenez, Babillard, dit le capitaine en remettant au guide une magnifique épingle en diamants qu'il portait piquée dans sa blouse de chasse, voici mes arrhes.

— Oh ! fit le bandit avec joie en s'emparant vivement du bijou.

— Cette épingle, reprit le capitaine, est un cadeau que je vous fais en sus des huit mille piastres que je vous compterai en recevant dona Luz.

— Vous êtes noble et généreux, capitaine, dit le guide et l'on est heureux de vous servir.

— Seulement, reprit le capitaine d'une voix rude avec un regard froid comme une lame d'acier, souvenez-vous que l'on me nomme *Celui qui tue* et que si vous me trompez, il n'existe pas dans la prairie de lieu assez fort ni assez ignoré pour vous garantir des terribles effets de ma vengeance.

— Je le sais, capitaine, répondit le métis en frémissant malgré lui, mais vous pouvez être tranquille, je ne vous tromperai pas.

— Je le souhaite ! maintenant séparons-nous, on pourrait s'apercevoir de votre absence, dans neuf jours je serai ici.

— Dans neuf jours je vous remettrai la jeune fille.

Le guide après cette dernière parole regagna le camp dans lequel il rentra sans être vu.

Dès qu'ils furent seuls, les deux hommes avec lesquels le Babillard venait de faire cet étrange et hideux marché, s'enfoncèrent silencieusement dans les broussailles au milieu desquelles ils rampèrent comme des serpents.

Ils atteignirent bientôt les bords d'un petit ruisseau qui coulait inaperçu et ignoré dans la forêt. Kennedy siffla d'une certaine façon à deux reprises différentes.

Un faible bruit se fit entendre, et un cavalier tenant deux chevaux en main parut à quelques pas en avant du lieu où ils étaient arrêtés.

— Viens, Franck, dit Kennedy, tu peux approcher sans crainte.

Le cavalier s'avança aussitôt.

— Quoi de nouveau ? demanda Kennedy.

— Rien de bien important, répondit le cavalier, j'ai découvert une piste indienne.

— Ah! ah! fit le capitaine, nombreuse?
— Assez.
— Dans quelle direction?
— Elle coupe la prairie de l'est à l'ouest.
— Bien, Franck, et quels sont ces Indiens?
— Autant que je puis le supposer, ce sont des Comanches.

Le capitaine réfléchit un instant.

— Oh! c'est quelque détachement de chasseurs, dit-il.
— C'est probable, répondit Franck.

Les deux hommes se mirent en selle.

— Franck et toi, Kennedy, fit le capitaine au bout d'un instant, rendez-vous à la passée du *Buffalo*, vous camperez dans la grotte qui s'y trouve; surveillez avec soin les mouvements des Mexicains, tout en vous arrangeant de façon à ne pas être découverts.

— Soyez tranquille, capitaine.
— Oh! je sais que vous êtes adroits et dévoués, compagnons, aussi je m'en rapporte totalement à vous; surveillez aussi le Babillard, ce métis ne m'inspire qu'une médiocre confiance.
— Cela sera fait.
— Maintenant, au revoir, vous recevrez bientôt de mes nouvelles.

Malgré l'obscurité, les trois hommes partirent au galop et s'enfoncèrent dans le désert dans deux directions différentes.

XII

PSYCHOLOGIE.

Le général avait gardé un secret si profond sur les causes qui lui avaient fait entreprendre un voyage dans les prairies de l'ouest des États-Unis, que les personnes qui l'accompagnaient, n'avaient pu seulement les soupçonner.

Déjà plusieurs fois, sur son ordre et sans aucune raison apparente, la caravane avait campé dans des régions complétement désertes, où elle avait passé huit, dix et même quinze jours sans que rien semblât motiver cette halte.

Dans ces divers campements le général partait chaque matin suivi de l'un des guides et ne revenait que le soir.

Que faisait-il pendant les longues heures qu'il restait absent?

Dans quel but ces explorations, au retour desquelles une tristesse plus grande assombrissait son visage?

Nul ne le savait.

Durant ces excursions, doña Luz menait une existence assez monotone, isolée au milieu des gens grossiers qui l'environnait. Elle passait tristement ses journées assise devant sa tente, ou montée sur son cheval, escortée par le capitaine Aguilar, ou le gros docteur, elle faisait auprès du camp des promenades sans but et sans intérêt.

Il arriva cette fois encore, ce qui était arrivé aux précédentes stations de la caravane.

La jeune fille abandonnée par son oncle et même par le docteur qui poursuivait avec une ardeur toujours plus grande la recherche de sa plante fantastique et partait résolument chaque matin pour herboriser, en fut réduite à la compagnie du capitaine Aguilar.

Mais le capitaine Aguilar était, nous sommes forcé d'en convenir, bien que jeune, élégant et doué d'une certaine intelligence relative, un compagnon peu récréatif pour dona Luz.

Hardi soldat, doué d'un courage de lion, entièrement dévoué au général auquel il devait tout, le capitaine avait pour la nièce de son chef un attachement et un respect extrêmes; il veillait avec soin à sa sûreté, mais il ignorait complétement les moyens de lui rendre le temps plus court par ces attentions et ces douces causeries qui plaisent tant aux jeunes filles.

Cette fois dona Luz ne s'ennuyait pas. Depuis la nuit terrible de l'incendie, depuis que, tel qu'un de ces héros fabuleux dont elle avait si souvent lu l'histoire et les hauts faits incroyables, le Cœur Loyal lui était apparu pour la sauver elle et ceux qui l'accompagnaient, un sentiment nouveau et dont elle n'avait pas songé à se rendre compte, avait germé dans son cœur de jeune fille, avait grandi peu à peu et en quelques jours à peine s'était emparé de tout son être.

L'image du chasseur était incessamment présente à sa pensée, ceinte de cette auréole grandiose que donne une énergie invincible à l'homme qui lutte corps à corps contre un danger immense et l'oblige à reconnaître sa supériorité. Elle se plaisait à rappeler dans son esprit prévenu les différentes péripéties de cette tragédie de quelques heures, pendant lesquelles le chasseur avait joué le plus grand rôle.

Sa mémoire implacable, comme celle de toutes les jeunes filles pures encore, lui retraçait avec une fidélité inouïe les moindres détails de ces phases sublimes.

En un mot elle reconstruisait par la pensée la série d'événements auxquels le chasseur s'était subitement mêlé et qu'il avait, grâce à son indomptable courage et sa présence d'esprit, dénoués d'une façon si heureuse pour ceux qu'il était tout à coup venu secourir à l'instant où tout espoir leur était enlevé.

La manière brusque dont le chasseur était parti, dédaignant les remerciements les plus simples et ne paraissant plus songer à ceux qu'il avait sauvés, avait froissé la jeune fille, elle était piquée plus qu'on ne saurait dire, de cette indifférence réelle ou affectée. Aussi cherchait-elle constamment dans son esprit les moyens de faire repentir son sauveur de cette indifférence, si le hasard, une seconde fois, les mettait en présence l'un de l'autre.

On le sait, bien que cela puisse au premier abord sembler un paradoxe, de la haine, ou du moins de la curiosité à l'amour, il n'y a qu'un pas.

Dona Luz le franchit en courant, sans s'en apercevoir.

Ainsi que nous l'avons dit, dona Luz avait été élevée dans un couvent, sur le seuil duquel venaient sans écho mourir les bruits du monde. Son enfance s'était passée calme et décolorée dans les pratiques religieuses ou plutôt superstitieuses qui, au Mexique, forment le fond de la religion. Lorsque son oncle la retira du couvent pour la mener avec lui dans le voyage qu'il méditait dans les prairies, la jeune fille ignorait les plus simples exigences de la vie, et se doutait aussi peu de l'existence du monde extérieur dans lequel elle allait se trouver jetée subitement, qu'un aveugle de naissance se doute de l'éclat fulgurant des rayons du soleil.

Cette ignorance qui servait admirablement les projets de son oncle, était pour la jeune fille une pierre d'achoppement contre laquelle, à chaque minute du jour, elle allait trébucher malgré elle.

Mais grâce aux soins dont l'entoura le général, les quelques semaines qui s'écoulèrent avant leur départ de Mexico s'étaient passées sans trop de peine pour la jeune fille.

Nous devons cependant noter ici un incident futile en apparence, mais qui laissa une trace trop profonde dans l'esprit de dona Luz, pour ne pas le rapporter.

Le général s'occupait activement à rassembler les gens dont il avait besoin pour son expédition, il était obligé, pour cette raison, de négliger sa nièce plus qu'il ne l'aurait voulu.

Cependant, comme il craignait que la jeune fille ne s'ennuyât de rester seule, confinée avec une vieille duègne dans le palais qu'il occupait *calle de los Plateros*, il l'envoyait fréquemment en soirée chez une de ses parentes qui recevait une société choisie, et auprès de laquelle sa nièce passait le temps d'une manière comparativement plus agréable.

Or, un soir que la réunion avait été plus nombreuse que de coutume, on s'était séparé beaucoup plus tard.

Au premier coup de onze heures sonnant à l'antique horloge du couvent de la Merced, dona Luz et sa duègne, précédées d'un péon qui portait un falot pour éclairer leur route, regagnaient, en jetant à droite et à gauche des regards effarés, le palais qu'elles habitaient ; elles n'avaient plus que quelques pas à faire, lorsque tout à coup, en tournant le coin de la *calle San-Agustin* pour entrer dans celle de *Plateros*, quatre ou cinq hommes de mauvaise mine semblèrent surgir du sol, et entourèrent les deux dames après avoir préalablement éteint d'un vigoureux coup de poing le falot porté par le péon.

Exprimer la frayeur de la jeune fille à cette apparition inattendue, est chose impossible.

Elle fut tellement effrayée, que sans avoir la force de pousser un cri, elle tomba à genoux les mains jointes devant les bandits.

La duègne au contraire poussait des cris assourdissants.

Les bandits mexicains, tous gens expéditifs, eurent en un tour de main réduit la duègne au silence, en la bâillonnant avec son *rebozo*, puis, avec tout le calme que ces dignes gens apportent dans l'exercice de leurs fonctions, assurés comme ils le sont de l'impunité que leur accorde la justice avec laquelle, en revanche, ils partagent la plupart du temps, ils procédèrent au dépouillement de leurs victimes.

Ce qui ne fut pas long, non-seulement celles-ci ne songeaient pas à résister, mais, au contraire, elles se dépouillaient elles-mêmes en toute hâte de leurs bijoux, que les bandits empochaient avec des grimaces de plaisir.

Mais au plus beau moment de cette opération, une épée flamboya soudain au-dessus de leurs têtes, et deux bandits roulèrent sur le sol en jurant et en poussant des hurlements de fureur.

Ceux qui restaient debout, outrés de cette attaque en dehors de leurs habitudes, voulurent venger leurs compagnons, et se ruèrent avec furie contre leur agresseur.

Celui-ci, sans s'étonner de leur nombre, fit un pas en arrière, tomba en garde et se prépara à les bien recevoir.

Par hasard, un rayon de lune frappa son visage. Les bandits reculèrent avec crainte et rengaînèrent leurs machetes.

— Ah! ah! dit l'inconnu avec un sourire de mépris, tout en s'avançant vers eux, vous m'avez reconnu, mes maîtres, vive Dieu! j'en suis fâché, je me préparais à vous donner une rude leçon, est-ce donc ainsi qu'on exécute mes ordres?

Les bandits restèrent muets, contrits et repentants en apparence.

— Çà! continua l'inconnu, videz vos poches, maîtres coquins, et rendez à ces dames ce que vous leur avez enlevé.

Sans hésiter les voleurs débâillonnèrent la duègne, et restituèrent la riche proie qu'un instant ils avaient cru pouvoir s'approprier.

Dona Luz ne revenait pas de son étonnement, elle considérait avec une surprise extrême cet homme étrange qui possédait une si grande autorité sur des bandits sans foi ni loi.

— Est-ce bien tout? dit-il en s'adressant à la jeune fille, ne vous manque-t-il plus rien, senora?

— Plus rien, monsieur, répondit-elle plus morte

que vive, sans même savoir ce qu'elle disait.

— Maintenant, continua l'inconnu, partez, drôles, je me charge d'escorter ces dames.

Les bandits ne se le firent pas répéter, ils disparurent comme une volée de corbeaux, en emportant leurs blessés.

Dès qu'il fut seul avec les deux femmes, l'inconnu se tourna vers dona Luz.

— Permettez-moi, senorita, lui dit-il avec la plus fine courtoisie, de vous offrir mon bras jusqu'à votre palais, la frayeur que vous venez d'éprouver rend votre marche incertaine.

Machinalement, sans répondre, la jeune fille passa son bras sous celui qu'on lui présentait.

Ils partirent.

Arrivés au palais, l'inconnu frappa à la porte, puis ôtant son chapeau :

— Senorita, lui dit-il, je suis heureux que le hasard m'ait permis de vous rendre un léger service... j'aurai l'honneur de vous revoir. Depuis longtemps déjà, je suis vos pas dans l'ombre. Dieu, qui m'a accordé la grâce de vous parler une fois, me l'accordera une seconde, j'en suis certain, quoique dans peu de jours vous deviez partir pour un lointain voyage. Permettez-moi donc de vous dire non pas adieu, mais au revoir.

Et, après s'être incliné profondément devant la jeune fille, il s'éloigna rapidement.

Quinze jours après cette bizarre aventure dont

elle n'avait pas jugé à propos de parler à son oncle, doña Luz quittait Mexico sans avoir revu l'inconnu. Seulement, la veille de son départ, en entrant dans sa chambre à coucher, la jeune fille avait trouvé sur son prie-Dieu un papier plié en quatre. Sur ce papier étaient écrits ces quelques mots, d'une écriture fine et élégante :

« Vous partez, doña Luz, souvenez-vous que je
« vous ai dit au revoir.

« Votre sauveur de la calle de Plateros. »

Pendant longtemps cette étrange rencontre avait fortement occupé l'esprit de la jeune fille, un instant elle avait cru que le Cœur Loyal et son sauveur inconnu étaient le même homme, mais cette supposition s'était bientôt évanouie. Quelle probabilité qu'il en fût ainsi ? Dans quel but le Cœur Loyal, après l'avoir sauvée, se serait-il si promptement éloigné ? cela eût été absurde.

Mais, par une de ces conséquences ou de ces inconséquences, comme on le voudra, de l'esprit humain, au fur et à mesure que l'aventure de Mexico s'effaçait dans sa pensée, le Cœur Loyal y grandissait.

Elle aurait voulu voir le chasseur, causer avec lui. Pourquoi ?

Elle ne le savait pas elle-même ; pour le voir, entendre sa voix, s'enivrer de son regard si doux et si fier, pas autre chose, toutes les jeunes filles sont ainsi.

Mais comment le revoir?

Là se dressait une impossibilité devant laquelle la pauvre enfant baissait la tête avec découragement.

Cependant quelque chose au fond de son cœur, peut-être cette voix divine qui, dans le recueillement de l'amour, parle aux jeunes filles, lui disait que bientôt son désir serait accompli.

Elle espérait.

Quoi?

Un incident imprévu, un danger terrible peut-être, qui les remettrait face à face.

L'amour véritable doute quelquefois, il ne désespère jamais.

Quatre jours après l'établissement du camp sur la colline, le soir en se retirant dans sa tente, la jeune fille sourit intérieurement en regardant son oncle, qui se préparait tout pensif à se livrer au repos.

Dona Luz avait enfin trouvé le moyen de se mettre à la recherche du Cœur Loyal.

XIII

LA CHASSE AUX ABEILLES.

A peine le soleil se levait à l'horizon que le général, dont le cheval était sellé, sortit de la cabane en roseaux qui lui servait de chambre à coucher et se prépara à partir. Au moment où il mettait le pied à l'étrier, une main mignonne souleva le rideau de la tente et dona Luz parut.

— Oh! oh! déjà levée, dit en souriant le général, tant mieux, chère enfant : de cette façon je pourrai vous embrasser avant de partir, cela me portera peut-être bonheur, ajouta-t-il en étouffant un soupir.

— Vous ne partirez pas ainsi, mon oncle, répondit-elle en lui présentant son front sur lequel il déposa un baiser.

— Pourquoi donc cela, mademoiselle? demanda-t-il gaiement.

— Parce que je vous ai préparé quelque chose que je veux que vous preniez avant de monter à cheval; vous ne me refuserez pas, n'est-ce pas, mon bon oncle? fit-elle avec ce sourire calin des enfants gâtés, qui réjouit le cœur des vieillards.

— Non sans doute, chère enfant, à condition que

le déjeuner que tu m'offres de si bonne grâce ne se fasse pas attendre, je suis pressé.

— Je ne vous demande que quelques minutes, répondit-elle en rentrant dans la tente.

— Va pour quelques minutes, dit-il en la suivant.

La jeune fille frappa dans ses mains avec joie.

En un clin d'œil, le déjeuner fut prêt et le général se mit à table avec sa nièce.

Tout en servant son oncle et en ayant bien soin qu'il ne manquât de rien, la jeune fille le regardait en dessous d'un air embarrassé, et cela avec tant d'affectation, que le vieux soldat finit par s'en apercevoir.

— Voyons, dit-il en s'arrêtant et en la considérant, vous avez quelque chose à me demander, Lucita; vous savez bien que j'ai l'habitude de ne vous rien refuser.

— C'est vrai, mon oncle; mais cette fois je crains que vous ne soyez plus difficile à convaincre.

— Ah bah! fit joyeusement le général, c'est donc une chose bien grave?

— Au contraire, mon oncle; cependant je vous avoue que je crains que vous ne me refusiez.

— Va toujours, mon enfant, répondit le vieux soldat, qui ne tutoyait sa nièce que dans ses moments d'épanchement, parle sans crainte; lorsque tu m'auras dit ce dont il s'agit, je te répondrai.

— Eh bien, mon oncle, fit en rougissant la jeune

fille qui prit tout à coup son parti, je vous avoue que le séjour du camp n'a rien de bien agréable.

— Je conçois cela, mon enfant, mais que veux-tu que j'y fasse?

— Tout.

— Comment cela?

— Dame! mon oncle, si vous étiez là, ce ne serait rien, je vous aurais auprès de moi.

— Ce que tu me dis est fort aimable; mais tu sais que, puisque je m'absente tous les matins, je ne puis y être...

— Voilà justement où est la difficulté.

— C'est vrai.

— Mais, si vous le vouliez, on la lèverait facilement.

— Tu crois?

— J'en suis sûre.

— Je ne vois pas trop comment. A moins de rester auprès de toi, ce qui est impossible.

— Oh! il y a un autre moyen qui arrange tout.

— Ah bah!

— Oui, mon oncle, et bien simple, allez.

— Tiens, tiens, tiens, et quel est-il ce moyen, ma mignonne?

— Vous ne me gronderez pas, mon oncle?

— Folle! est-ce que je te gronde jamais?

— C'est vrai, vous êtes si bon!

— Voyons, parle, petite caline.

— Eh bien, mon oncle, ce moyen...

— Ce moyen ?

— C'est de m'emmener avec vous tous les matins.

— Oh! oh! fit le général dont les sourcils se froncèrent, que me demandes-tu donc là, chère enfant ?

— Mais, mon oncle, une chose bien naturelle, il me semble.

Le général ne répondit pas, il réfléchissait. La jeune fille suivait avec anxiété sur son visage les traces fugitives de ses pensées.

Au bout de quelques instants, il releva la tête.

— Au fait, murmura-t-il, cela vaudra peut-être mieux ainsi ; et fixant un regard perçant sur la jeune fille : cela te ferait donc bien plaisir de venir avec moi ? dit-il.

— Oui, mon oncle, répondit-elle.

— Eh bien, prépare-toi, chère enfant; désormais tu m'accompagneras dans mes excursions.

La jeune fille se leva d'un bond, embrassa son oncle avec effusion et donna l'ordre de seller son cheval.

Un quart d'heure plus tard, dona Luz et son oncle, précédés par le Babillard et suivis de deux lanceros, quittaient le camp et s'enfonçaient dans la forêt.

— De quel côté voulez-vous vous diriger aujourd'hui, général ? demanda le guide.

— Conduisez-moi aux huttes de ces trappeurs dont hier vous m'avez parlé.

Le guide s'inclina en signe d'obéissance. La petite troupe s'avançait doucement et avec difficulté dans un sentier à peine tracé où, à chaque pas, les chevaux s'embarrassaient dans les lianes ou butaient contre des racines d'arbres à fleur de terre.

Dona Luz était heureuse. Peut-être, dans ces excursions, rencontrerait-elle le Cœur Loyal.

Le Babillard, qui marchait à quelques pas en avant, poussa tout à coup un cri.

— Eh! dit le général, que se passe-t-il donc d'extraordinaire, maître Babillard, que vous jugez convenable de parler?

— Des abeilles, seigneurie.

— Comment des abeilles! il y a des abeilles par ici?

— Oh! depuis peu seulement.

— Comment depuis peu?

— Oui. Vous savez que les abeilles ont été apportées en Amérique par les blancs.

— C'est vrai. Mais alors comment se fait-il qu'on en rencontre ici?

— Rien de plus simple; les abeilles sont les sentinelles avancées de blancs: au fur et à mesure que les blancs s'enfoncent dans l'intérieur de l'Amérique, les abeilles partent en avant pour leur tracer la route et leur indiquer les défrichements. Leur apparition dans une contrée inhabitée présage toujours l'arrivée d'une colonie de pionniers ou de squatters.

— Voilà qui est étrange, murmura le général, et vous êtes sûr de ce que vous me dites là?

— Oh ! bien sûr, seigneurie, ce fait est connu de tous les Indiens, ils ne s'y trompent pas, allez, car à mesure qu'ils voient arriver les abeilles, ils se retirent.

— Ceci est véritablement singulier.

— Ce miel doit être bien bon, dit dona Luz.

— Excellent, senorita, et si vous le désirez, rien n'est plus facile que de nous en emparer.

— Faites, dit le général.

Le guide qui depuis quelques instants avait déposé sur les buissons un appât pour les abeilles, dont avec sa vue perçante, il avait aperçu plusieurs voler au milieu des broussailles, fit signe à ceux qui le suivaient de s'arrêter.

Les abeilles s'étaient en effet posées sur l'appât et l'exploraient dans tous les sens, lorsqu'elles eurent fait leur provision, elles s'élevèrent très-haut dans les airs, puis elles prirent leur vol en ligne droite avec une vélocité égale à celle d'une balle.

Le guide examina attentivement la direction qu'elles prenaient et faisant signe au général, il se lança sur leurs traces suivi de toute la troupe, en se frayant un chemin à travers les racines entrelacées, les arbres tombés, les buissons et les broussailles, les yeux toujours tournés vers le ciel.

De cette façon, ils ne perdirent pas de vue les abeilles chargées et après une heure d'une poursuite des plus difficiles, ils les virent arriver à leur ruche pratiquée dans le creux d'un ébénier mort;

elles entrèrent après avoir bourdonné un moment, dans un trou situé à plus de quatre-vingts pieds du sol.

Alors le guide après avoir averti ses compagnons de rester à une distance respectueuse, afin d'être à l'abri de la chute de l'arbre et de la vengeance de ses habitants, saisit sa hache et attaqua vigoureusement l'ébénier par la base.

Les abeilles ne semblaient nullement effrayées des coups de hache, elles continuaient à rentrer et à sortir, se livrant en toute sécurité à leurs industrieux travaux. Un violent craquement qui annonça la rupture du tronc, ne les détourna même pas de leurs occupations.

Enfin l'arbre tomba avec un horrible fracas et s'ouvrit dans toute sa longueur, laissant à découcouvert les trésors accumulés de la communauté.

Le guide saisit immédiatement un paquet de foin, qu'il avait préparé et qu'il alluma pour se défendre des mouches.

Mais elles n'attaquèrent personne ; elles ne cherchèrent point à se venger. Les pauvres bêtes étaient stupéfaites, elles couraient et volétaient dans tous les sens autour de leur empire détruit, sans songer à autre chose qu'à tâcher de se rendre compte de cette catastrophe.

Alors le guide et les lanceros se mirent à l'œuvre avec des cuillers et des machetes pour retirer les rayons et les renfermer dans des outres.

Plusieurs étaient d'un brun foncé et d'ancienne date, d'autres d'un beau blanc, le miel des cellules était presque limpide.

Pendant qu'on se hâtait de s'emparer des meilleurs rayons, de tous les points de l'horizon arrivèrent à tire d'aile des essaims innombrables de mouches à miel, qui se plongèrent dans les cellules des rayons brisés où elles se chargèrent, tandis que les ex-propriétaires de la ruche, mornes et hébétées, regardaient, sans chercher à en sauver la moindre parcelle, le pillage de leur miel.

L'ébahissement des abeilles absentes au moment de la catastrophe est impossible à décrire, au fur et à mesure qu'elles arrivaient avec leur cargaison ; elles décrivaient des cercles en l'air autour de l'ancienne place de l'arbre, étonnées de la trouver vide, enfin elles semblaient comprendre leur désastre et se rassemblaient en groupes sur une branche desséchée d'un arbre voisin, paraissant de là contempler la ruine gisante et se lamenter de la destruction de leur empire.

Dona Luz se sentit émue malgré elle du chagrin de ces pauvres insectes.

— Allons, dit-elle, je me repens d'avoir désiré du miel, ma gourmandise fait trop de malheureux.

— Partons, dit le général en souriant, laissons-leur ces quelques rayons.

— Oh ! fit le guide en haussant les épaules, ils seront bientôt emportés par la *vermine*.

— Comment la vermine ? de quelle vermine parlez-vous ? demanda le général.

— Oh ! les *racoons*, les *opossums* et surtout les ours.

— Les ours ? dit doña Luz.

— Oh ! senorita, reprit le guide, ce sont les plus adroites vermines du monde, pour découvrir un arbre d'abeilles et en tirer parti.

— Ils aiment donc le miel ? demanda la jeune fille avec curiosité.

— C'est-à-dire qu'ils en sont fous, senorita, reprit le guide qui semblait se dérider, figurez-vous qu'ils sont tellement gourmands qu'ils rongent un arbre pendant des semaines, jusqu'à ce qu'ils parviennent à y faire un trou assez large pour y passer leurs pattes, et alors ils emportent miel et abeilles, sans se donner la peine de choisir.

— Maintenant, dit le général, reprenons notre route et rendons-nous auprès des trappeurs.

— Oh ! nous y serons bientôt, seigneurie, répondit le guide, voici à quelques pas de nous la grande Canadienne, les trappeurs sont établis tout le long de ses affluents.

La petite troupe se remit en marche.

La chasse aux abeilles avait à son insu laissé à la jeune fille une impression de tristesse, qu'elle ne pouvait vaincre ; ces pauvres petits animaux, si doux et si industrieux, attaqués et ruinés pour un caprice, la chagrinaient et malgré elle la rendaient songeuse.

Son oncle s'aperçut de cette disposition de son esprit.

— Chère enfant, lui dit-il, que se passe-t-il donc en toi ? tu n'es plus gaie comme au moment du départ, d'où vient ce brusque changement ?

— Mon Dieu, mon oncle, que cela ne vous inquiète pas, je suis comme toutes les jeunes filles, un peu folle et fantasque; cette chasse dont je me promettais tant de plaisir m'a laissé malgré moi un fonds de tristesse, dont je ne puis me débarrasser.

— Heureuse enfant, murmura le général, qu'une cause aussi futile a encore le pouvoir de chagriner, Dieu veuille ! ma mignonne, que tu restes longtemps encore dans cette disposition, et que des douleurs plus grandes et plus vraies ne t'atteignent jamais !

— Mon bon oncle, auprès de vous ne serai-je pas toujours heureuse !

— Hélas ! mon enfant, qui sait si Dieu me permettra de veiller longtemps sur toi ?

— Ne dites pas cela, mon oncle, j'espère que nous avons de longues années à passer ensemble.

Le général ne répondit que par un soupir.

— Mon oncle, reprit la jeune fille au bout d'un instant, ne trouvez-vous pas que l'aspect de la nature grandiose et sublime qui nous environne a quelque chose de saisissant qui ennoblit les idées, élève l'âme et rend l'homme meilleur ? Que ceux qui vivent dans ces solitudes sans bornes doivent être heureux !

Le général la regarda avec étonnement.

— D'où te viennent ces pensées, chère enfant? lui dit-il.

— Je ne sais, mon oncle, répondit-elle timidement, je ne suis qu'une ignorante jeune fille, dont la vie si courte encore s'est écoulée jusqu'à ce moment douce et paisible auprès de vous, eh bien! il y a des moments, où il me semble que je serais heureuse de vivre dans ces vastes déserts.

Le général surpris et intérieurement charmé de la naïve franchise de sa nièce se préparait à lui répondre, lorsque le guide se rapprochant tout à coup, fit un signe pour commander le silence en disant d'une voix faible comme un souffle:

— Un homme!...

XIV

L'ÉLAN NOIR.

Chacun s'arrêta.

Dans le désert, ce mot un homme, veut presque toujours dire un ennemi.

L'homme dans la prairie est plus redouté de son semblable que la bête fauve la plus féroce.

Un homme, c'est un concurrent, un associé forcé, qui par le droit du plus fort, vient partager avec le premier occupant, et souvent, pour ne pas dire toujours, chercher à lui enlever le fruit de ses ingrats labeurs.

Aussi, blancs, Indiens ou demi-sang, lorsqu'ils se rencontrent dans la prairie, se saluent-ils toujours, l'œil au guet, les oreilles tendues et le doigt sur la détente de leur rifle.

A ce cri un homme ! le général et les lanceros s'étaient à tout hasard préparés contre une attaque soudaine, en armant leurs fusils, et s'effaçant le mieux possible derrière les buissons.

A cinquante pas devant eux se tenait un individu qui, la crosse en terre, les deux mains appuyées sur le haut du canon d'un long rifle, les considérait attentivement.

C'était un homme d'une taille élevée, aux traits énergiques, au regard franc et décidé.

Sa longue chevelure arrangée avec soin, était tressée, entremêlée de peaux de loutre et de rubans de diverses couleurs.

Une blouse de chasse de cuir orné lui tombait jusqu'aux genoux : des guêtres d'une coupe singulière, ornées de cordons, de franges et d'une profusion de grelots, entouraient ses jambes ; sa chaussure se composait d'une paire de superbes *mocksens*, brodés de perles fausses.

Une couverture écarlate pendait de ses épaules, elle était nouée autour des reins par une ceinture rouge, dans laquelle étaient passés deux pistolets, un couteau et une pipe indienne.

Son rifle était décoré avec soin de vermillon et de petits clous de cuivre.

A quelques pas de lui, son cheval broutait la glandée.

Comme son maître, il était harnaché de la façon la plus fantastique, tacheté et rayé de vermillon, les rênes et la croupière ornées de perles fausses et de cocardes, sa tête, sa crinière et sa queue abondamment décorées de plumes d'aigle flottant au gré du vent.

A l'aspect de ce personnage, le général ne put retenir un cri de surprise.

— A quelle tribu indienne appartient cet homme ? demanda-t-il au guide.

— A aucune, répondit celui-ci.

— Comment, à aucune?

— Non, c'est un trappeur blanc.

— Ainsi vêtu?

Le guide haussa les épaules.

— Nous sommes dans les prairies, dit-il.

— C'est vrai, murmura le général.

Cependant l'individu que nous avons décrit, fatigué sans doute de l'hésitation de la petite troupe qui était devant lui, et voulant savoir à quoi s'en tenir sur son compte, prit résolument la parole.

— Eh! eh! dit-il en anglais, qui diable êtes-vous, vous autres, et que venez-vous chercher ici?

— Caramba! répondit le général en rejetant son fusil en arrière, et ordonnant à ses compagnons d'en faire autant, nous sommes des voyageurs harassés d'une longue route, le soleil est chaud, nous vous demandons l'autorisation de nous reposer quelques instants dans votre *rancho*.

Ces paroles ayant été dites en espagnol, le trappeur répondit dans la même langue.

— Approchez sans crainte, l'*Élan noir* est un bon diable, quand on ne cherche pas à le chagriner, vous partagerez le peu que je possède, et grand bien vous fasse.

A ce nom de l'Élan noir, le guide ne put réprimer un mouvement d'effroi, il voulut même dire quelques mots, mais il n'en eut pas le temps, car le chasseur, jetant son fusil sur son épaule et se mettant en selle d'un bond, s'était avancé au-devant des Mexicains, auprès desquels il se trouvait déjà.

— Mon rancho est à quelques pas d'ici, dit-il au général, si la senorita veut goûter d'une bosse de bison bien assaisonnée, je suis en mesure de lui faire cette galanterie.

— Je vous remercie, caballero, répondit en souriant la jeune fille, je vous avoue qu'en ce moment j'ai plus besoin de repos que d'autre chose.

— Chaque chose viendra en son temps, dit sentencieusement le trappeur, permettez-moi, pour quelques instants, de remplacer votre guide.

— Nous sommes à vos ordres, dit le général marchez, nous vous suivons.

— En route donc, fit le trappeur qui se plaça en tête de la petite troupe. En ce moment ses yeux tombèrent par hasard sur le guide, ses épais sourcils se froncèrent : hum ! murmura-t-il entre ses dents, que signifie cela ? Nous verrons, ajouta-t-il.

Et, sans plus paraître s'occuper de cet homme sans avoir l'air de le reconnaître, il donna le signal du départ.

Après avoir quelque temps marché silencieusement sur le bord d'un ruisseau assez large, le trappeur fit un brusque crochet, et s'en éloigna subitement en s'enfonçant de nouveau dans la forêt.

— Je vous demande pardon, dit-il, de vous faire faire ce détour, mais il y a ici un étang à castors et je crains de les effaroucher.

— Oh ! s'écria la jeune fille, comme je serais heureuse de voir travailler ces industrieux animaux !

Le trappeur s'arrêta.

— Rien de plus facile, senorita, dit-il, si vous voulez me suivre pendant que vos compagnons resteront ici à nous attendre.

— Oui ! oui ! répondit dona Luz avec empressement, mais, se reprenant tout à coup, oh ! pardon, mon oncle, dit-elle.

Le général jeta un regard sur le chasseur.

— Allez, mon enfant, nous vous attendrons ici, fit-il.

— Merci, mon oncle, dit la jeune fille avec joie, en sautant à bas de son cheval.

— Je vous en réponds, dit franchement le trappeur, ne craignez rien.

— Je ne crains rien en vous la confiant, mon ami, répliqua le général.

— Merci ! et faisant un signe à dona Luz, l'Élan noir disparut avec elle au milieu des buissons et des arbres.

Lorsqu'ils furent arrivés à une certaine distance, le trappeur s'arrêta. Après avoir prêté l'oreille et regardé de tous les côtés, il se pencha vers la jeune fille, et lui appuyant légèrement la main sur le bras droit :

— Écoutez, lui dit-il.

Dona Luz s'arrêta inquiète et frémissante.

Le trappeur s'aperçut de son agitation.

— Soyez sans crainte, reprit-il, je suis un honnête homme, vous êtes aussi en sûreté, seule ici, dans ce désert avec moi, que si vous vous trouviez dans la cathédrale de Mexico, au pied du maître-autel.

La jeune fille jeta un regard à la dérobée sur le trappeur ; malgré son singulier costume, son visage avait une telle expression de franchise, son œil était si doux et si limpide en se fixant sur elle, qu'elle se sentit complétement rassurée.

— Parlez, dit-elle.

— Vous appartenez, reprit le trappeur, maintenant je vous reconnais, à cette troupe d'étrangers qui, depuis quelques jours, explorent la prairie dans tous les sens, n'est-ce pas ?

— Oui.

— Parmi vous, se trouve une espèce de fou qui porte des lunettes bleues et une perruque blonde, et qui s'amuse, je ne sais pourquoi, à faire provision d'herbes et de cailloux, au lieu de tâcher, comme un brave chasseur, de trapper un castor ou d'abattre un daim.

— Je connais l'homme dont vous parlez, il fait en effet partie de notre troupe, c'est un médecin fort savant.

— Je le sais, il me l'a dit, il vient souvent de ce côté, nous sommes bons amis ; au moyen d'une poudre qu'il m'a fait prendre, il m'a coupé complètement une fièvre qui depuis deux mois me tourmentait, et dont je ne pouvais me débarrasser.

— Tant mieux, je suis heureuse de ce résultat.

— Je voudrais faire quelque chose pour vous, afin de reconnaître ce service.

— Merci, mon ami, mais je ne sais trop à quoi vous pourrez m'être utile, si ce n'est en me montrant les castors.

Le trappeur secoua la tête.

— Peut-être à autre chose, dit-il, et plus tôt que vous le croyez. Écoutez-moi attentivement, senorita, je ne suis qu'un pauvre homme, mais ici, dans la prairie, nous savons bien des choses que Dieu nous révèle, parce que nous vivons face à face avec lui; je veux vous donner un bon conseil : cet homme qui vous sert de guide est un fieffé coquin, il est connu pour tel dans toutes les prairies de l'ouest ; je me trompe fort, ou il vous fera tomber dans quelque guet-à-pens, il ne manque pas par ici de mauvais drôles avec lesquels il peut s'entendre pour vous perdre, ou tout au moins pour vous dévaliser.

— Êtes-vous sûr de ce que vous dites ? s'écria la jeune fille, effrayée de ces paroles qui coïncidaient si étrangement avec ce que le Cœur Loyal lui avait dit.

— J'en suis aussi sûr qu'un homme peut affirmer une chose dont il n'a pas de preuves, c'est-à-dire que, d'après les antécédents du Babillard, on doit s'attendre à tout de sa part ; croyez-moi, s'il ne vous a pas trahis encore, il ne tardera pas à le faire.

— Mon Dieu ! je vais avertir mon oncle.

— Gardez-vous-en bien, ce serait tout perdre ! les gens avec lesquels s'entend ou ne tardera pas à s'entendre votre guide, si ce n'est pas encore fait, sont nombreux, déterminés, et connaissent à fond la prairie.

— Que faire alors? demanda la jeune fille avec anxiété.

— Rien. Attendre, et, sans en avoir l'air, surveiller avec soin toutes les démarches de votre guide.

— Mais...

— Vous comprenez bien, interrompit le trappeur, que si je vous engage à vous méfier de lui, ce n'est pas pour, le moment venu, où vous aurez besoin de secours, vous laisser dans l'embarras.

— Je le crois.

— Eh bien, voici ce que vous ferez; dès que vous serez assurée que votre guide vous trahit, vous m'expédierez votre vieux fou de docteur, vous pouvez compter sur lui, n'est-ce pas ?

— Entièrement.

— Bien. Alors, comme je vous l'ai dit, vous me l'enverrez en le chargeant de me dire seulement ceci : l'Élan noir ; l'Élan noir, c'est moi.

— Je le sais, vous nous l'avez dit.

— Très-bien, il me dira donc : *l'Élan noir, l'heure sonne.* Pas autre chose. Vous vous rappellerez bien ces mots?

— Parfaitement. Seulement, je ne comprends pas bien en quoi cela pourra nous être utile.

Le trappeur sourit d'un air mystérieux.

— Hum! fit-il au bout d'un instant, ces quelques mots vous donneront en deux heures les cinquante hommes les plus résolus de la prairie. Hommes qui, sur un signe de leur chef, se feront tuer pour vous enlever des mains de ceux qui se seront emparés de vous, si ce que je prévois arrive.

Il y eut un moment de silence, dona Luz semblait rêveuse.

Le trappeur sourit.

— Ne soyez pas étonnée du vif intérêt que je vous témoigne, dit-il, un homme qui a tout pouvoir sur moi, m'a fait jurer de veiller sur vous pendant une absence qu'il a été obligé de faire.

— Que voulez-vous dire? fit-elle avec curiosité, et quel est cet homme?

— Cet homme est un chasseur qui commande à tous les trappeurs blancs des prairies ; sachant que vous aviez le Babillard pour guide, il a soupçonné ce métis d'avoir l'intention de vous entraîner dans un guet-à-pens.

— Mais le nom de cet homme, s'écria-t-elle d'une voix anxieuse.

— Le Cœur Loyal ; aurez-vous confiance en moi, maintenant?

— Merci, mon ami, merci, répondit la jeune fille avec effusion, je n'oublierai pas votre recommandation, et le moment venu, si par malheur il arrive, je n'hésiterai pas à vous rappeler votre promesse.

— Et vous ferez bien, senorita, parce que ce sera alors la seule voie de salut qui vous restera. Allons, vous m'avez compris, tout est bien, gardez pour vous notre conversation ; surtout, n'ayez pas l'air de vous entendre avec moi, ce diable de métis est fin comme un castor ; s'il se doutait de quelque chose, il vous glisserait entre les doigts comme une vipère qu'il est.

— Soyez tranquille, je serai muette.

— Maintenant, continuons notre route vers l'étang des castors. Le Cœur Loyal veille sur vous.

— Déjà il nous a sauvé la vie, lors de l'incendie de la prairie, dit-elle avec effusion.

— Ah ! ah ! murmura le trappeur, en fixant sur elle un regard d'une expression singulière, tout est pour le mieux alors ; puis il ajouta à voix haute : Soyez sans crainte, senorita, si vous suivez de point en point le conseil que je vous ai donné, il ne vous arrivera rien dans la prairie, quelles que soient les trahisons dont vous serez victime.

— Oh ! s'écria-t-elle avec exaltation, à l'heure du danger, je n'hésiterai pas à recourir à vous, je vous le jure !

— Voilà qui est convenu, dit l'Élan noir en souriant, maintenant, allons voir les castors.

Ils reprirent leur marche, et au bout de quelques minutes, ils arrivèrent sur la lisière de la forêt.

Alors le trappeur s'arrêta en faisant un geste à la jeune fille, pour lui recommander l'immobilité, et, se tournant vers elle :

— Regardez, lui dit-il.

XV

LES CASTORS.

La jeune fille écarta les branches des saules, et penchant la tête en avant, elle regarda.

Les castors avaient intercepté non-seulement le cours de la rivière, au moyen de leur communauté industrieuse, mais encore tous les ruisseaux qui s'y jettent avaient leur cours arrêté, de manière à transformer le sol environnant en un vaste marais.

Un castor seul travaillait en ce moment sur la principale écluse; mais bientôt cinq autres parurent apportant des morceaux de bois, de la vase et des broussailles. Alors ils se dirigèrent tous ensemble vers une partie de la barrière qui, ainsi que le vit la jeune fille, avait besoin de réparation. Ils déposèrent leur charge sur la partie rompue, et plongèrent dans l'eau, mais pour reparaître presque immédiatement à la surface.

Chacun d'eux apportait une certaine quantité de vase, dont ils se servaient comme de mortier pour joindre et affermir les morceaux de bois et de broussailles; ils revinrent de nouveau avec du bois et de la vase; bref, cette œuvre de maçonnerie continua jusqu'à ce que la brèche eût entièrement disparu.

Dès que tout fut en ordre, les industrieux animaux prirent un moment de récréation, se poursuivant dans l'étang, plongeant au fond de l'eau ou jouant à la surface, en frappant à grand bruit l'eau de leurs queues.

Dona Luz regardait ce singulier spectacle avec un intérêt toujours croissant. Elle serait restée la journée entière à considérer ces étranges animaux.

Tandis que les premiers se divertissaient ainsi, deux autres membres de la communauté parurent. Pendant quelque temps ils considérèrent gravement les jeux de leurs compagnons sans faire mine de s'y joindre; puis gravissant la berge non loin de l'endroit où le trappeur et la jeune fille étaient aux aguets, ils s'assirent sur leurs pattes de derrière, appuyèrent celles de devant sur un jeune pin, et commencèrent à en ronger l'écorce. Parfois ils en détachaient un petit morceau et le tenaient entre leurs pattes, tout en restant assis; ils le grignotaient avec des contorsions et des grimaces assez ressemblantes à celles d'un singe épluchant une noix.

Le but évident de ces castors était de couper l'arbre, et ils y travaillaient avec ardeur. C'était un jeune pin de dix-huit pouces de diamètre à peu près, à l'endroit où ils l'attaquaient; il était droit comme un I et assez haut. Nul doute qu'ils seraient parvenus en peu de temps à le couper entièrement, mais le général inquiet de l'absence prolongée de sa nièce, se décida à se mettre à sa recherche, et les castors effrayés par le bruit des chevaux, plongèrent et disparurent subitement.

Le général fit de légers reproches à sa nièce sur sa longue absence; mais la jeune fille, charmée de ce qu'elle avait vu, n'en tint compte, et se promit d'assister encore, témoin invisible, aux ébats des castors.

La petite troupe, sous la direction du trappeur, se dirigea vers le rancho, dans lequel il leur avait offert un abri contre les rayons ardents du soleil arrivé à son zénith.

Dona Luz dont la curiosité était excitée au plus haut point par le spectacle attachant auquel elle avait assisté, se dédommagea de l'interruption malencontreuse de son oncle en demandant à l'Élan noir les plus grands détails sur les mœurs des castors et la façon dont on les chasse.

Le trappeur, de même que tous les hommes qui vivent ordinairement seuls, aimait assez, lorsque l'occasion s'en présentait, se rattraper du silence qu'il était la plupart du temps forcé de garder, aussi ne se fit-il pas prier.

— Oh! oh! senorita, fit-il, les Peaux Rouges disent que le castor est un homme qui ne parle pas, et ils ont raison; il est sage, prudent, brave, industrieux et économe. Ainsi lorsque l'hiver arrive, toute la famille se met à l'œuvre pour préparer les provisions; jeunes comme vieux, tous travaillent. Souvent il leur arrive de faire de longs voyages afin de trouver l'écorce qu'ils préfèrent. Ils abattent parfois des arbres assez gros, en détachent les branches dont l'écorce est le plus de leur goût; ils les coupent en morceaux d'environ trois pieds de long, les transportent vers l'eau et les font flotter jusqu'à leurs huttes où ils les emmagasinent. Leurs habitations sont propres et commodes; ils ont soin de jeter après leur repas dans le courant de la rivière, au delà de l'écluse, les morceaux de bois dont ils ont rongé l'écorce. Jamais ils ne permettent à un castor étranger de venir s'établir auprès d'eux, et souvent ils combattent avec la plus grande violence pour assurer la franchise de leur territoire.

— Tout cela est on ne peut plus curieux, dit la jeune fille.

— Oh! mais, reprit le trappeur, ce n'est pas tout. Au printemps, qui est la saison de la mue, le mâle laisse la femelle à la maison et va comme un grand seigneur faire un voyage de plaisance, s'éloignant souvent beaucoup, se jouant dans les eaux limpides qu'il rencontre, gravissant les rives pour ronger les tendres tiges des jeunes peupliers ou des saules. Mais quand l'été approche, il abandonne la vie de garçon, et se rappelant ses devoirs de chef de famille, il retourne vers sa compagne et sa nouvelle progéniture, qu'il mène fourrager à la recherche des provisions d'hiver.

— Il faut avouer, observa le général, que cet animal est un des plus intéressants de la création.

— Oui, appuya dona Luz, et je ne comprends pas comment on peut de parti pris lui faire la chasse comme à une bête malfaisante.

— Que voulez-vous, senorita, répondit philosophiquement le trappeur, tous les animaux ont été créés pour l'homme, celui-là surtout dont la fourrure est si précieuse.

— C'est vrai, dit le général, mais, ajouta-t-il, comment faites-vous cette chasse? tous les castors ne sont pas aussi confiants que ceux-ci ; il y en a qui cachent leurs huttes avec un soin extrême.

— Oui, répondit l'Élan noir, mais l'habitude a donné au trappeur expérimenté un coup d'œil si sûr qu'il découvre au signe le plus léger, la piste d'un castor, et la hutte fût-elle cachée par d'épais taillis et par les saules qui l'ombragent, il est rare qu'il ne devine pas le nombre exact de ses habitants. Il pose alors sa trappe, la fixe sur la rive à deux ou trois pouces au-dessous de la surface de l'eau, et l'attache par une chaîne à un pieu fortement enfoncé dans la vase ou dans le sable. Une petite tige est alors dépouillée de son écorce et trempée dans la *médecine*, c'est ainsi que nous nommons l'appât que nous employons; cette tige est placée de manière à s'élever de trois ou quatre pouces au-dessus de l'eau, tandis que son extrémité est fixée dans l'ouverture de la trappe. Le castor, qui est doué d'un odorat très-subtil, est bientôt attiré par l'odeur de l'appât.

Aussitôt qu'il avance le museau pour s'en emparer, son pied se prend dans la trappe; effrayé, il plonge; la trappe enchaînée au pied résiste à tous ses efforts; il lutte quelque temps, puis enfin, à bout de forces, il coule au fond de l'eau et se noie. Voici, senorita, comment se prennent ordinairement les castors. Mais dans les lits de rochers où il n'est pas possible d'enfoncer de pieu pour retenir la trappe, nous sommes souvent obligés de faire de grandes recherches pour retrouver les castors pris, et même de nager à de grandes distances. Il arrive aussi que lorsque plusieurs membres d'une même famille ont été pris, les autres deviennent méfiants. Alors, quelles que soient nos ruses, il est impossible de les faire mordre à l'appât. Ils approchent des trappes avec précaution, détendent le ressort avec un bâton, et même souvent renversent les trappes sens dessus dessous, les entraînent sous leur écluse et les enfouissent dans la vase.

— Alors? demanda la jeune fille.

— Alors, reprit l'Élan noir, dans ce cas-là, nous n'avons plus qu'une chose à faire, mettre nos trappes sur notre dos, nous avouer vaincus par les castors et aller plus loin en chercher d'autres moins aguerris. Mais voici mon rancho.

Les voyageurs arrivaient en ce moment auprès d'une misérable hutte, faite de branches entrelacées, bonne à peine pour garantir des rayons du soleil, et en tout semblable pour l'incurie à toutes celles des autres trappeurs des prairies, qui sont les hommes qui s'occupent le moins des commodités de la vie.

Cependant, telle qu'elle était, l'Élan noir en fit gracieusement les honneurs aux étrangers.

Un second trappeur était accroupi devant la hutte, occupé à surveiller la cuisson de la bosse de bison que l'Élan noir avait annoncée à ses convives.

Cet homme, dont le costume était en tout semblable à celui de l'Élan noir, avait à peu près quarante ans; mais la fatigue et les misères sans nombre de sa dure profession, avaient creusé sur son visage un réseau de rides inextricables qui le faisaient paraître beaucoup plus vieux qu'il n'était en réalité.

En effet, il n'existe pas au monde de métier plus dangereux, plus pénible et moins lucratif que celui de trappeur. Les pauvres gens se voient souvent, soit par les Indiens, soit par les chasseurs, privés de leur gain laborieusement recueilli, scalpés et massacrés sans que l'on s'occupe jamais de savoir ce qu'ils sont devenus.

— Prenez place, senorita, et vous aussi, messieurs, dit gracieusement l'Élan noir; mon foyer si pauvre qu'il soit, est cependant assez grand pour vous contenir tous.

Les voyageurs acceptèrent avec empressement, ils mirent pied à terre, et bientôt ils se trouvèrent comfortablement étendus sur des lits de feuilles sèches, couverts de peaux d'ours, d'élans et de bisons.

Le repas, véritable repas de chasseurs, fut arrosé de quelques *couis*, — tasses — d'un excellent mezcal que le général portait toujours avec lui dans ses expéditions, et que les trappeurs apprécièrent comme il le méritait.

Tandis que doña Luz, le guide et les lanceros faisaient la sieste pendant quelques instants pour laisser tomber la chaleur des rayons du soleil, le général pria l'Élan noir de le suivre, et sortit avec lui de la hutte.

Dès qu'ils furent à une assez grande distance, le général s'assit au pied d'un ébénier en invitant son compagnon à l'imiter, ce que celui-ci fit immédiatement.

Après un instant de silence, le général prit la parole :

— Mon ami, dit-il, permettez-moi d'abord de vous remercier de votre franche hospitalité. Ce devoir rempli, je désire vous adresser certaines questions.

— Caballero ! répondit évasivement le trappeur, vous savez ce que disent les Peaux Rouges : entre chaque mot fume ton calumet, afin de bien peser tes paroles.

— Ce que vous me dites est d'un homme sensé mais soyez tranquille, je n'ai nullement l'intention de vous faire des question qui auraient trait à votre profession ou à tout autre objet qui vous touche personnellement.

— Si je puis vous répondre, caballero, soyez certain que je n'hésiterai pas à vous satifaire.

— Merci, mon ami, je n'attendais pas moins de vous ; depuis combien de temps habitez-vous les prairies ?

— Depuis dix ans déjà, monsieur, et Dieu veuille que j'y reste encore autant.

— Cette vie vous plaît donc ?

— Plus que je ne saurais dire. Il faut comme moi l'avoir commencée presque enfant, en avoir subi toutes les épreuves, enduré toutes les souffrances, partagé tous les hasards, pour comprendre les charmes enivrants qu'elle procure, les joies célestes qu'elle donne, et les voluptés inconnues dans lesquelles elle nous plonge ! Oh ! caballero, la ville la plus belle et la plus grande de la vieille Europe est bien petite, bien sale, et bien mesquine comparée au désert. Votre vie étriquée, réglée et compassée, est bien misérable comparée à la nôtre ! C'est ici seulement que l'homme sent l'air pénétrer facilement dans ses poumons, qu'il vit, qu'il pense. La civilisation le ravale presque au niveau de la brute, ne lui laissant d'instinct que celui nécessaire à poursuivre des intérêts sordides. Tandis que dans la prairie, au milieu du désert, face à face avec Dieu, ses idées s'élargissent, son âme s'agrandit et il devient réellement ce que l'être suprême a voulu le faire, c'est-à-dire le roi de la création.

En prononçant ces paroles, le trappeur s'était en quelque sorte transfiguré, son visage avait pris une expression inspirée, ses yeux lançaient des éclairs, et ses gestes s'étaient empreints de cette noblesse que donne seule la passion.

Le général soupira profondément, une larme furtive coula sur sa moustache grise.

— C'est vrai, dit-il avec tristesse, cette vie a des charmes étranges, pour celui qui l'a goûtée, et qui l'attachent par des liens que rien ne peut rompre. Lorsque vous êtes arrivé dans les prairies, d'où veniez-vous?

— Je venais de Québec, monsieur, je suis Canadien.

— Ah!

Il y eut un silence.

Ce fut le général qui le rompit.

— Parmi vos compagnons, n'avez-vous pas des Mexicains? dit-il.

— Plusieurs.

— Je désirerais obtenir des renseignements sur eux.

— Un seul homme pourrait vous en donner, monsieur, malheureusement cet homme n'est pas ici en ce moment.

— Et vous le nommez?

— Le Cœur Loyal.

— Le Cœur Loyal, reprit vivement le général,

mais il me semble que je connais cet homme?

— En effet.

— Oh! mon Dieu, quelle fatalité!

— Peut-être vous sera-t-il plus facile que vous ne le supposez de le rencontrer, si vous avez réellement intérêt à le voir.

— J'ai un intérêt immense!

— Alors, soyez tranquille, bientôt vous le verrez.

— Comment cela?

— Oh! d'une manière bien simple, le Cœur Loyal tend des trappes auprès de moi, je les surveille en ce moment, mais il ne peut tarder à revenir.

— Dieu vous entende! dit le général avec agitation.

— Dès qu'il reviendra, je vous avertirai, si d'ici là vous n'avez pas quitté votre camp.

— Vous savez où campe ma troupe?

— Nous savons tout dans le désert, répondit le trappeur en souriant.

— Je reçois votre promesse.

— Vous avez ma parole, monsieur.

— Merci.

En ce moment dona Luz sortit de la hutte, après après avoir fait à l'Élan noir un geste pour lui recommander le silence; le général se hâta de la rejoindre.

Les voyageurs remontèrent à cheval et après avoir remercié les trappeurs de leur cordiale hospitalité, ils reprirent le chemin du camp.

XVI

TRAHISON.

Le retour fut triste, le général était plongé dans de profondes réflexions causées par son entretien avec le trappeur. Dona Luz songeait à l'avertissement qui lui avait été donné; le guide intrigué par les deux conversations de l'Élan noir avec la jeune fille et le général, avait un secret pressentiment qui lui disait de se tenir sur ses gardes. Seuls, les deux lanceros marchaient insoucieusement, ignorant le drame qui se jouait autour d'eux et ne pensant qu'à une chose, le repos qui les attendait en arrivant au camp.

Le Babillard jetait incessamment des regards inquiets autour de lui, semblant chercher des auxiliaires au milieu des fourrés épais que traversait silencieusement la petite troupe.

Le jour tirait à sa fin, le soleil n'allait pas tarder à disparaître et déjà les hôtes mystérieux de la forêt poussaient par intervalles de sourds rugissements.

— Sommes-nous loin encore? demanda tout à coup le général.

— Non, répondit le guide, une heure à peine.

— Pressons le pas, alors, je ne veux pas être surpris par la nuit dans ces halliers.

La troupe prit un trot allongé qui, en moins d'une demi-heure, la conduisit aux premières barricades du camp.

Le capitaine Aguilar et le docteur vinrent recevoir les voyageurs à leur arrivée.

Le repas du soir était préparé et attendait depuis longtemps déjà.

On se mit à table.

Mais la tristesse qui depuis quelques heures semblait s'être emparée du général et de sa nièce augmentait au lieu de diminuer. Le repas s'en ressentit, chacun mangea en toute hâte sans échanger une parole. Lorsque l'on eut fini, sous le prétexte des fatigues de la journée, on se sépara pour se livrer ostensiblement au repos, mais en réalité pour être seul et réfléchir aux événements de la journée.

De son côté le guide n'était pas plus à l'aise : une mauvaise conscience, a dit un sage, est le plus chagrinant camarade de nuit que l'on puisse avoir ; le Babillard possédait la pire de toutes les mauvaises consciences, aussi n'avait-il nulle envie de dormir. Il se promenait dans le camp, cherchant en vain dans son esprit bourrelé d'inquiétudes et peut-être de remords, un moyen quelconque de sortir du mauvais pas dans lequel il se trouvait. Mais il avait beau mettre son imagination à la torture, rien ne venait calmer ses appréhensions.

Cependant la nuit s'avançait, la lune avait disparu, des ténèbres épaisses planaient sur le camp plongé dans le silence.

Tout le monde dormait ou paraissait dormir, seul le guide qui avait voulu se charger de la première garde, veillait assis sur un ballot ; les bras croisés sur la poitrine et le regard fixe, il s'enfonçait de plus en plus dans de sombres rêveries.

Tout à coup une main se posa sur son épaule, et une voix murmura à son oreille ce seul mot :

— Kennedy !

Le guide avec cette présence d'esprit et ce flegme imperturbable qui n'abandonnent jamais les Indiens et les métis, jeta un regard soupçonneux autour de lui afin de s'assurer qu'il était bien seul, puis il saisit la main qui était restée appuyée sur son épaule et entraîna l'individu qui lui avait parlé et qui le suivit sans résistance dans un endroit écarté où il se crût certain de n'être surveillé par personne.

Au moment où les deux hommes passèrent devant la tente, les rideaux s'entr'ouvrirent doucement et une ombre glissa silencieuse à leur suite.

Lorsqu'ils furent cachés au milieu des ballots, et placés assez près l'un de l'autre pour parler d'une voix basse comme un souffle :

— Dieu soit loué ! murmura le guide, j'attendais ta visite avec impatience, Kennedy.

— Savais-tu donc que je devais venir ? répondit celui-ci avec défiance.

— Non, mais je l'espérais.

— Il y a du nouveau ?

— Oui, et beaucoup.

— Parle, hâte-toi.

— C'est ce que je vais faire. Tout est perdu.

— Hein ! que veux-tu dire ?

— Ce que je dis, aujourd'hui le général, guidé par moi, est allé...

— Je le sais, je vous ai vus.

— Malédiction ! pourquoi ne nous as-tu pas attaqués ?

— Nous n'étions que deux.

— J'aurais fait le troisième, la partie eût été égale, puisque le général n'avait que deux lanceros.

— C'est vrai, je n'y ai pas songé.

— Tu as eu tort, tout serait fini à présent, au lieu que tout est probablement perdu.

— Comment cela ?

— Eh ! *Caraï* ! c'est clair, le général et sa nièce ont causé un temps infini avec ce sournois d'Élan noir, tu sais qu'il me connaît de longue date, il les aura certainement engagés à se méfier de moi.

— Aussi pourquoi les as-tu conduits à l'étang des castors.

— Pouvais-je me douter que j'y rencontrerais ce trappeur maudit ?

— Dans notre métier, il faut se méfier de tout.

— Tu as raison, j'ai commis une faute ! enfin à

présent le mal est sans remède, car j'ai le pressentiment que l'Élan noir à complétement édifié le général sur mon compte.

— Hum! En effet, c'est probable, que faire alors?

— Agir le plus tôt possible, sans leur donner le temps de se mettre sur leurs gardes.

— Je ne demande pas mieux, moi, tu le sais.

— Oui. Où est le capitaine? est-il de retour?

— Il est arrivé ce soir. Tous nos hommes sont cachés dans la grotte, nous sommes quarante.

— Bravo! ah! pourquoi n'êtes-vous pas venus tous ensemble, au lieu de toi seul, vois, quelle belle occasion vous aviez. Ils dorment comme des loirs. Nous nous serions emparés d'eux en moins de dix minutes.

— Tu as raison, mais on ne peut tout prévoir, du reste ce n'était pas ainsi que l'affaire avait été convenue avec le capitaine.

— C'est juste. Pourquoi viens-tu alors?

— Pour te prévenir que nous sommes prêts et que nous n'attendons plus que ton signal pour agir.

— Voyons, que faut-il faire? conseille-moi.

— Comment diable veux-tu que je te conseille? est-ce que je sais ce qui se passe ici, moi, pour te dire comment tu dois t'y prendre?

Le guide réfléchit un instant, puis il leva le tête et considéra le ciel avec attention.

— Écoute, reprit-il, il n'est encore que deux heures du matin.

— Oui.

— Tu vas retourner à la grotte.

— De suite?

— Oui.

— C'est bien. Après?

— Tu diras au capitaine que, s'il le veut, je lui livre la jeune fille cette nuit.

— Hum! cela me semble difficile.

— Tu es un niais.

— C'est possible; mais je ne vois pas comment.

— Attends donc. La garde du camp est ainsi distribuée : le jour, les soldats veillent aux retranchements ; mais comme ils ne sont pas habitués à la vie des prairies et que, la nuit, leur secours serait plutôt nuisible qu'utile, les autres guides et moi sommes chargés de la garde, tandis que les soldats se reposent.

— C'est très-spirituel, dit Kennedy en riant.

— N'est-ce pas? fit le Babillard. Ainsi vous monterez à cheval; arrivés au bas de la colline, six des plus hardis viendront me rejoindre ; avec leur aide, je me charge de garrotter, pendant qu'ils dorment à poings fermés, tous les soldats et le général lui-même.

— Tiens, mais c'est une idée cela.

— Tu trouves?

— Ma foi oui.

— Très-bien. Une fois nos gaillards bien attachés, je siffle et le capitaine arrive avec le reste de la troupe. Alors, ma foi, qu'il s'arrange avec la jeune fille, cela le regarde et je ne m'en mêle plus. Comment trouves-tu cela?

— Charmant.

— De cette façon, nous évitons l'effusion du sang et les coups dont je ne me soucie guère, quand je puis m'en passer.

— Tu es prudent.

— Dame! mon cher, quand on fait des affaires comme celles-ci, qui, lorsqu'elles réussissent, offrent de gros bénéfices, il faut toujours s'arranger de façon à avoir toutes les chances pour soi.

— Parfaitement raisonné; du reste, ton idée me plaît infiniment, et je vais, sans plus tarder, la mettre à exécution; mais d'abord convenons bien de nos faits afin d'éviter les malentendus, qui sont toujours désagréables.

— Très-bien.

— Si, comme je le crois, le capitaine trouve ton plan heureux et d'une réussite infaillible, dès que nous serons au pied de la colline, je monterai avec cinq gaillards résolus, que j'aurai soin de choisir moi-même. De quel côté m'introduirai-je dans le camp?

— Pardieu! du côté par lequel tu es entré déjà, tu dois le connaître.

— Et toi, où seras-tu?

— A l'entrée même, prêt à vous aider.

— Bien. Maintenant tout est convenu. Tu n'as plus rien à me dire?

— Rien.

— Je pars alors.

— Oui, le plus tôt sera le mieux.

— Tu as toujours raison. Guide-moi jusqu'à l'endroit par lequel je dois sortir ; il fait si noir que, si j'y vais seul, je suis capable de m'égarer et d'aller donner du pied contre quelque soldat endormi, ce qui ne ferait pas notre affaire.

— Donne-moi la main.

— La voici.

Les deux hommes se levèrent et se mirent en devoir de gagner le lieu par lequel devait sortir l'émissaire du capitaine ; mais, au même moment, une ombre s'interposa entre eux et une voix ferme leur dit :

— Vous êtes des traîtres et vous allez mourir.

Malgré toute leur puissance sur eux-mêmes, les deux hommes restèrent un instant frappés de stupeur.

Sans leur donner le temps de reprendre leur présence d'esprit, la personne, qui avait parlé, déchargea deux pistolets presque à bout portant sur eux.

Les misérables poussèrent un grand cri ; l'un tomba, l'autre, bondissant comme un chat-tigre, escalada les retranchements et disparut avant que l'on pût une seconde fois tirer sur lui.

Au bruit de la double détonation et au cri poussé par les bandits, tout le monde s'était réveillé en sursaut dans le camp ; chacun se précipita aux barricades.

Le général et le capitaine Aguilar arrivèrent les premiers à l'endroit où s'était passée la scène que nous avons rapportée.

Ils trouvèrent dona Luz, deux pistolets fumants à la main, tandis qu'à ses pieds un homme se tordait dans les dernières convulsions de l'agonie.

— Que signifie cela, ma nièce? que s'est-il passé, au nom du ciel! Êtes-vous blessée? demanda le général avec épouvante.

— Rassurez-vous, mon oncle, je ne suis pas blessée, répondit la jeune fille, seulement j'ai puni un traître. Deux misérables complotaient dans l'ombre contre notre sûreté commune, l'un s'est échappé, mais je crois que celui-ci est bien malade.

Le général se pencha vivement sur le moribond. A la lueur de la torche qu'il portait à la main, il reconnut Kennedy, ce guide que le Babillard prétendait avoir été brûlé vif, lors de l'incendie de la prairie.

— Oh! oh! fit-il, qu'est-ce que cela veut dire?

— Cela veut dire, mon oncle, répondit la jeune fille, que, si Dieu ne m'était pas venu en aide, nous aurions été, cette nuit même, surpris par une troupe de bandits embusqués à peu de distance d'ici.

— Ne perdons pas de temps alors.

Et le général, aidé par le capitaine Aguilar, se hâta de tout préparer pour faire une vigoureuse résistance au cas où on tenterait une attaque.

Le Babillard avait fui, mais une large traînée de

sang montrait qu'il était gravement blessé. S'il avait fait jour, on aurait tenté de le poursuivre, et peut-être aurait-on réussi à l'atteindre ; mais, au milieu des ténèbres, ignorant si des ennemis n'étaient pas embusqués aux environs, le général ne voulut pas que ses soldats se risquassent hors du camp. Il préféra laisser au misérable cette chance de salut.

Quant à Kennedy, il était mort.

Le premier moment d'effervescence passé, dona Luz, qui n'était plus soutenue par le danger de la situation, sentit qu'elle était femme. Son énergie disparut, ses yeux se voilèrent, un tremblement convulsif agita tout son corps; elle s'affaissa sur elle-même, et elle serait tombée, si le docteur ne l'avait pas reçue dans ses bras.

Il la porta à moitié évanouie sous la tente et lui prodigua tous les soins que réclamait son état.

La jeune fille revint peu à peu à elle, le calme rentra dans son esprit et l'ordre se rétablit dans ses idées.

Se souvenant alors des recommandations que le le jour même l'Élan noir lui avait faites, elle pensa que le moment était venu de réclamer l'exécution de sa promesse et fit signe au docteur de s'approcher.

— Cher docteur, lui dit-elle d'une voix douce, voulez-vous me rendre un grand service ?

— Disposez de moi, senorita.

— Connaissez-vous un trappeur nommé l'Élan noir ?

— Oui, il a sa hutte près d'ici aux environs d'un étang de castors.

— C'est cela même, mon bon docteur, eh bien ! il faut, dès qu'il fera jour, que vous alliez le trouver de ma part.

— A quoi bon, senorita ?

— Je vous en prie ! dit-elle d'une voix câline.

— Oh ! alors, vous pouvez être tranquille, j'irai, répondit-il.

— Merci.

— Que lui dirai-je ?

— Vous lui rendrez compte de ce qui s'est passé ici cette nuit.

— Parbleu !

— Et puis vous ajouterez, retenez bien ces paroles qu'il faudra lui redire textuellement.

— J'écoute de toutes mes oreilles, je les graverai dans ma mémoire.

— *L'Élan noir, l'heure sonne.* Vous avez bien compris, n'est-ce pas ?

— Parfaitement, senorita.

— Vous jurez de faire ce que je vous demande ?

— Je vous le jure, dit-il d'une voix grave, au lever du soleil j'irai trouver le trappeur, je lui rendrai compte des événements de la nuit et j'ajouterai : l'Élan noir, l'heure sonne. Est-ce tout ce que vous désirez de moi ?

— Tout, oui, mon bon docteur.

— Eh bien ! reposez sans inquiétude, senorita, je vous jure sur l'honneur que cela sera fait.

— Merci, murmura la jeune fille, avec un doux sourire en lui serrant la main.

Et, brisée par les émotions terribles de la nuit, elle retomba sur son lit où elle s'endormit bientôt d'un sommeil tranquille et réparateur.

Au point du jour, malgré les observations du général qui voulut en vain l'empêcher de partir en lui représentant les dangers auxquels il allait s'exposer de gaieté de cœur, le digne savant qui avait hoché la tête à tout ce que son ami lui avait dit, s'obstinant sans vouloir donner de raisons, dans son projet de sortie, quittait le camp et descendait la colline au grand trot.

Puis une fois arrivé dans la forêt, il piqua des deux et se dirigea au galop vers la hutte de l'Élan noir.

XVII

LA TÊTE D'AIGLE.

La Tête d'Aigle était un chef aussi prudent que déterminé, il savait qu'il avait tout à craindre des Américains s'il ne parvenait pas à dissimuler complétement sa piste.

Aussi, après le succès de la surprise qu'il avait exécutée contre le nouveau défrichement des blancs, sur les bords de la grande Canadienne, il ne négligea rien pour mettre sa troupe à l'abri des terribles représailles qui la menaçaient.

L'on ne peut se faire une idée du talent déployé par les Indiens, lorsqu'il s'agit de cacher leur piste.

Vingt fois ils repassent à la même place, enchevêtrant les traces de leur passage les unes dans les autres, jusqu'à ce qu'elles finissent par devenir inextricables, ne négligeant aucun accident de terrain, marchant dans les pas les uns des autres pour dissimuler leur nombre; suivant des journées entières le cours des ruisseaux, souvent ayant de l'eau jusqu'à la ceinture, poussant même les précautions et la patience jusqu'à effacer avec la main, et pour ainsi dire pas à pas, les vestiges qui pourraient les dénoncer aux yeux clairvoyants et intéressés de leurs ennemis.

La tribu du *serpent*, à laquelle appartenaient les guerriers commandés par la Tête d'Aigle, était entrée dans les prairies au nombre de cinq cents guerriers à peu près, afin de chasser le bison et de livrer combat aux Pawnies et aux Sioux, contre lesquels ils guerroient continuellement.

Le but de la Tête d'Aigle, aussitôt sa campagne terminée, était de rejoindre immédiatement ses frères, afin de mettre en sûreté le butin fait par lui à la prise du village et d'assister à une grande expédition que sa tribu préparait contre les trappeurs blancs et métis disséminés dans les prairies et que les Indiens considèrent avec raison comme des ennemis implacables.

Malgré le luxe de précautions déployé par le chef, le détachement avait rapidement marché.

Le soir du sixième jour écoulé depuis la destruction du fort, les Comanches s'arrêtèrent sur les bords d'une petite rivière sans nom, comme il s'en rencontre tant dans ces parages et se préparèrent à camper pour la nuit.

Rien de plus simple que le campement des Indiens sur *le sentier de la guerre*.

Les chevaux sont entravés afin qu'ils ne puissent s'écarter ; si l'on ne craint pas de surprise on allume du feu, dans le cas contraire, chacun s'arrange comme il peut pour manger et dormir.

Depuis leur départ du fort, aucun indice n'avait donné lieu aux Comanches de supposer qu'ils fussent suivis ou surveillés, leurs éclaireurs n'avaient découvert aucune piste suspecte.

Ils se trouvaient peu éloignés du camp de leur tribu, leur sécurité était donc complète.

La Tête d'Aigle fit allumer du feu et plaça lui-même des sentinelles pour veiller au salut de tous.

Lorsqu'il eut pris ces mesures de prudence, le chef s'adossa contre un ébénier, prit son calumet, et ordonna que le vieillard et la femme espagnole lui fussent amenés.

Quand ils furent devant lui, la Tête d'Aigle salua cordialement le vieillard et lui offrit son calumet, marque de bienveillance que le vieillard accepta tout en se préparant à répondre aux questions que sans doute l'Indien allait lui adresser.

En effet, après quelques instants de silence, celui-ci prit la parole.

— Mon frère se trouve-t-il bien avec les Peaux Rouges ? lui demanda-t-il.

— J'aurais tort de me plaindre, chef, répondit l'Espagnol, depuis que je suis avec vous j'ai été traité avec beaucoup d'égards.

— Mon frère est un ami, dit emphatiquement le Comanche.

Le vieillard s'inclina.

— Nous sommes enfin sur nos territoires de

chasse, reprit le chef, mon frère la Tête Blanche est fatigué d'une longue vie, il est meilleur au feu du conseil, que sur un cheval à chasser l'élan ou le bison, que désire mon frère?

— Chef, répondit l'Espagnol, vos paroles sont vraies, il fut un temps où comme tout autre enfant des prairies, je passais à chasser des journées entières, sur un mustang fougueux et indompté; mes forces ont disparu, mes membres ont perdu leur souplesse et mon coup-d'œil son infaillibilité, je ne vaux plus rien pour une expédition, si courte qu'elle soit.

— Bon! répondit imperturbablement l'Indien, en soufflant des flots de fumée par la bouche et par les narines, que mon frère dise donc à son ami ce qu'il désire, et cela sera fait.

— Je vous remercie, chef, et je profiterai de votre offre bienveillante; je serais heureux si vous consentiez à me fournir les moyens de gagner, sans être inquiété, un établissement des hommmes de ma couleur où je puisse passer en paix les quelques jours que j'ai encore à vivre.

— Eh! pourquoi ne le ferais-je pas? rien n'est plus facile, dès que nous aurons rejoint la tribu, puisque mon frère ne veut pas demeurer avec ses amis rouges, ses désirs seront satisfaits.

Il y eut un moment de silence. Le vieillard, croyant l'entretien terminé, se préparait à se retirer; d'un geste le chef lui ordonna de rester.

Après quelques instants, l'Indien secoua sa pipe pour en faire tomber la cendre, en passa le tuyau dans sa ceinture et fixant sur l'Espagnol un regard voilé par une expression étrange :

— Mon frère est heureux, dit-il d'une voix triste, quoique âgé déjà de bien des hivers, il ne marche pas seul dans le sentier de la vie.

— Que veut dire le chef? demanda le vieillard, je ne le comprends pas.

— Mon frère a une famille, reprit le Comanche.

— Hélas! mon frère se trompe, je suis seul en ce monde!

— Que dit donc là mon frère? n'a-t-il pas auprès de lui sa compagne?

Un sourire triste se dessina sur les lèvres pâles du vieillard.

— Non, dit-il au bout d'un instant, je n'ai pas de compagne.

— Que lui est donc cette femme, alors? dit le chef avec une feinte surprise en désignant la dame espagnole qui se tenait morne et silencieuse aux côtés du vieillard.

— Cette femme est ma maîtresse.

— *Ooah!* mon frère serait-il esclave? fit le Comanche avec un mauvais sourire.

— Non, reprit fièrement le vieillard, je ne suis pas l'esclave de cette femme, je suis son serviteur dévoué.

— *Ooah!* dit le chef en hochant la tête et réfléchissant profondément sur cette réponse.

Mais les paroles de l'Espagnol ne pouvaient être comprises par l'Indien, la distinction était trop subtile pour qu'il la saisît. Après deux ou trois minutes il secoua la tête et renonça à chercher la solution de ce problème pour lui incompréhensible.

— Bon, dit-il en faisant glisser un regard ironique sous ses paupières demi-closes, la femme partira avec mon frère.

— C'est ainsi que je l'ai toujours entendu, répondit l'Espagnol.

La femme âgée qui jusqu'à ce moment avait gardé le silence, pensa qu'il était temps de se mêler à la conversation.

— Je remercie le chef, dit-elle, mais puisqu'il est assez bon pour se mettre à notre disposition, me permettra-t-il de lui demander une grâce ?

— Que ma mère parle, mes oreilles sont ouvertes.

— J'ai un fils qui est un grand chasseur blanc, il doit en ce moment se trouver dans la prairie ; peut-être que si mon frère consentait à nous garder encore quelques jours auprès de lui, il nous serait possible de le rencontrer ; avec sa protection nous n'aurions plus rien à redouter.

A ces paroles imprudentes l'Espagnol fit un geste d'effroi.

— Senorita, dit-il vivement dans sa langue maternelle, prenez garde à ce…

— Silence! interrompit l'Indien d'une voix brève, pourquoi mon frère blanc parle-t-il devant moi une langue inconnue? craint-il donc que je comprenne ses paroles?

— Oh! chef, dit l'Espagnol avec un geste de dénégation.

— Que mon frère laisse donc alors parler ma mère au visage pâle, elle s'adresse à un chef.

Le vieillard se tut, mais un triste pressentiment lui serra le cœur.

Le chef comanche savait parfaitement à qui il s'adressait, il jouait avec les deux Espagnols comme un chat avec une souris; mais ne faisant rien paraître de ses impressions, il se tourna vers la femme et s'inclinant avec cette courtoisie instinctive qui distingue les Indiens :

— Oh! oh! dit-il d'une voix douce avec un sourire sympathique, le fils de ma mère est un grand chasseur, tant mieux.

Le cœur de la pauvre femme se dilata de joie.

— Oui, dit-elle avec effusion, c'est un des plus braves trappeurs des prairies de l'ouest.

— *Ooah!* fit le chef de plus en plus aimable, ce guerrier renommé doit avoir un nom respecté de tous dans les prairies?

L'Espagnol souffrait le martyre; tenu en respect par l'œil du Comanche, il ne savait comment avertir sa maîtresse de ne pas prononcer le nom de son fils.

— Son nom est bien connu, dit la dame.

— Oh! s'écria vivement le vieillard, toutes les mères sont ainsi, pour elles leurs fils sont des héros! Celui-là, bien que ce soit un excellent jeune homme, ne vaut pas mieux qu'un autre, certes, son nom n'est jamais arrivé jusqu'à mon frère.

— Comment mon frère le sait-il? dit l'Indien avec un sourire sardonique.

— Je le suppose, répondit le vieillard, ou du moins, si mon frère l'a par hasard entendu prononcer, il est depuis longtemps sorti de sa mémoire et ne mérite pas de lui être rappelé; si mon frère le permet nous nous retirerons, la journée a été fatigante, l'heure est venue de se reposer.

— Dans un instant, dit paisiblement le Comanche, et s'adressant à la femme : quel est le nom du guerrier des visages pâles? lui demanda-t-il avec insistance.

Mais la vieille dame, mise sur ses gardes par l'intervention de son serviteur dont elle connaissait le dévouement et la prudence, ne répondit pas, sentant intérieurement qu'elle avait commis une faute et ne sachant comment la réparer.

— Ma mère ne m'entend-elle pas? reprit le chef.

— A quoi bon vous dire un nom qui, selon toutes probabilités, vous est inconnu et qui dans tous les cas ne vous intéresse nullement? si mon frère le permet je me retirerai.

— Non, pas avant que ma mère m'ait dit le nom de son fils le grand guerrier, dit le Comanche en fronçant les sourcils et en frappant du pied avec une colère mal contenue.

Le chasseur vit qu'il fallait en finir, son parti fut pris en une seconde.

— Mon frère est un grand chef, dit-il, quoique sa chevelure soit brune, sa sagesse est immense; je suis son ami, il ne voudra pas abuser du hasard qui a livré entre ses mains la mère de son ennemi ; le fils de cette femme est le Cœur Loyal.

— *Ooah!* fit la Tête d'Aigle avec un sourire sinistre, je le savais ; pourquoi les visages pâles ont-ils deux langues et deux cœurs et cherchent-ils toujours à tromper les Peaux Rouges ?

— Nous n'avons pas cherché à vous tromper, chef.

— Si, depuis que vous êtes avec nous, vous avez été traités comme des fils de la tribu, je vous ai sauvé la vie !

— C'est vrai !

— Eh bien, reprit-il avec un sourire ironique, je veux vous prouver que les Indiens n'oublient pas et qu'ils savent rendre le bien pour le mal. Ces blessures que vous me voyez, qui me les a faites ? le Cœur Loyal ! Nous sommes ennemis, sa mère est en mon pouvoir, je pourrais de suite l'attacher au poteau des tortures, ce serait mon droit.

Les deux Espagnols baissèrent la tête.

— La loi des prairies dit œil pour œil, dent pour dent, écoutez-moi bien, *Vieux Chêne :* en souvenir de notre ancienne amitié, je vous accorde un délai. Demain, au lever du soleil, vous vous mettrez à la recherche du Cœur Loyal, si dans quatre jours il n'est pas venu se livrer entre mes mains, sa mère périra; mes jeunes hommes la feront brûler vive au poteau du sang, et mes frères se tailleront des sifflets de guerre avec ses os. Allez, j'ai dit.

Le vieillard voulut insister, il se jeta aux genoux du chef, mais le vindicatif Indien le repoussa du pied et s'éloigna.

— Oh ! madame, murmura le vieillard avec désespoir, vous êtes perdue !

— Surtout, Eusébio, répondit la mère avec des larmes dans la voix, ne ramène pas mon fils, qu'importe que je meure, moi, hélas! ma vie n'a-t-elle pas déjà été assez longue ?

Le vieux serviteur jeta un regard d'admiration à sa maîtresse.

— Toujours la même, dit-il avec attendrissement.

— La vie d'une mère n'appartient-elle pas à son enfant ? fit-elle avec un cri du cœur.

Les deux vieillards tombèrent accablés de douleur au pied d'un arbre et passèrent la nuit à prier Dieu.

La Tête d'Aigle ne semblait pas se douter de leur désespoir.

XVIII

NO EUSÉBIO.

Les précautions prises par la Tête d'Aigle pour dérober sa marche étaient bonnes pour les blancs dont les sens moins tenus en éveil que ceux des partisans et des chasseurs et peu au fait des ruses indiennes, sont presque incapables de se diriger sans boussole dans ces vastes solitudes ; mais pour des hommes comme le Cœur Loyal et Belhumeur, elles étaient de tout point insuffisantes.

Les deux hardis partisans ne perdirent pas un instant la piste.

Habitués aux zig-zags et aux crochets des guerriers indiens, ils ne se laissèrent pas tromper aux retours subits, aux contre-marches, aux fausses haltes, en un mot à tous les obstacles que les Comanches avaient comme à plaisir semés sur leur route.

Et puis, il y avait une chose à laquelle les Indiens n'avaient pas songé et qui dévoilait aussi clairement la direction qu'ils avaient suivie que s'ils avaient pris le soin de la jalonner.

Nous avons dit que les chasseurs avaient auprès des ruines d'une cabane trouvé un limier attaché au tronc d'un arbre, et que ce limier une fois libre, après quelques caresses faites à Belhumeur, avait pris sa course, le nez au vent, pour rejoindre son maître qui n'était autre que le viel Espagnol; il le rejoignit en effet.

Les traces du limier que les Indiens ne songèrent pas à faire disparaître, par la raison toute simple qu'ils ne s'aperçurent pas qu'il était avec eux, se voyaient partout, et pour des chasseurs aussi adroits que le Cœur Loyal et Belhumeur, c'était un fil d'Ariane que rien ne pouvait rompre.

Les chasseurs marchaient donc tranquillement le fusil en travers de la selle, accompagnés de leurs *rastreros*, à la suite des Comanches qui étaient loin de supposer qu'ils avaient une telle arrière-garde.

Chaque soir le Cœur Loyal s'arrêtait à l'endroit précis où la Tête d'Aigle avait un jour auparavant établi son bivouac, car telle était la diligence faite par les deux hommes, que les Indiens ne les précédaient que de quelques lieues; ils auraient été facilement dépassés, si telle avait été l'intention des trappeurs. Mais pour certaines raisons, le Cœur Loyal désirait se borner à les suivre quelque temps encore.

Après avoir passé la nuit dans une clairière sur les bords d'un frais ruisseau dont le doux murmure avait bercé leur sommeil, les chasseurs se préparaient à se remettre en route, leurs chevaux étaient sellés, ils mangeaient debout une tranche d'élan comme des gens pressés de partir, lorsque le Cœur

Loyal, qui de toute la matinée n'avait pas desserré les dents, se tourna vers son compagnon.

— Asseyons-nous un instant, dit-il, rien ne nous oblige à nous hâter, puisque la Tête d'Aigle a rejoint sa tribu.

— C'est vrai, répondit Belhumeur en se laissant tomber sur l'herbe, nous pouvons causer.

— Comment n'ai-je pas deviné que ces maudits Comanches avaient un détachement de guerre aux environs? à nous deux, il est impossible de songer à nous emparer d'un camp dans lequel se trouvent cinq cents guerriers.

— C'est juste, dit philosophiquement Belhumeur, ils sont beaucoup; après cela, vous savez, cher ami, que si le cœur vous en dit, nous pouvons toujours essayer, on ne sait pas ce qui peut arriver.

— Merci, fit en souriant le Cœur Loyal; mais je le crois inutile.

— Comme vous voudrez.

— La ruse seule doit nous venir en aide.

— Rusons donc, je suis à vos ordres.

— Nous avons des trappes près d'ici, je crois?

— Pardieu! fit le Canadien, à un demi-mille tout au plus, au grand étang des castors.

— C'est vrai, je ne sais plus à quoi je pense depuis quelques jours; voyez-vous, Belhumeur, cette captivité de ma mère me rend fou, il faut que je la délivre, coûte que coûte.

— C'est mon avis, Cœur Loyal, et je vous y aiderai de tout mon pouvoir.

— Demain, au point du jour, vous vous rendrez auprès de l'Élan noir, et vous le prierez en mon nom de réunir le plus de chasseurs blancs et de trappeurs qu'il le pourra.

— Très-bien.

- Pendant ce temps-là, j'irai au camp des Comanches afin de traiter de la rançon de ma mère; s'ils ne veulent pas consentir à me la rendre, nous aurons recours aux armes, et nous verrons si une vingtaine des meilleurs rifles des frontières, n'auront pas raison de cinq cents de ces pillards des prairies.

— Et s'ils vous font prisonnier?

— En ce cas, je vous enverrai mon limier, qui vous rejoindra dans la grotte de la rivière; en le voyant arriver seul vous saurez ce que cela voudra dire et vous agirez en conséquence.

Le Canadien secoua la tête.

— Non, dit-il, je ne ferai pas cela.

— Comment, vous ne ferez pas cela? s'écria le chasseur étonné.

— Certes, non, je ne le ferai pas, Cœur Loyal. A côté de vous, si brave et si intelligent, je suis bien peu de chose, je le sais, mais si je n'ai qu'une seule qualité, nul ne peut me l'enlever, cette qualité c'est mon dévouement pour vous.

— Je le sais, mon ami, vous m'aimez comme un frère.

— Et vous voulez que je vous laisse, comme on dit dans mon pays, par de là les grands lacs, vous fourrer de gaieté de cœur dans la gueule du loup, et encore ma comparaison est humiliante pour les loups, les Indiens sont mille fois plus féroces! Non, je vous le répète, je ne ferai pas cela, ce serait une mauvaise action et s'il vous arrivait malheur, je ne me le pardonnerais pas.

— Expliquez-vous, Belhumeur, dit le Cœur Loyal avec impatience, sur mon honneur, il m'est impossible de vous comprendre.

— Oh! cela sera facile, répondit le Canadien, si je n'ai pas d'esprit et ne suis pas un beau parleur, j'ai du bon sens et je vois juste quand il s'agit de ceux que j'aime, je n'aime personne mieux que vous, maintenant que mon pauvre père est mort.

— Parlez, mon ami, répondit le Cœur Loyal, et pardonnez-moi ce mouvement d'humeur que je n'ai pu réprimer.

Belhumeur réfléchit quelques instants puis il reprit la parole.

— Vous savez, dit-il, que les plus grands ennemis que nous avons dans la prairie sont les Comanches; par une fatalité inexplicable, toutes les fois que nous avons eu des luttes à soutenir, c'est contre eux, jamais ils n'ont pu se vanter d'obtenir sur nous le plus mince avantage, de là entre eux et nous une haine implacable, haine qui, dans ces derniers temps, s'est encore accrue par nos discussions avec la Tête d'Aigle, auquel vous avez eu l'adresse ou la maladresse de ne casser qu'un bras lorsqu'il vous était si facile de lui casser la tête, plaisanterie que, j'en suis convaincu, le chef comanche a prise en fort mauvaise part et qu'il ne vous pardonnera jamais ; du reste, j'avoue qu'à sa place j'aurais absolument les mêmes sentiments, je ne lui en veux donc pas pour cela.

— Au fait ! au fait ! interrompit le Cœur Loyal.

— Le fait, le voilà, reprit Belhumeur sans s'étonner de l'interruption de son ami, c'est que la Tête d'Aigle cherche par tous les moyens possibles à avoir votre chevelure, vous comprenez que si vous commettez l'imprudence de vous livrer à lui, il saisira l'occasion de régler définitivement ses comptes avec vous.

— Mais, répondit le Cœur Loyal, ma mère est entre ses mains.

— Oui, fit Belhumeur, mais il l'ignore, vous savez, mon ami, que les Indiens, hors les cas exceptionnels, traitent fort bien les femmes dont ils s'emparent et qu'ils ont généralement les plus grands égards pour elles.

— C'est juste, dit le chasseur.

— Ainsi, comme personne n'ira dire à la Tête d'Aigle que sa prisonnière est votre mère, à part l'inquiétude qu'elle doit éprouver sur votre compte, elle est aussi en sûreté au milieu des Peaux Rouges que si elle se trouvait sur la grande place de Québec. Il est donc inutile de commettre d'imprudence, réunissons une vingtaine de bons compagnons, je ne demande pas mieux, surveillons les Indiens ; à la première occasion qui se présentera nous tomberons vigoureusement dessus, nous en tuerons le plus possible et nous délivrerons votre mère ; voilà, je crois, le plus sage parti que nous puissions prendre, qu'en pensez-vous ?

— Je pense, mon ami, répondit le Cœur Loyal en lui serrant la main, que vous êtes la plus excellente créature qui existe, que votre conseil est bon et que je le suivrai.

— Bravo ! s'écria Belhumeur avec joie, voilà qui est parler.

— Et maintenant... dit en se levant le Cœur Loyal.

— Maintenant ? demanda Belhumeur.

— Nous allons monter à cheval, nous tournerons adroitement le camp indien, en ayant soin de ne pas nous faire dépister, et nous irons au *hatto* de notre brave compagnon l'Élan noir qui est homme de bon conseil, et qui certainement nous sera utile pour ce que nous comptons faire.

— Va comme il est dit ! fit gaiement Belhumeur en sautant en selle.

Les chasseurs quittèrent la clairière et faisant un détour pour éviter le camp indien dont on apercevait la fumée à deux lieues tout au plus, ils se dirigèrent vers l'endroit où, selon toutes probabilités, l'Élan noir était occupé philosophiquement à tendre ses piéges aux castors, ces intéressants animaux que doña Luz aimait tant.

Ils marchaient ainsi depuis une heure à peu près, en causant et riant entre eux, car les raisonnements de Belhumeur avaient fini par convaincre le Cœur Loyal qui, connaissant à fond les mœurs indiennes, était persuadé que sa mère ne courait aucun danger, lorsque les limiers donnèrent tout à coup des signes d'inquiétude et s'élancèrent en avant en poussant des sourds jappements de joie.

— Qu'ont donc nos *rastreros*? dit le Cœur Loyal, on croirait qu'ils ont senti un ami.

— Pardieu! ils ont éventé l'Élan noir, probablement nous allons les voir revenir ensemble.

— C'est possible, dit le chasseur pensif, et ils continuèrent à avancer.

Au bout de quelques instants ils aperçurent un cavalier qui accourait vers eux à fond de train, entouré des chiens qui sautaient après lui en aboyant.

— Ce n'est pas l'Élan noir, s'écria Belhumeur.

— Non, fit le Cœur Loyal, c'est nô Eusébio; que signifie cela? il est seul, serait-il arrivé malheur à ma mère?

— Piquons! dit Belhumeur en enfonçant les éperons dans le ventre de son cheval qui partit avec une vélocité incroyable.

Le chasseur le suivit en proie à une inquiétude mortelle.

Les trois cavaliers ne tardèrent pas à se joindre.

— Malheur! malheur! s'écria le vieillard avec douleur.

— Qu'avez-vous, nô Eusébio? parlez, au nom du ciel! demanda le Cœur Loyal.

— Votre mère! don Rafaël, votre mère!

— Eh bien! parlez!... mais parlez donc! s'écria le jeune homme avec anxiété.

— Oh! mon Dieu! dit le vieillard en se tordant les bras, il est trop tard!

— Parlez donc! au nom du ciel! vous me faites mourir.

Le vieillard lui jeta un regard désolé.

— Don Rafaël, dit-il, du courage! soyez homme!

— Mon Dieu! mon Dieu! quelle affreuse nouvelle allez-vous m'apprendre, mon ami?

— Votre mère est prisonnière de la Tête d'Aigle...

— Je le sais.

— Si aujourd'hui même, ce matin, vous ne vous êtes pas livré entre les mains du chef comanche...

— Eh bien?

— Elle sera brûlée vive!...

— Ah! fit le jeune homme avec un cri déchirant.

Son ami le soutint, sans cela il serait tombé de cheval.

— Mais, demanda Belhumeur, c'est aujourd'hui, dites-vous, vieillard, qu'elle doit être brûlée ?

— Oui.

— Il est encore temps, alors?

— Hélas ! c'est au lever du soleil, et voyez, fit-il avec un geste navrant en désignant le ciel.

— Oh ! s'écria le Cœur Loyal, avec une expression impossible à rendre, je sauverai ma mère !

Et se penchant sur le cou de son cheval il partit avec une rapidité vertigineuse.

Les autres le suivirent.

Il se retourna vers Belhumeur :

— Où vas-tu ? lui demanda-t-il d'une voix brève et saccadée.

— T'aider à sauver ta mère ou mourir avec toi !

— Viens ! répondit le Cœur Loyal en enfonçant les éperons dans les flancs sanglants de sa monture.

Il y avait quelque chose d'effrayant et de terrible dans la course affolée de ces trois hommes qui, tous trois sur la même ligne, le front pâle, les lèvres serrées et le regard fulgurant, franchissaient torrents et ravins, surmontant tous les obstacles, pressant incessamment leurs chevaux qui dévoraient l'espace, poussaient de sourds râlements de douleur et bondissaient frénétiquement dégouttants de sang et de sueur. Par intervalles, le Cœur Loyal jetait un de ces cris particuliers aux *Ginetes* mexicains, et les chevaux ranimés redoublaient encore d'ardeur.

— Mon Dieu ! mon Dieu ! répétait le chasseur d'une voix sourde, sauvez ! sauvez ma mère !

XIX

LE CONSEIL DES GRANDS CHEFS.

Cependant malgré la conversation orageuse qu'il avait eue avec nô Eusébio, la Tête d'Aigle avait continué à traiter ses prisonniers avec la plus grande douceur, et cette délicatesse inouïe de procédés qui sont innés dans la race rouge et que l'on serait loin d'attendre de la part d'hommes que, sans aucune raison plausible, à notre avis, l'on flétrit du nom de *sauvages*.

Il est un fait qui mérite d'être consigné et sur lequel on ne saurait trop s'appesantir, c'est la façon dont les Indiens généralement traitent leurs prisonniers; loin de leur infliger d'inutiles tortures et de les tourmenter sans cause, comme on l'a trop souvent répété, ils ont pour eux les plus grands égards et paraissent en quelque sorte compatir à leur malheur.

Dans la circonstance dont nous parlons, la détermination sanguinaire de la Tête d'Aigle à l'égard de la mère du Cœur Loyal, n'était qu'une exception dont la raison se trouvait naturellement dans la haine vouée par le chef indien au chasseur.

La séparation des deux prisonniers fut des plus

pénibles et des plus déchirantes ; le vieux serviteur partit le désespoir dans l'âme à la recherche du chasseur, tandis que la pauvre mère suivait, le cœur brisé, les guerriers comanches.

Le surlendemain la Tête d'Aigle arriva au rendez-vous assigné par les grands chefs de la nation, toute la tribu se trouva réunie.

Rien de pittoresque et de singulier comme l'aspect que présente un camp indien.

Lorsque les Peaux Rouges sont en expédition, soit de guerre, soit de chasse, ils se bornent pour camper à dresser, à l'endroit où ils s'arrêtent, des tentes en peaux de bisons élevées sur des pieux plantés en croix ; ces tentes dont le bas est garni de mottes de terre, ont toutes un trou au sommet pour laisser un libre essor à la fumée qui, sans cette précaution, les rendrait inhabitables.

Le camp offrait un coup-d'œil des plus animés ; les femmes allaient et venaient chargées de bois ou de viande, ou guidant les traîneaux conduits par des chiens et renfermant toute leurs richesses ; les guerriers gravement accroupis autour des feux allumés en plein air, à cause de la douceur de la température, fumaient en causant entre eux.

Cependant il était facile de deviner qu'il se préparait quelque chose d'extraordinaire, car, malgré l'heure peu avancée — le soleil apparaissait à peine à l'horizon — les principaux chefs étaient réunis dans la *hutte du Conseil*, où d'après l'expression grave et réfléchie de leurs visages ils devaient agiter une question sérieuse.

Ce jour était le dernier de ceux accordés par la Tête d'Aigle à nõ Eusébio.

Le guerrier indien, fidèle à sa haine, et qui avait hâte de se venger, avait convoqué les grands chefs afin d'obtenir l'autorisation d'exécuter son abominable projet.

Nous le répétons ici, afin qu'on en soit bien convaincu, les Indiens ne sont pas cruels pour le plaisir de l'être. La nécessité est leur première loi, jamais ils n'ordonnent le supplice d'un prisonnier, d'une femme surtout, sans que l'intérêt de la nation l'exige.

Dès que les chefs furent réunis autour du feu du conseil, le porte-pipe entra dans le cercle, tenant le calumet tout allumé, il s'inclina vers les quatre points cardinaux en murmurant une courte prière, puis il présenta le calumet au chef le plus âgé, mais en conservant dans sa main le fourneau de la pipe.

Lorsque tous les chefs eurent fumé l'un après l'autre, le porte-pipe vida la cendre du calumet dans le feu en disant :

— Chefs de la grande nation Comanche, que *Natosh* — Dieu — vous donne la sagesse, faites que quelle que soit la détermination que vous allez prendre, elle se trouve conforme à la justice.

Puis après s'être respectueusement incliné il se retira.

Il y eut un moment de silence, chacun méditait profondément les paroles qui venaient d'être prononcées.

Enfin la plus âgé des chefs se leva.

C'était un vieillard vénérable dont le corps était sillonné d'innombrables cicatrices, et qui jouissait parmi les siens d'une grande réputation de sagesse.

Il se nommait *Eshis* — le Soleil.

— Mon fils la Tête d'Aigle, a, dit-il, une importante communication à faire au conseil des chefs, qu'il parle, nos oreilles sont ouvertes, la Tête d'Aigle est un guerrier aussi sage qu'il est vaillant, ses paroles seront écoutées par nous avec respect.

— Merci, répondit le guerrier, mon père est la sagesse même, Natosh n'a rien de caché pour lui.

Les chefs s'inclinèrent.

La Tête d'Aigle continua :

— Les visages pâles, nos éternels persécuteurs nous poursuivent et nous harcèlent sans relâche nous obligeant à leur abandonner un à un nos meilleurs territoires de chasses et à nous réfugier au fond des forêts comme les daims timides; beaucoup d'entre eux osent venir jusque dans les prairies qui nous servent de refuges, trapper les castors et chasser les élans et les bisons qui sont notre propriété. Ces hommes sans foi, rebut de leur peuple, nous volent et nous assassinent quand ils peuvent le faire impunément. Est-il juste que nous souffrions leurs rapines sans nous plaindre ? Nous laisserons-nous égorger comme des *ashahas* craintifs sans chercher à nous venger ? la loi des prairies ne dit-elle pas œil pour œil, dent pour dent ? que mon père réponde, que mes frères disent si cela est juste ?

— La vengeance est permise, dit le Soleil, c'est le droit imprescriptible du faible et de l'opprimé, cependant, elle doit être proportionnée à l'injure reçue.

— Bon ! mon père a parlé comme un homme sage, qu'en pensent mes frères ?

— Le Soleil ne peut mentir, tout ce qu'il dit est bien, répondirent les chefs.

— Mon frère a-t-il à se plaindre de quelqu'un ? demanda le vieillard.

— Oui, reprit la Tête d'Aigle, j'ai été insulté par un chasseur blanc, plusieurs fois il a attaqué mon camp, il a tué dans une embuscade plusieurs de mes jeunes hommes, moi-même j'ai été blessé, comme vous pouvez le voir, la cicatrice n'est pas fermée encore ; cet homme enfin est le plus cruel ennemi des Comanches, qu'il poursuit et chasse comme des bêtes fauves, pour se repaître de leurs tortures et entendre leurs cris d'agonie.

A ces paroles prononcées avec une expression entraînante, un frémissement de colère parcourut l'assemblée. L'astucieux chef comprenant que sa cause était gagnée dans l'esprit de ses auditeurs, continua, sans rien témoigner de la joie intérieure qu'il éprouvait:

— J'aurais pu, s'il ne s'était agi que de moi seul, dit-il, pardonner ces injures si graves qu'elles fussent, mais il s'agit ici d'un ennemi public, d'un homme qui a juré la perte de la nation; alors quelque pénible que soit la nécessité qui m'y contraint, je ne dois pas hésiter à le frapper dans ce qu'il a de plus cher. Sa mère est entre mes mains, j'ai balancé à la sacrifier, je ne me suis pas laissé dominer par la haine, j'ai voulu être juste, et lorsqu'il m'était si facile de tuer cette femme, j'ai préféré attendre que vous-mêmes, chefs vénérés de notre nation, vous m'en donniez l'ordre. J'ai fait plus encore, tant il me répugne de verser inutilement le sang et de punir l'innocent pour le coupable, j'ai accordé à cette femme quatre jours de répit, afin de donner à son fils la facilité de la sauver en se présentant pour souffrir les tortures à sa place. Un visage pâle fait prisonnier par moi est parti à sa recherche; mais cet homme est un cœur de lapin, qui n'a de courage que pour assassiner des ennemis désarmés, il n'est pas venu, il ne viendra pas!... Ce matin au lever du soleil expirait le délai accordé par moi. Où est cet homme? il n'a pas paru!... Que disent mes frères? ma conduite est-elle juste, dois-je être blâmé? ou bien cette femme sera-t-elle attachée au poteau afin que les voleurs pâles effrayés de son suplice, reconnaissent que les Comanches sont des guerriers redoutables qui ne laissent jamais une insulte impunie? J'ai dit, ai-je bien parlé, hommes puissants?

Après avoir prononcé ce long plaidoyer, la Tête d'Aigle se rassit et croisant ses bras sur la poitrine, il attendit la tête basse la décision des chefs.

Un assez long silence suivit ce discours, enfin le Soleil se leva.

— Mon frère a bien parlé, dit-il, ses paroles sont celles d'un homme qui ne se laisse pas dominer par la passion, tout ce qu'il a dit est juste; les blancs, nos féroces ennemis, s'acharnent à notre perte, quelque pénible que soit pour nous le supplice de cette femme il est nécessaire.

— Il est nécessaire! répétèrent les chefs en inclinant la tête.

— Allez, reprit le Soleil, faites les préparatifs, donnez à cette exécution l'apparence d'une expiation et non celle d'une vengeance; il faut que tout le monde soit bien convaincu que les Comanches ne torturent pas les femmes à plaisir, mais qu'ils savent punir les coupables, j'ai dit.

Les chefs se levèrent et après avoir respectueusement salué le vieillard, ils se retirèrent.

La Tête d'Aigle avait réussi, il allait se venger, sans assumer sur lui la responsabilité d'une action dont il avait compris toute la hideur, mais à laquelle il avait eu le talent d'associer les chefs de sa nation sous une apparence de justice dont intérieurement il se souciait fort peu.

L'on se hâta de faire les apprêts du supplice.

Les femmes taillèrent de minces éclats de frêne pour être introduits sous les ongles, d'autres préparèrent de la moëlle de sureau pour faire des mèches soufrées, tandis que les plus jeunes allaient dans la forêt chercher des brassées de bois vert destinées à brûler la condamnée lentement en l'asphyxiant par la fumée qu'il produirait.

Pendant ce temps les hommes avaient complétement dépouillé de son écorce un arbre choisi pour servir de poteau du supplice, ils l'avaient ensuite enduit de graisse d'élan mêlée d'ocre rouge ; à sa base ils avaient empilé le bois du bûcher, et cela fait, le sorcier était venu conjurer l'arbre au moyen de paroles mystérieuses, afin de le rendre propre à l'usage auquel on le destinait.

Ces préparatifs terminés, la condamnée fut amenée au pied du poteau, assise sans être attachée sur le monceau de bois destiné à la brûler, et la danse du *scalp* commença.

La malheureuse femme était impassible en apparence, elle avait fait le sacrifice de sa vie ; rien de ce qui se passait autour d'elle ne pouvait plus l'émouvoir.

Ses yeux brûlés de fièvre et gonflés de larmes erraient sans but sur cette foule qui l'enveloppait avec des rugissements de bêtes fauves. Son esprit veillait cependant aussi subtil et aussi lucide que dans ses meilleurs jours. La pauvre mère avait une crainte qui lui tordait le cœur et lui faisait endurer une torture, auprès de laquelle celle que les Indiens se préparaient à lui infliger n'était rien ; elle tremblait que son fils prévenu du sort horrible qui l'attendait n'accourût, pour la sauver, se livrer à ses féroces ennemis.

L'oreille tendue au moindre bruit, il lui semblait entendre à chaque instant les pas précipités de son fils accourant à son secours. Son cœur bondissait de crainte. Elle priait Dieu du plus profond de son âme, de permettre qu'elle mourût à la place de son enfant chéri.

La danse du scalp tourbillonnait avec fureur autour d'elle.

Une foule de guerriers, grands, beaux, magnifiquement parés mais le visage noirci, tournaient deux par deux autour du poteau, conduits par sept musiciens armés de tambours et de *chicikouès*, qui s'étaient rayé la figure de noir et de rouge et portaient sur la tête des plumes de chat-huant retombant en arrière.

Les guerriers avaient à la main, ornés de plumes noires et de drap rouge, des fusils et des casse-tête dont ils posaient en dansant la crosse à terre.

Ces hommes formaient un vaste demi-cercle autour du poteau, en face d'eux et complétant le cercle, les femmes dansaient.

La Tête d'Aigle qui guidait les guerriers portait un long bâton au haut duquel était suspendue une chevelure humaine, surmontée d'une pie empaillée les ailes déployées, un peu plus bas sur le même bâton se trouvaient un second scalp, une peau de lynx et des plumes.

Lorsque l'on eut dansé ainsi un instant, les musiciens se placèrent aux côtés de la condamnée et firent un bruit assourdissant, en chantant, en battant de toutes leurs forces sur les tambours et en secouant les chichikouès.

Cette danse continua assez longtemps avec des hurlements atroces capables de rendre folle de terreur la malheureuse à laquelle ils présagaient les épouvantables tortures qui l'attendaient.

Enfin la Tête d'Aigle toucha légèrement la condamnée de son bâton, à ce signal le tumulte cessa comme par enchantement, les rangs se rompirent, chacun saisit ses armes.

Le supplice allait commencer !

XX

LA TORTURE.

Dès que la danse du scalp fut terminée, les principaux guerriers de la tribu se rangèrent devant le poteau leurs armes à la main, tandis que les femmes, surtout les plus âgées, se ruaient sur la condamnée en l'invectivant, la poussant, lui tirant les cheveux et la battant sans que non-seulement elle opposât la moindre résistance, mais encore elle cherchât à se soustraire aux mauvais traitements dont on l'accablait.

La malheureuse femme n'aspirait qu'à une chose, voir commencer son supplice.

Elle avait suivi avec une impatience fébrile les péripéties de la danse du scalp, tant elle craignait de voir son fils bien-aimé paraître et s'interposer entre elle et ses bourreaux.

Telle que les anciens martyrs, elle accusait au fond du cœur les Indiens de perdre un temps précieux en cérémonies inutiles ; si elle en avait eu la force, elle les aurait réprimandés et les aurait raillés sur leur lenteur et l'hésitation qu'ils semblaient mettre à la sacrifier.

La vérité était que malgré eux, et bien que cette

exécution leur parût juste, les Comanches répugnaient à torturer une femme sans défense, déjà âgée et qui jamais ne leur avait nui, ni directement, ni indirectement.

La Tête d'Aigle lui-même, malgré sa haine, éprouvait quelque chose comme un remords secret du crime qu'il commettait; loin de hâter les derniers préparatifs, il ne les faisait qu'avec une mollesse et un dégoût qu'il ne pouvait parvenir à surmonter.

Pour des hommes intrépides, accoutumés à braver les plus grands périls, c'est toujours une action déshonorante que celle de torturer une créature faible, une femme qui n'a d'autre défense que ses larmes. Si c'eût été un homme, l'accord eût été unanime dans la tribu pour l'attacher au poteau.

Les prisonniers indiens se rient des supplices, ils insultent leurs bourreaux, et dans leurs chants de mort, ils reprochent à leurs vainqueurs, leur lâcheté, leur inexpérience à faire souffrir leurs victimes, ils énumèrent leurs hauts faits, ils comptent les ennemis dont ils ont enlevé la chevelure avant de succomber eux-mêmes, enfin par leurs sarcasmes et leur attitude méprisante, ils excitent la colère de leurs bourreaux, raniment leur haine et justifient jusqu'à un certain point leur férocité.

Mais une femme, faible, résignée, se présentant comme un agneau à la boucherie, à demi-morte déjà, quel intérêt pouvait offrir une pareille exécution?

Il n'y avait nulle gloire à attendre, mais au contraire une réprobation générale à s'attirer.

Les Comanches le comprenaient, de là leur répugnance et leur hésitation. Cependant il fallait en finir.

La Tête d'Aigle s'approcha de la prisonnière, et la délivrant des harpies qui la harcelaient :

— Femme, lui dit-il d'une voix sombre, j'ai tenu ma promesse, ton fils n'est pas venu, tu vas mourir.

— Merci, dit-elle d'une voix brisée, en s'appuyant contre un arbre pour ne pas tomber.

Le chef indien la regarda sans comprendre.

— Ne crains-tu pas la mort? lui demanda-t-il.

— Non, reprit-elle en fixant sur lui un regard d'une angélique douceur, elle sera la bien venue, ma vie n'a été qu'une longue agonie, la mort sera pour moi un bienfait.

— Mais ton fils ?

— Mon fils sera sauvé si je meurs, tu l'as juré sur les os de tes pères.

— Je l'ai juré.

— Livre-moi donc à la mort.

— Les femmes de ta nation sont-elles donc comme les *squaws* indiennes, qui voient la torture sans trembler ? dit le chef avec étonnement.

— Oui! répondit-elle avec agitation, toutes les mères la méprisent lorsqu'il s'agit du salut de leurs enfants.

— Écoute, fit l'Indien, ému de pitié malgré lui, moi aussi, j'ai une mère que j'aime; si tu le désires, je puis retarder ton supplice jusqu'au coucher du soleil.

— Pourquoi faire? répondit-elle avec une naïveté terrible, non, guerrier, si ma douleur te touche réellement, il est une grâce, une seule que tu peux m'accorder.

— Parle, dit-il vivement.

— Fais-moi mourir tout de suite.

— Mais si ton fils arrivait?

— Que t'importe? il te faut une victime, n'est-ce pas? eh bien, cette victime est devant toi, tu peux la torturer à plaisir. Pourquoi hésiter? fais-moi mourir, te dis-je.

— Ton désir sera satisfait, répondit tristement le Comanche, femme, prépare-toi.

Elle inclina la tête sur la poitrine et attendit.

Sur un signe de la Tête d'Aigle, deux guerriers saisirent la prisonnière et l'attachèrent au poteau par le milieu du corps.

Alors l'exercice du couteau commença; voici en quoi il consiste :

Chaque guerrier saisit son couteau à scalper par la pointe avec le pouce et l'index de la main droite, et le lance à la victime de façon à ne lui faire que de légères blessures.

Les Indiens dans leurs supplices tâchent que la torture se continue le plus longtemps possible, ils ne donnent le dernier coup à leur ennemi que lorsqu'ils lui ont arraché la vie peu à peu et pour ainsi dire par lambeaux.

Les guerriers lancèrent leurs couteaux avec une si merveilleuse adresse que tous effleurèrent l'infortunée sans lui occasionner autre chose que des égratignures.

Cependant son sang coulait, elle avait fermé les yeux et absorbée toute en elle-même, elle priait avec ferveur, appelant de tous ses vœux le coup mortel.

Les guerriers auxquels son corps servait de cible, s'échauffaient peu à peu, la curiosité, l'envie de montrer leur adresse avait pris dans leur esprit la place de la pitié que d'abord ils avaient ressentie. Ils applaudissaient avec de grands cris et des éclats de rire aux prouesses des plus adroits.

En un mot, comme cela arrive toujours, aussi bien chez les peuples civilisés que parmi les sauvages, le sang les *grisait*, leur amour-propre était en jeu, chacun cherchait à surpasser celui qui l'avait précédé, toute autre considération était oubliée.

Lorsque tous eurent lancé leurs couteaux, un petit nombre des plus adroits tireurs de la tribu s'arma de fusils.

Cette fois, il fallait avoir un œil sûr, car une balle mal dirigée, pouvait terminer le supplice et ravir aux assistants l'attrayant spectacle dont ils se promettaient tant de plaisir.

A chaque coup de feu la pauvre créature, repliée sur elle-même, ne donnait signe de vie que par un frémissement nerveux qui agitait tout son corps.

— Finissons-en, dit la Tête d'Aigle, qui sentait malgré lui s'amollir son cœur de bronze devant tant de courage et d'abnégation. Les guerriers comanches ne sont pas des jaguars, cette femme a assez souffert, qu'elle meure et que tout soit dit.

Quelques murmures se firent entendre parmi les squaws et les enfants, qui étaient les plus acharnés au supplice de la prisonnière.

Mais les guerriers furent de l'avis du chef, cette exécution privée des insultes que la victime adresse ordinairement à ses vainqueurs, était pour eux sans attrait, et puis ils étaient intérieurement honteux de s'acharner ainsi après une femme.

On fit donc grâce à la malheureuse des esquilles de bois enfoncées sous les ongles, des mèches soufrées attachées entre les doigts, du masque de miel appliqué sur le visage afin que les abeilles viennent le piquer, d'autres tortures encore, trop longues à énumérer, et l'on prépara le bûcher sur lequel elle devait être brûlée.

Mais avant de procéder au dernier acte de cette atroce tragédie, on détacha la pauvre femme ; pendant quelques instants, on la laissa reprendre haleine et se remettre des émotions terribles qu'elle avait éprouvées.

L'infortunée tomba accablée, presque sans connaissance.

La Tête d'Aigle s'approcha d'elle.

— Ma mère est brave, dit-il, beaucoup de guerriers n'auraient pas souffert les épreuves avec autant de courage.

Un pâle sourire se dessina sur ses lèvres violettes.

— J'ai un fils, répondit-elle avec un regard d'une douceur ineffable, c'est pour lui que je souffre.

— Un guerrier est heureux d'avoir une telle mère.

— Pourquoi différer ma mort? c'est être cruel que d'agir ainsi; les guerriers ne doivent pas tourmenter les femmes.

— Ma mère a raison, ses tortures sont finies.

— Vais-je enfin mourir? demanda-t-elle avec un soupir de soulagement.

— Oui, l'on prépare le bûcher.

Malgré elle, la pauvre femme sentit un frisson d'horreur parcourir tout son corps à cette affreuse nouvelle.

— Me brûler! s'écria-t-elle avec épouvante, pourquoi me brûler?

— C'est l'usage.

Elle laissa tomber sa tête dans ses mains, mais bientôt elle se redressa et fixant vers le ciel un regard inspiré :

— Mon Dieu, murmura-t-elle avec résignation, que votre volonté soit faite!

— Ma mère se trouve-t-elle assez remise pour être attachée au poteau ? demanda le chef avec compassion.

— Oui, dit-elle en se levant résolument.

La Tête d'Aigle ne put réprimer un geste d'admiration. Les Indiens considèrent le courage comme la première vertu.

— Venez, dit-il.

La prisonnière le suivit d'un pas ferme, toute sa force lui était revenue, enfin elle allait mourir !

Le chef la conduisit au poteau du sang auquel elle fut attachée une seconde fois; devant elle on empila des fagots de bois vert, et à un signe de la Tête d'Aigle, on les alluma.

Le feu eut d'abord beaucoup de peine à prendre à cause de l'humidité du bois qui dégagea une fumée épaisse ; enfin après quelques secondes la flamme brilla, s'étendit peu à peu et en quelques minutes acquit une grande intensité.

La malheureuse femme ne put retenir un cri d'épouvante.

Au même instant un cavalier lancé à toute bride, apparut au milieu du camp; d'un bond il fut à terre et avant qu'on eût le temps de s'y opposer, il dispersa le bois du bûcher et coupa les liens de la victime.

— Oh ! pourquoi es-tu venu? murmura la pauvre mère en tombant dans ses bras.

— Ma mère ! pardonnez-moi ! s'écria le Cœur

Loyal avec désespoir, comme vous avez dû souffrir, mon Dieu!

— Va-t'en! va-t'en! Rafaël, répétait-elle en l'accablant de caresses, laisse-moi mourir à ta place, une mère ne doit-elle pas donner sa vie pour son enfant?

— Oh! ne parlez pas ainsi, ma mère! vous me rendriez fou! dit le jeune homme en la pressant dans ses bras avec désespoir.

Cependant l'émotion causée par l'irruption subite du Cœur Loyal s'était dissipée, les guerriers indiens avaient repris cette impassibilité qu'ils affectent en toutes circonstances.

La Tête d'Aigle s'avança vers le chasseur.

— Mon frère est le bien venu, dit-il, je ne l'attendais plus.

— Me voici, il m'a été impossible d'arriver plutôt, ma mère est libre, je suppose?

— Elle est libre.

— Elle peut se retirer où elle voudra?

— Où elle voudra.

— Non, s'écria la prisonnière, en se plaçant résolument en face du chef indien, il est trop tard, c'est moi qui dois mourir, mon fils n'a pas le droit de prendre ma place.

— Ma mère, que dites-vous?...

— Ce qui est juste, Rafaël, reprit-elle avec animation; l'heure à la quelle vous deviez arriver est passée, vous n'avez pas le droit d'être ici, et d'empêcher mon supplice, retirez-vous, retire-toi, Rafaël, je t'en supplie, laisse-moi mourir pour te sauver, ajouta-t-elle en fondant en larmes et en se jetant dans ses bras.

— Ma mère, répondit le jeune homme en l'accablant de caresses, votre amour pour moi vous égare, je ne puis laisser accomplir un tel forfait, non, non, moi seul dois rester ici !

— Mon Dieu ! mon Dieu ! disait la pauvre femme en sanglotant, il ne veut rien comprendre !... Je serais si heureuse de mourir pour le sauver !

Vaincue par une émotion trop forte pour elle, la pauvre mère tomba évanouie dans les bras de son fils.

Le Cœur Loyal imprima un long et tendre baiser sur son front, et la remettant aux mains de nô Eusébio, qui depuis quelques minutes était arrivé :

— Partez ! dit-il d'une voix étranglée par la douleur, pauvre mère ! qu'elle soit heureuse, si le bonheur peut exister encore pour elle sans son enfant.

Le vieux serviteur soupira, serra chaleureusement la main du Cœur Loyal, et posant sur le devant de sa selle le corps de sa maîtresse, il tourna bride et sortit lentement du camp, sans que personne s'opposât à son départ.

Le Cœur Loyal suivit sa mère du regard aussi longtemps qu'il put l'apercevoir ; puis lorsqu'elle eut disparu, que le bruit des pas du cheval qui la portait eut cessé de se faire entendre, il poussa un soupir étouffé et passa la main sur son front en murmurant :

— Tout est fini ! mon Dieu, veillez sur elle !

Alors se tournant vers les chefs indiens qui le considéraient en silence avec un mélange de respect et d'admiration :

— Guerriers comanches ! dit-il d'une voix ferme et incisive avec un regard foudroyant, vous êtes tous des lâches ! des hommes de cœur ne martyrisent pas une femme !

La Tête d'Aigle sourit :

— Nous verrons, fit-il avec ironie, si le trappeur pâle est aussi brave qu'il le prétend.

— Du moins je saurai mourir comme un homme ! répondit-il avec hauteur.

— La mère du chasseur est libre.

— Oui. Eh bien ! que voulez-vous de moi ?

— Un prisonnier n'a pas d'armes.

— C'est juste, fit-il avec un sourire de mépris, je vais vous donner les miennes !

— Pas encore, s'il vous plaît, cher ami, dit tout à coup une voix moqueuse.

Belhumeur parut.

Le chasseur portait en travers sur l'arçon de sa selle, un enfant de quatre ou cinq ans, et une jeune femme indienne assez jolie était solidement attachée à la queue de son cheval.

— Mon fils ! ma femme ! s'écria la Tête d'Aigle avec terreur.

— Oui, reprit le Canadien en ricanant, votre femme et votre fils que j'ai faits prisonniers ; ah! ah! c'est bien joué, n'est-ce pas ?

D'un bond, sur un signe de son ami, le Cœur Loyal s'était emparé de la femme, dont les dents claquaient d'épouvante et qui jetait autour d'elle des regards affolés

— Maintenant, reprit Belhumeur avec un sourire sinistre, causons, je crois que j'ai égalisé les chances, qu'en dites-vous, hein?

Et il appuya un pistolet sur le front de l'innocente créature, qui poussa des cris effroyables en sentant le froid du fer.

— Oh ! s'écria la Tête d'Aigle avec désespoir, mon fils ! rendez-moi mon fils !

— Et votre femme, est-ce que vous l'oubliez? répondit Belhumeur avec un sourire ironique en haussant les épaules.

— Quelles sont vos conditions? demanda le Cœur Loyal?

FIN DE LA PREMIÈRE PARTIE.

LES TRAPPEURS DE L'ARKANSAS.

DEUXIÈME PARTIE.

OUAKTEHNO

— CELUI QUI TUE. —

DEUXIÈME PARTIE.

OUAKTEHNO

— CELUI QUI TUE. —

I

LE CŒUR LOYAL.

La position était complétement changée.

Les chasseurs qui, un moment auparavant, se trouvaient à la merci des Indiens, non-seulement étaient libres, mais encore se trouvaient en mesure de poser de dures conditions.

Bien des fusils s'étaient abaissés dans la direction du Canadien, bien des flèches avaient été dirigées contre lui; mais, sur un signe de la Tête d'Aigle, les fusils s'étaient redressés, et les flèches étaient rentrées au carquois.

La honte d'être joués par deux hommes qui les bravaient audacieusement au milieu de leur camp, faisait bouillonner la colère dans le cœur des Comanches. Ils reconnaissaient l'impossibilité d'une lutte avec leurs hardis adversaires. En effet, que pouvaient-ils contre ces intrépides coureurs de bois qui comptaient leur vie pour rien ?

Les tuer ?

Mais, en tombant, ils égorgeraient sans pitié les prisonniers qu'on voulait sauver.

Le sentiment le plus développé parmi les Peaux Rouges est l'amour de la famille.

Pour ses enfants ou sa femme, le guerrier le plus farouche n'hésitera pas à faire des concessions, que les plus effroyables tortures ne sauraient, dans d'autres circonstances, obtenir de lui. Aussi, à la vue de sa femme et de son fils tombés au pouvoir de Belhumeur, la Tête d'Aigle ne songea plus qu'à leur salut.

De tous les hommes, les Indiens sont peut-être ceux qui sachent avec le plus de facilité se courber aux exigences d'une situation imprévue.

Le chef comanche enfouit au fond de son cœur la haine et la colère qui le dévoraient. D'un mouvement plein de noblesse et de désinvolture, il rejeta en arrière la couverture qui lui servait de manteau et, le visage calme, le sourire sur les lèvres, il s'approcha des chasseurs.

Ceux-ci, habitués de longue main aux façons d'agir des Peaux Rouges, restaient impassibles en apparence, attendant le résultat de leur hardi coup de main.

— Mes frères pâles, dit le chef, sont remplis de

sagesse, quoique leurs cheveux soient noirs; ils connaissent toutes les ruses familières aux grands guerriers, ils ont la finesse du castor et le courage du lion.

Les deux hommes s'inclinèrent en silence.

La Tête d'Aigle continua :

— Puisque mon frère, le Cœur Loyal, est dans le camp des Comanches des grands lacs, l'heure est enfin arrivée de dissiper les nuages qui se sont élevés entre lui et les Peaux Rouges. Le Cœur Loyal est juste, qu'il s'explique sans crainte ; il est devant des chefs renommés qui n'hésiteront pas à reconnaître leurs torts s'ils en ont envers lui.

— Oh! oh! répondit le Canadien en ricanant, la Tête d'Aigle a bien promptement changé de sentiments à notre égard; croit-il pouvoir nous tromper avec de vaines paroles?

Un éclair de haine fit étinceler la prunelle fauve de l'Indien ; mais, par un effort suprême, il parvint à se contenir.

Tout à coup un homme s'interposa entre les interlocuteurs.

Cet homme était Eshis, le guerrier le plus vénéré de la tribu.

Le vieillard leva lentement le bras.

— Que mes enfants m'écoutent, dit-il, tout doit s'éclaircir aujourd'hui, les chasseurs pâles fumeront le calumet en conseil.

— Qu'il en soit ainsi, fit le Cœur Loyal.

Sur un signe du Soleil, les principaux chefs de la tribu vinrent se ranger autour de lui.

Belhumeur n'avait pas changé de position; il était prêt, au moindre geste suspect, à sacrifier ses prisonniers.

Lorsque la pipe eut fait le tour du cercle formé près des chasseurs, le vieux chef se recueillit; puis, après s'être incliné devant les blancs, il parla ainsi :

— Guerriers, je remercie le *Maître de la vie* de ce qu'il nous aime, nous Peaux Rouges, et de ce qu'il nous envoie aujourdhui ces deux hommes pâles qui pourront enfin ouvrir leur cœur. Prenez courage, jeunes gens, ne laissez pas vos âmes s'appesantir, et chassez loin de vous le mauvais esprit. Nous vous aimons, Cœur Loyal, nous avons entendu parler de votre humanité pour les Indiens. Nous croyons que votre cœur est ouvert, et que vos veines coulent claires comme le soleil. Il est vrai que nous autres Indiens n'avons pas beaucoup de sens, lorsque l'eau ardente nous commande, et que nous pouvons vous avoir déplu dans diverses circonstances. Mais nous espérons que vous n'y penserez plus, et que, tant que vous et nous serons dans les prairies, nous chasserons côte à côte, comme doivent le faire des guerriers qui s'aiment et se respectent (1).

(1) Nous donnons ici la traduction de ce discours qui peut intéresser le lecteur comme spécimen du langage des Comanches.

Meegvoitch kitchée manitoo, kaigait-kee zargetoone an nishin-

Le Cœur Loyal répondit :

— Vous, chefs et autres membres de la nation des Comanches des grands lacs dont les yeux sont ouverts, j'espère que vous prêterez l'oreille aux paroles de ma bouche. Le Maître de la vie a ouvert mon cerveau et fait souffler à ma poitrine des paroles amicales. Mon cœur est rempli de sentiments pour vous, pour vos femmes, pour vos enfants, et ce que je vous dis en ce moment procède de la racine des sentiments de mon ami et des miens ; jamais dans la prairie mon hatto n'a été fermé aux chasseurs de votre nation. Pourquoi donc me faites-vous la guerre ? pourquoi donc torturer ma mère, qui est une vieille femme, et chercher à m'arracher la vie ? Je répugne à verser le sang indien ; car, je vous le répète, malgré tout le mal que vous m'avez fait, mon cœur s'élance vers vous.

— *Ooah !* interrompit la Tête d'Aigle, mon frère parle bien ; mais la blessure qu'il m'a faite n'est pas encore cicatrisée.

— Mon frère est fou, répondit le chasseur ; me croit-il donc si maladroit de ne pas l'avoir tué si

norbay nogomé, shafhyyar payshik artwwaay winnin tercushenan, cawween kitchée morgussey, an nishinnorbay nogome, cawwickar indenendum. Kaygait kitchée muskowway geosay haguarmissey waybenan matchée oathty nee zargetoone saggonash artawway winnin kaygait hapadgey kitchee morgussey an nishinnorbay ; kaig wotch annaboikassey nennerwind mornooch towvach nee zargey debwoye kee appayomar. cuppar bebone nepewar appiminiqui omar.

telle avait été mon intention. Je vais vous prouver ce dont je suis capable et de quelle façon je comprends le courage d'un guerrier. Que je fasse un signe, cette femme et cet enfant auront vécu.

— Oui, appuya Belhumeur.

Un frisson parcourut les rangs de l'assemblée. La Tête d'Aigle sentit une sueur froide perler à ses tempes.

Le Cœur Loyal garda un instant le silence en fixant sur les Indiens un regard d'une expression indéfinissable; puis, haussant les épaules avec dédain, il jeta ses armes à ses pieds, et, croisant les bras sur sa large poitrine, il se tourna vers le Canadien.

— Belhumeur, dit-il d'une voix calme et parfaitement accentuée, rendez la liberté à ces deux pauvres créatures.

— Y songez-vous? s'écria le chasseur tout interloqué; ce serait votre arrêt de mort!

— Je le sais.

— Eh bien?

— Je vous en prie.

Le Canadien ne répondit pas, il commença à siffler entre ses dents, tirant son couteau, il trancha d'un coup les liens qui attachaient ses captifs, qui bondirent comme des jaguars et allèrent en poussant des hurlements de joie se cacher au milieu de leurs amis, puis il remit son couteau à sa ceinture, jeta ses armes, descendit de cheval et se plaça résolument auprès du Cœur Loyal.

— Que faites-vous donc? s'écria celui-ci, sauvez-vous, mon ami !

— Me sauver, moi, pourquoi faire? répondit insoucieusement le Canadien, ma foi non, puisqu'il faut toujours finir par mourir, j'aime autant que ce soit aujourd'hui que plus tard; je ne retrouverai peut-être jamais une aussi belle occasion.

Les deux hommes se serrèrent la main par une étreinte énergique.

— Maintenant, chefs, dit de sa voix calme le Cœur Loyal en s'adressant aux Indiens, nous sommes en votre pouvoir, agissez comme bon vous semblera.

Les Comanches se regardèrent un instant avec stupeur; la stoïque abnégation de ces deux hommes qui, par l'action hardie de l'un d'eux, pouvaient non-seulement s'échapper, mais encore leur dicter des lois, et qui, au lieu de profiter de cet avantage immense, jetaient leurs armes et se livraient entre leurs mains, leur paraissait dépasser tous les traits d'héroïsme restés célèbres dans leur nation.

Il y eut un silence assez long pendant lequel on aurait entendu battre dans leurs poitrines le cœur de tous ces hommes de bronze qui, par leur éducation primitive toute de sensation, sont plus aptes qu'on ne pourrait le croire à comprendre tous les sentiments vrais et apprécier les actions réellement nobles.

Enfin la Tête d'Aigle, après quelques secondes d'hésitation, jeta ses armes, et, s'approchant des chasseurs, il leur dit d'une voix émue, qui contrastait avec l'apparence impassible et indifférente qu'il cherchait en vain à prendre :

— Il est vrai, guerriers des visages pâles, que vous avez un grand sens, qu'il adoucit les paroles que vous nous adressez, et que nous vous entendons tous; nous savons aussi que la vérité ouvre vos lèvres; il est très-difficile que nous autres Indiens, qui n'avons pas la raison des blancs, ne commettions pas, souvent sans le vouloir, des actions répréhensibles ; mais nous espérons que le Cœur Loyal ôtera la peau de son cœur pour qu'il soit clair comme le nôtre, et qu'entre nous la hache sera enterrée si profondément que les fils des fils de nos petits-fils, dans mille lunes, et cent davantage, ne pourront la retrouver.

Et posant les deux mains sur les épaules du chasseur, il le baisa sur les yeux, en ajoutant:

— Que le Cœur Loyal soit mon frère !

— Soit ! fit le chasseur heureux de ce dénoûment ; désormais j'aurai pour les Comanches autant d'amitié que jusqu'à présent j'ai eu de défiance.

Les chefs indiens se pressèrent autour de leurs nouveaux amis, auxquels ils prodiguèrent avec la naïveté qui caractérise les natures primitives, les marques d'affection et de respect.

Les deux chasseurs étaient depuis longtemps connus dans la tribu du serpent, leur réputation était faite, bien souvent pendant la nuit autour du feu du campement, le récit de leurs exploits avait frappé d'admiration les jeunes gens auxquels les vieux guerriers les racontaient.

La réconciliation avait été franche entre le Cœur Loyal et la Tête d'Aigle, il ne restait plus entre eux la moindre trace de leur haine passée.

L'héroïsme du chasseur blanc avait vaincu la rancune du guerrier Peau Rouge !

Les deux hommes causaient paisiblement assis à l'entrée d'une hutte, lorsqu'un grand cri se fit entendre et un Indien, les traits bouleversés par la terreur, se précipita dans le camp.

Chacun s'empressa autour de cet homme pour avoir des nouvelles, mais l'Indien ayant aperçu la Tête d'Aigle s'avança vers lui.

— Que se passe-t-il ? demanda le chef.

L'Indien fixa un regard féroce sur le Cœur Loyal et Belhumeur, qui pas plus que les autres ne soupçonnaient d'où venait cette panique.

— Prenez garde que ces deux visages pâles ne s'échappent, nous sommes trahis, dit-il d'une voix entrecoupée et haletante à cause de la rapidité avec laquelle il était venu.

— Que mon frère s'explique plus clairement, ordonna la Tête d'Aigle.

— Tous les trappeurs blancs, les *longs couteaux de l'ouest* sont réunis, ils forment un détachement de guerre de près de cent hommes, ils s'avancent en se développant de façon à investir le camp de tous les côtés à la fois.

— Êtes-vous sûr que ces chasseurs viennent en ennemis? dit encore le chef.

— Comment en serait-il autrement? répondit le guerrier indien, ils rampent comme des serpents dans les hautes herbes, le fusil en avant et le couteau à scalper entre les dents. Chef, nous sommes trahis, ces deux hommes ont été envoyés au milieu de nous afin d'endormir notre vigilance.

La Tête d'Aigle et le Cœur Loyal échangèrent un sourire d'une expression indéfinissable, et qui fut une énigme pour d'autres que pour eux.

Le chef comanche se tourna vers l'Indien.

— Vous avez vu, lui demanda-t-il, celui qui marche devant les chasseurs?

— Oui, je l'ai vu.

— Et c'est *Amick* — l'Élan noir — le premier gardien des trappes du Cœur Loyal?

— Quel autre pourrait-ce être?

— Bien, retirez-vous, dit le guerrier en congédiant le messager d'un signe de tête, puis s'adressant au chasseur :

— Que faut-il faire? lui demanda-t-il.

— Rien, répondit le Cœur Loyal, ceci me regarde, que mon frère me laisse agir seul.

— Mon frère est le maître!

— Je vais à la rencontre des chasseurs, que la Tête d'Aigle retienne jusqu'à mon retour ses jeunes hommes dans le camp.

— Cela sera fait.

Le Cœur Loyal jeta son fusil sur l'épaule, donna une poignée de main à Belhumeur, sourit au chef comanche et se dirigea vers la forêt de ce pas assuré et tranquille à la fois, qui lui était habituel.

Il disparut bientôt au milieu des arbres.

— Hum! fit Belhumeur en allumant sa pipe indienne et s'adressant à la Tête d'Aigle, vous voyez, chef, que dans ce monde, ce n'est souvent pas une maladroite spéculation, que de se laisser guider par son cœur.

Et satisfait outre mesure de cette boutade philosophique, qui lui paraissait pleine d'à-propos, le Canadien s'enveloppa d'un épais nuage de fumée.

Sur l'ordre du chef, toutes les sentinelles disséminées aux abords du camp furent rappelées.

Les Indiens attendaient avec anxiété le résultat de la démarche tentée par le Cœur Loyal.

II

LES PIRATES.

C'était le soir, à une distance à peu près égale du camp des Mexicains et de celui des Comanches.

Cachés dans un ravin profondément encaissé entre deux hautes collines, une quarantaine d'hommes étaient réunis autour de plusieurs feux, disposés de façon à ce que la lueur des flammes ne pût trahir leur présence.

L'aspect étrange que présentait cette réunion d'aventuriers aux traits sombres, aux regards farouches, aux costumes sordides et bizarres, offrait un tableau digne du crayon satirique de Callot, ou du pinceau de Salvator Rosa.

Ces hommes, composé hétérogène de toutes les nationalités qui peuplent les deux mondes, depuis le Russe jusqu'au Chinois, étaient la plus complète collection de coquins qui se puisse imaginer ; hommes de sac et de corde, sans foi ni loi, sans feu ni lieu, véritable rebut de la civilisation qui les avait rejetés de son sein, obligés à chercher un refuge au fond des prairies de l'ouest; dans ces déserts mêmes, ils formaient bande à part, combattant tantôt contre les chasseurs, tantôt contre les Indiens, surpassant les uns et les autres en cruauté et en fouberie.

Ces hommes, en un mot, étaient ce que l'on est convenu de nommer des *pirates des prairies.*

Dénomination qui leur convient sous tous les rapports, puisque de même que leurs confrères de l'Océan, arborant tous les pavillons ou plutôt les foulant tous aux pieds, ils courent sus à tous les voyageurs qui se hasardent à traverser isolément les prairies, attaquent et dévalisent les caravanes, et lorsque toute autre proie leur échappe, ils s'embusquent traîtreusement dans les hautes herbes, pour guetter les Indiens qu'ils assassinent afin de gagner la prime que le gouvernement *paternel* des États-Unis donne pour chaque *chevelure* d'aborigène, de même qu'en France on paye la tête de loup.

Cette troupe était commandée par le capitaine Ouaktehno, que déjà nous avons eu l'occasion de mettre en scène.

Il régnait parmi ces bandits une agitation qui présageait quelque expédition mystérieuse.

Les uns nettoyaient et chargeaient leurs armes, d'autres reprisaient leurs vêtements, quelques-uns fumaient en buvant du mezcal, d'autres enfin dormaient enveloppés dans leurs manteaux troués.

Les chevaux, tout sellés et prêts à être montés, étaient attachés à des piquets.

De distance en distance des sentinelles, appuyées

sur leurs longues carabines, silencieuses et immobiles comme des statues de bronze, veillaient au salut de tous.

Les lueurs mourantes des feux qui s'éteignaient peu à peu jetaient sur ce tableau des reflets rougeâtres qui donnaient aux pirates une expression plus farouche encore.

Le capitaine paraissait en proie à une inquiétude extrême ; il marchait à grands pas au milieu de ses subordonnés, frappant du pied avec colère et s'arrêtant par intervalles pour prêter l'oreille aux bruits de la prairie.

La nuit se faisait de plus en plus sombre, la lune avait disparu, le vent mugissait sourdement dans les mornes, les pirates avaient fini, les uns après les autres, par se livrer au sommeil.

Seul, le capitaine veillait encore.

Tout à coup il lui sembla entendre au loin le bruit d'un coup de feu, puis un second, et tout rentra dans le silence.

— Qu'est-ce que cela signifie? murmura le capitaine avec colère ; mes drôles se sont-ils donc laissé surprendre?

Alors, s'enveloppant avec soin dans son manteau, il se dirigea à grands pas du côté où le bruit s'était fait entendre.

Les ténèbres étaient épaisses, et, malgré sa connaissance des lieux, le capitaine n'avançait que difficilement à travers les ronces et les broussailles qui à chaque pas lui barraient le chemin. Plusieurs fois il fut contraint de s'arrêter et de s'orienter pour reprendre sa route dont l'écartaient continuellement les détours auxquels l'obligeaient les blocs de rochers et les épais fourrés qui se trouvaient devant lui.

Pendant une de ces haltes, il crut percevoir à une légère distance le bruit d'un froissement de feuilles et de branches semblable à celui occasionné par la course précipitée d'un homme ou d'une bête fauve dans un taillis.

Le capitaine s'effaça derrière le tronc d'un gigantesque acajou, saisit ses pistolets qu'il arma, afin d'être préparé à tout événement, et, penchant la tête en avant, il écouta.

Tout était calme autour de lui ; on était arrivé à cette heure mystérieuse de la nuit où la nature semble dormir, et où tous les bruits sans nom de la solitude s'éteignent pour ne laisser, suivant l'expression indienne, *entendre que le silence.*

— Je me suis trompé, murmura le pirate, et il fit un mouvement pour revenir sur ses pas. En ce moment le même bruit se renouvela plus distinct et plus rapproché, suivi presque immédiatement d'un gémissement étouffé.

— Vive Dieu ! fit le capitaine, ceci commence à devenir intéressant, j'en aurai le cœur net.

Après quelques minutes d'une course précipitée, il vit glisser à quelques pas de lui dans les ténèbres l'ombre presque effacée d'un homme. Cet individu, quel qu'il fût, paraissait marcher avec difficulté, il trébuchait à chaque pas, s'arrêtait par intervalles comme pour reprendre des forces. Parfois il laissait échapper une plainte étouffée. Le capitaine se jeta au-devant de lui pour lui barrer le passage.

Lorsque l'inconnu l'aperçut, il poussa un cri d'effroi et tomba sur ses deux genoux en murmurant d'une voix entrecoupée par la terreur :

— Grâce! grâce! ne me tuez pas!

— Eh mais! fit le capitaine étonné, c'est le Babillard! Qui diable l'a si mal accommodé?

Et il se pencha vers lui.

C'était en effet le guide.

Il était évanoui.

— La peste étouffe l'imbécile! murmura le capitaine avec dépit; comment l'interroger à présent?

Mais le pirate était homme de ressource, il repassa ses pistolets dans sa ceinture, et enlevant le blessé, il le jeta sur ses épaules.

Chargé de ce fardeau qui ne semblait nullement le gêner dans sa marche, il reprit à grands pas la route qu'il venait de suivre et rentra dans son camp.

Il déposa le guide auprès d'un brasier à demi éteint dans lequel il jeta quelques brassées de bois sec pour le raviver. Bientôt une flamme claire lui permit d'examiner l'homme qui gisait sans connaissance à ses pieds.

Les traits du Babillard étaient livides, une sueur

froide perlait à ses tempes et le sang coulait en abondance d'une blessure qu'il avait à la poitrine.

— *Cascaras!* murmura le capitaine, voilà un pauvre diable bien avarié, pourvu qu'avant de passer il puisse me dire quels sont ceux qui l'ont mis dans cet état et ce qu'est devenu Kennedy !

De même que tous les coureurs des bois, le capitaine possédait certaines connaissances pratiques en médecine, il n'était pas embarrassé pour soigner une blessure d'arme à feu.

Grâce aux soins qu'il prodigua au bandit, celui-ci ne tarda pas à revenir à lui. Il poussa un profond soupir, ouvrit des yeux hagards et resta pendant un temps assez long sans pouvoir parler ; mais cependant, après plusieurs efforts infructueux, aidé par le capitaine, il parvint à s'asseoir, et hochant la tête à plusieurs reprises, il lui dit avec tristesse, d'une voix basse et entrecoupée :

— Tout est perdu, capitaine ! notre coup est manqué.

— Mille tonnerres !... s'écria le pirate en frappant du pied avec rage, comment ce malheur nous est-il donc arrivé ?

— La jeune fille est un démon ! reprit le guide dont la respiration sifflante et la voix de plus en plus faible montraient qu'il n'avait plus que quelques minutes à vivre.

— Si tu le peux, fit le capitaine qui n'avait rien compris à l'exclamation du blessé, dis-moi comment se sont passées les choses et quel est ton assassin, afin que je puisse te venger.

Un sourire sinistre plissa péniblement les lèvres violettes du guide.

— Le nom de mon assassin? dit-il d'une voix ironique.

— Oui.

— C'est doña Luz!

— Doña Luz! s'écria le capitaine en bondissant de surprise, impossible!

— Écoutez, reprit le guide, mes instants sont comptés, bientôt je serai mort. Un homme dans ma position ne ment pas. Laissez-moi parler sans m'interrompre, je ne sais si j'aurai le temps de tout vous dire, avant d'aller rendre mes comptes à celui qui sait tout.

— Parle, fit le capitaine.

Et comme la voix du blessé devenait de plus en plus faible, il s'agenouilla près de lui afin de ne rien perdre de ses paroles.

Le guide ferma les yeux, se recueillit quelques secondes, puis il dit avec effort :

— Donnez-moi de l'eau-de-vie.

— Tu es fou, l'eau-de-vie te tuera.

Le blessé secoua la tête.

— Elle me rendra les forces nécessaires pour que vous puissiez entendre tout ce que j'ai à vous dire. Ne suis-je pas déjà à moitié mort?

— C'est vrai! murmura le capitaine.

— N'hésitez donc pas, reprit le blessé qui avait entendu, le temps presse, j'ai des choses importantes à vous apprendre.

— Soit donc! murmura le pirate après un moment d'hésitation, et prenant sa gourde, il la porta aux lèvres du guide.

Celui-ci but avidement pendant assez longtemps; une rougeur fébrile colora les pommettes de ses joues, ses yeux presque éteints s'éclairèrent et brillèrent d'un vif éclat.

— Maintenant, dit-il d'une voix ferme et assez haute, ne m'interrompez pas; dès que vous me verrez faiblir, vous me ferez boire, peut-être aurai-je le temps de tout vous rapporter.

Le capitaine lui fit un signe d'assentiment, le Babillard commença.

Son récit fut long à cause des faiblesses fréquentes qui lui prenaient; lorsqu'il fut terminé :

—Vous le voyez, ajouta-t-il, cette femme, comme je vous l'ai dit déjà, est un démon, elle a tué Kennedy et moi; renoncez à sa capture, capitaine, c'est un gibier trop difficile à chasser, vous ne pourrez jamais vous en emparer.

— Bon! fit le capitaine en fronçant les sourcils, te figures-tu que j'abandonne ainsi mes projets?

— Bonne chance alors! murmura le guide, pour moi, mon affaire est faite, mon compte est réglé.....
Adieu, capitaine, ajouta-t-il avec un sourire étrange,

je vais à tous les diables, nous nous reverrons là-bas!...

Il tomba à la renverse.

Le capitaine voulut le relever, il était mort.

— Bon voyage! murmura-t-il avec insouciance.

Il chargea le corps sur ses épaules, le porta dans un fourré au milieu duquel il fit un trou, où il le mit; puis cette opération achevée en quelques minutes, il revint près du feu, s'enveloppa de son manteau, s'étendit sur le sol les pieds au brasier et s'endormit en disant :

— Dans quelques heures il fera jour, nous verrons ce que nous aurons à faire.

Les bandits ne dorment pas tard. Au lever du soleil tout était en rumeur dans le camp des pirates. Chacun se préparait au départ.

Le capitaine, loin de renoncer à ses projets, avait au contraire résolu d'en brusquer l'exécution, afin de ne pas laisser le temps aux Mexicains de trouver parmi les trappeurs blancs des prairies des auxiliaires, qui auraient rendu la réussite impossible.

Dès qu'il fut certain que les ordres qu'il avait donnés étaient bien compris, le capitaine fit le signal du départ. La troupe se mit en marche à l'indienne, c'est-à-dire en tournant littéralement le dos à l'endroit vers lequel elle se dirigeait.

Puis arrivés dans une position, qui parut leur offrir les conditions de sécurité qu'ils désiraient, les pirates mirent pied à terre, les chevaux furent confiés à quelques hommes déterminés et les bandits s'allongeant sur le sol comme un essaim de vipères, ou bien sautant de branche en branche et d'arbre en arbre, s'avancèrent avec toutes les précautions usitées dans les surprises, vers le camp des Mexicains.

III

LE DÉVOUEMENT.

Ainsi que nous l'avons dit dans un chapitre précédent, le docteur avait quitté le camp des Mexicains, chargé par dona Luz d'un message pour l'Élan noir.

Comme tous les savants en *us*, le docteur était fort distrait de sa nature, cela avec les meilleures intentions du monde.

Pendant les premiers moments, selon l'habitude de ses confrères, il se creusa la tête pour tâcher de deviner la signification des paroles, tant soit peu cabalistiques à son avis, qu'il devait répéter au trappeur.

Il ne comprenait pas de quel secours pouvait être pour ses amis, un homme à demi sauvage, qui vivait seul dans la prairie et dont l'existence se passait à chasser et à trapper.

S'il avait accepté aussi promptement cette mission, la profonde amitié qu'il professait pour la nièce du général en était la seule cause, bien qu'il n'en espérât aucun résultat avantageux, ainsi que nous l'avons dit, il s'était résolument mis en route, convaincu que la certitude de son départ calmerait l'inquiétude de la jeune fille ; bref, il avait plutôt voulu satisfaire un caprice de malade, que faire une chose sérieuse.

Aussi, dans la persuasion où il était que la mission dont on l'avait chargé était inutile, au lieu d'aller directement à franc étrier, comme il aurait dû le faire, au *toldo* de l'Élan noir, il mit pied à terre, passa dans son bras la bride de son cheval et commença à chercher des simples, occupation qui ne tarda pas à si bien l'absorber, qu'il oublia complétement les recommandations de dona Luz et la raison pour laquelle il avait quitté le camp.

Cependant le temps se passait, la moitié du jour était déjà écoulée, le docteur qui depuis longtemps aurait dû être de retour, n'avait pas reparu.

L'anxiété était vive au camp des Mexicains.

Le général et le capitaine avaient tout organisé pour une défense vigoureuse en cas d'attaque.

Rien ne paraissait.

Le plus grand calme continuait à régner aux environs, les Mexicains n'étaient pas éloignés de croire à une fausse alerte.

Dona Luz seule, sentait son inquiétude augmenter d'instants en instants, les yeux fixés sur la plaine, elle regardait en vain du côté par lequel son messager devait revenir.

Tout à coup, il lui sembla que les hautes herbes

de la prairie avaient un mouvement oscillatoire qui ne leur était pas naturel.

En effet, il n'y avait pas un souffle dans l'air, une chaleur de plomb pesait sur la nature, les feuilles des arbres, brûlées par les rayons du soleil, étaient immobiles, seules les hautes herbes agitées par un mouvement lent et mystérieux continuaient à osciller sur elles-mêmes.

Et, chose extraordinaire, ce mouvement presque imperceptible et qu'il fallait une certaine attention pour reconnaître, n'était pas général, au contraire, il était successif, se rapprochant peu à peu du camp avec une régularité qui laissait deviner une impulsion pour ainsi dire organisée; de façon qu'à mesure qu'il se communiquait aux herbes les plus rapprochées, les plus éloignées rentraient peu à peu dans une immobilité complète, dont elles ne sortaient plus.

Les sentinelles placées aux retranchements, ne savaient à quoi attribuer ce mouvement auquel elles ne comprenaient rien.

Le général, en soldat expérimenté, résolut de savoir à quoi s'en tenir, quoiqu'il n'eût jamais eu affaire personnellement aux Indiens, il avait trop entendu parler de leur manière de combattre, pour ne pas soupçonner quelque fourberie.

Ne voulant pas dégarnir le camp qui avait besoin de tous ses défenseurs, il résolut de tenter lui-même l'aventure et d'aller à la découverte.

A l'instant où il se préparait à escalader les retranchements, le capitaine l'arrêta en lui posant respectueusement le bras sur l'épaule.

— Que me voulez-vous, mon ami? lui demanda le général en se retournant.

— Je voudrais, avec votre permission, vous adresser une question, mon général, répondit le jeune homme.

— Faites.

— Vous quittez le camp?

— Oui.

— Pour aller à la découverte, sans doute?

— Pour aller à la découverte, oui.

— Alors, général, c'est à moi que cette mission appartient.

— Pourquoi cela? fit le général étonné.

— Mon Dieu, général, c'est bien simple, je ne suis qu'un pauvre diable d'officier subalterne qui vous doit tout.

— Après?

— Le péril que je courrai, s'il y a péril, ne compromettra en rien le succès de l'expédition, au lieu que...

— Au lieu que?

— Si vous êtes tué?

Le général fit un mouvement.

— Il faut tout prévoir, continua le capitaine, quand on a devant soi des adversaires comme ceux qui nous menacent.

— C'est juste, après?

— Eh bien, l'expédition sera manquée et pas un de nous ne reverra les pays civilisés. Vous êtes la tête, nous ne sommes que les bras nous autres, restez donc au camp.

Le général réfléchit quelques secondes, puis serrant cordialement la main du jeune homme :

— Merci, dit-il, mais il faut que je voie par moi-même ce qui se trame contre nous. La circonstance est trop sérieuse pour que je puisse me fier même à vous.

— Il faut que vous restiez, général, insista le capitaine, si ce n'est pour nous, que ce soit au moins pour votre nièce, pour cette innocente et frêle créature, qui, s'il vous arrivait malheur, se trouverait seule, abandonnée au milieu de peuplades féroces, sans soutien et sans protecteur ; qu'importe ma vie à moi pauvre enfant sans famille qui doit tout à vos bontés ? l'heure est venue de vous prouver ma reconnaissance, laissez-moi acquitter ma dette.

— Mais, voulut dire le général.

— Vous le savez, continua le jeune homme avec entraînement, si je pouvais vous remplacer auprès de dona Luz, j'accepterais avec bonheur, mais je suis trop jeune encore pour jouer ce noble rôle ; allons, général, laissez-moi prendre votre place, elle m'appartient.

Moitié de gré, moitié de force il fit reculer le vieil officier, s'élança sur les retranchements, les franchit d'un bond et s'éloigna à grands pas après avoir fait un dernier signe d'adieu.

Le général le suivit des yeux aussi longtemps qu'il put l'apercevoir, puis il passa sa main sur son front soucieux, en murmurant :

— Brave garçon, excellente nature !

— N'est-ce pas, mon oncle ? lui répondit dona Luz qui s'était approchée sans être vue.

— Tu étais là, chère enfant ? lui dit-il avec un sourire qu'il cherchait vainement à rendre joyeux.

— Oui, mon bon oncle, j'ai tout entendu.

— Bien, chère petite, fit le général avec effort, mais ce n'est pas le moment de s'attendrir, je dois songer à ta sûreté, ne reste pas ici plus longtemps, viens avec moi, en ce lieu une balle indienne pourrait trop facilement t'atteindre.

La prenant par la main, il la conduisit doucement jusqu'à sa tente.

Après l'y avoir fait entrer, il lui donna un baiser sur le front, lui recommanda de ne plus sortir et retourna aux retranchements, où il se mit à surveiller avec le plus grand soin ce qui se passait dans la plaine, tout en calculant mentalement le temps qui s'était écoulé depuis le départ du docteur et s'étonnant de ne pas le voir revenir.

— Il sera tombé au milieu des Indiens, disait-il, pourvu qu'ils ne l'aient pas tué !

Le capitaine Aguilar était un intrépide soldat,

ormé dans les guerres incessantes du Mexique, il savait allier le courage à la prudence.

Arrivé à une certaine distance du camp, il s'étendit à plat ventre et gagna en rampant un bloc de rochers qui était parfaitement disposé pour lui servir d'embuscade.

Tout paraissait tranquille autour de lui, aucun indice ne pouvait lui faire supposer que l'ennemi s'approchât; après un temps assez long, passé à explorer le terrain, il se préparait à regagner le camp avec la conviction que le général s'était trompé, que nul péril imminent n'existait, lorsque tout à coup, à dix pas de lui, un asshata bondit effaré, les oreilles droites, la tête rejetée en arrière, fuyant avec une vélocité extrême, en donnant les marques de la plus grande terreur.

— Oh! oh! murmura le jeune homme, y aurait-il donc quelque chose? Voyons un peu.

Quittant alors la roche derrière laquelle il s'abritait, il fit avec précaution quelque pas en avant, afin de s'assurer de la réalité de ses craintes.

Les herbes s'agitèrent avec force, une dixaine d'hommes se levèrent subitement autour de lui et l'entourèrent avant qu'il eût eu le temps de se mettre en défense, ou de regagner l'abri qu'il avait si imprudemment quitté.

— A la bonne heure, au moins, dit-il avec le plus dédaigneux sang-froid, je sais à présent à qui j'ai affaire.

— Rendez-vous! lui cria un des hommes qui le serraient de près.

— Allons donc! répondit-il avec un sourire ironique, vous êtes fous, il faudra bel et bien me tuer pour me prendre.

— Alors on vous tuera, mon beau muguet, répondit brutalement le premier interlocuteur.

— J'y compte bien, dit le capitaine d'un ton goguenard, je me défendrai, cela fera du bruit, mes amis nous entendront, votre surprise sera manquée, c'est justement ce que je veux.

Ces paroles furent prononcées avec un calme qui fit réfléchir les pirates. Ces hommes appartenaient à la troupe du capitaine Ouaktehno; lui-même se trouvait parmi eux.

— Oui, répondit en ricanant le chef des bandits, votre idée est bonne, seulement on peut vous tuer sans faire de bruit, et alors à vous aussi votre projet est renversé.

—Bah! qui sait? dit le jeune homme.

Avant que les pirates pussent le prévenir, il fit un bond énorme en arrière, renversa deux hommes et courut avec une vélocité extrême dans la direction du camp.

Le premier mouvement de surprise passé, les bandits s'élancèrent à sa poursuite.

Cet assaut de vitesse dura assez longtemps de part et d'autre, sans que les pirates vissent la distance qui les séparait du fugitif diminuer sensiblement. Tout en le poursuivant, comme ils tâchaient autant que possible de ne pas se laisser apercevoir par les sentinelles mexicaines qu'ils voulaient surprendre, cette manœuvre les obligeait à des détours qui ralentissaient nécessairement leur course.

Le capitaine était arrivé à portée de voix des siens, il jeta un regard en arrière; profitant du temps d'arrêt qu'il faisait pour reprendre haleine, les bandits avaient gagné sur lui une avance considérable.

Le jeune homme comprit que s'il continuait à fuir, il causerait le malheur qu'il voulait éviter.

Son parti fut pris en une seconde, il résolut de mourir, mais il voulut mourir en soldat, et en succombant, être utile à ceux pour lesquels il se dévouait.

Il s'appuya contre un arbre, plaça son machete auprès de lui à portée de sa main, sortit ses pistolets de sa ceinture et faisant face aux bandits qui n'étaient plus qu'à une trentaine de pas de lui, afin d'attirer l'attention de ses amis, il cria d'une voix éclatante :

— Alerte ! alerte ! voici les ennemis !...

Puis, avec le plus grand sang-froid, il déchargea ses armes comme dans un tir à la cible, — il avait quatre pistolets doubles — répétant à chaque pirate qui tombait :

— Alerte ! voici les ennemis ! ils nous entourent, garde à vous ! garde à vous !

Les bandits, exaspérés par cette rude défense, se ruèrent sur lui avec rage, oubliant toutes les précautions qu'ils avaient prises jusque-là.

Alors commença une mêlée horrible et gigantesque d'un homme seul contre vingt et trente, car à chaque pirate qui tombait, un autre prenait sa place.

La lutte était affreuse !

Le jeune homme avait fait le sacrifice de sa vie, mais il voulait la vendre le plus cher possible.

Nous l'avons dit, à chaque coup qu'il tirait, à chaque revers de machete qu'il lançait, il poussait son cri d'avertissement, cri auquel répondaient les Mexicains, en faisant de leur côté un feu roulant de mousqueterie sur les pirates, qui se montraient alors à découvert, s'acharnant après cet homme qui leur barrait si audacieusement le passage, avec l'infranchissable rempart de sa loyale poitrine.

Enfin le capitaine tomba sur un genou. Les pirates se précipitèrent pêle-mêle sur son corps, se blessant les uns les autres, dans la frénésie avec laquelle ils cherchaient à l'achever.

Un pareil combat ne pouvait longtemps durer.

Le capitaine Aguilar succomba, mais en tombant, il entraîna dans sa chute douze pirates qu'il avait immolés, et qui lui firent un sanglant cortége dans la tombe.

— Hum ! murmura le capitaine Ouaktehno en le considérant avec admiration, tout en étanchant le sang d'une large blessure qu'il avait reçue à la poitrine ; quel rude homme ! si les autres lui ressemblent nous n'en viendrons jamais à bout. Allons, continua-t-il en se retournant vers ses compagnons qui attendaient ses ordres, ne nous laissons pas plus longtemps fusiller comme des pigeons ; à l'assaut ! vive Dieu ! à l'assaut !

Les pirates s'élancèrent à sa suite en brandissant leurs armes et commencèrent à escalader le rocher, en vociférant :

— A l'assaut ! à l'assaut !

De leur côté les Mexicains, témoins de la mort héroïque du capitaine Aguilar, se préparèrent à le venger.

IV

LE DOCTEUR.

Pendant que s'accomplissaient ces événements terribles, le docteur herborisait tranquillement.

Le digne savant, émerveillé par la riche *flore* qu'il avait sous les yeux, avait tout oublié pour ne plus songer qu'à l'ample moisson qu'il pouvait faire. Il allait le corps penché vers la terre, s'arrêtant devant chaque plante qu'il admirait longtemps, avant de se résoudre à l'arracher.

Lorsqu'il se fut chargé d'un nombre infini de plantes et d'herbes pour lui excessivement précieuses, il se résolut enfin à s'asseoir au pied d'un arbre, afin de les classer à son aise, avec tout le soin que les savants émérites ont coutume d'apporter à cette opération délicate, tout en grignotant quelques morceaux de biscuit, qu'il tira de sa gibecière.

Il était depuis longtemps plongé dans cette occupation, qui lui procurait une de ces jouissances extrêmes, que les savants seuls peuvent savourer et qui sont inconnues du vulgaire; probablement il se serait oublié à ce travail jusqu'à ce que la nuit le surprît et l'obligeât à chercher un abri, lorsqu'une ombre vint tout à coup se placer entre le soleil et lui et projeter son reflet sur les plantes qu'il classait avec tant de soin.

Machinalement il leva la tête.

Un homme, appuyé sur un long rifle, était arrêté devant lui et le considérait avec une attention goguenarde.

Cet homme était l'Élan noir.

— Hé! hé! dit-il au docteur, que faites-vous donc là, mon brave monsieur? Le diable m'emporte, en voyant ainsi remuer les herbes, j'ai cru qu'il y avait un chevreuil dans le fourré, et j'ai été sur le point de vous envoyer une balle.

— Diable! s'écria le docteur en le regardant avec effroi, faites-y attention, vous auriez pu me tuer, savez-vous?

— Parbleu! reprit le trappeur en riant, mais ne craignez rien, j'ai reconnu mon erreur à temps.

— Dieu soit loué! Et le docteur, qui venait d'apercevoir une plante rare, se baissa vivement pour la saisir.

— Vous ne voulez donc pas me dire, continua le chasseur, ce que vous faites là?

— Vous le voyez bien, mon ami.

— Moi, je vois que vous vous amusez à arracher les mauvaises herbes de la prairie, voilà tout, et je me demande à quoi cela peut vous servir?

— Oh! l'ignorance! murmura le savant, et il ajouta tout haut avec ce ton de condescendance doctorale particulier aux disciples d'Esculape : mon ami, je cueille des simples que je collectionne, afin de les classer dans mon herbier ; la flore de ces prairies est magnifique, je suis convaincu que j'ai découvert au moins trois nouvelles espèces du *chirostemon pentadactylon* dont le genre appartient à la *Flora mexicana*.

— Ah! fit le chasseur en ouvrant des yeux énormes et faisant des efforts inouis pour ne pas rire au nez du docteur, vous croyez avoir trouvé trois espèces nouvelles de...

— Chirostemon pentadactylon, mon ami, dit le savant avec douceur.

— Ah bah !

— Au moins, peut-être il y en a-t-il quatre.

— Oh ! oh ! cela est donc bien utile ?

— Comment si c'est utile ! s'écria le médecin scandalisé.

— Ne vous fâchez pas, je ne sais pas, moi.

— C'est juste ! fit le savant radouci par le ton de l'Élan noir, vous ne pouvez comprendre l'importance de ces travaux qui font faire à la science un pas immense.

— Voyez-vous cela ! et c'est pour arracher ainsi des herbes que vous êtes venu dans les prairies ?

— Pas pour autre chose.

L'Élan noir le considéra avec cette admiration que cause la vue d'un phénomène inexplicable ; le chasseur ne parvenait pas à comprendre qu'un homme sensé se résolût ainsi de gaîté de cœur à supporter une vie de privation et de périls, dans le but inqualifiable pour lui, d'arracher des plantes qui ne servent à rien, aussi en vint-il au bout d'un instant à se persuader que le savant était fou. Il lui lança un regard de commisération en hochant la tête, et, plaçant son rifle sur son épaule, il se prépara à continuer sa route.

— Allons! allons! dit-il de ce ton que l'on emploie pour parler aux enfants et aux aliénés, vous avez raison, mon brave monsieur, arrachez, arrachez, vous ne faites tort à personne, et il en restera toujours assez. Bonne chance et au revoir!

Et sifflant ses chiens, il fit quelques pas, mais revenant presque aussitôt :

— Encore un mot, fit-il en s'adressant au docteur, qui déjà ne pensait plus à lui et s'était remis avec ardeur à la besogne que l'arrivée du chasseur l'avait forcé d'interrompre.

— Dites, répondit-il en levant la tête.

— J'espère que la jeune dame qui est venue visiter hier mon hatto en compagnie de son oncle, se porte bien, hein? Pauvre chère enfant, vous ne pouvez vous imaginer combien je m'intéresse à elle, mon brave monsieur.

Le docteur se releva subitement en se frappant le front.

— Étourdi que je suis! dit-il, je l'avais complétement oublié !

— Oublié, quoi donc? demanda le chasseur étonné.

— Je n'en fais jamais d'autres! murmura le savant; heureusement que le mal n'est pas grand et que, puisque vous êtes là, il est facile à réparer.

— De quel mal parlez-vous? fit le trappeur avec un commencement d'inquiétude.

— Figurez-vous, continua tranquillement le docteur, que la science m'absorbe tellement que j'en oublie souvent le boire et le manger, à plus forte raison, n'est-ce pas, les commissions dont je me charge?

— Au fait! au fait! dit le chasseur avec impatience.

— Ah! mon Dieu! c'est bien simple, j'ai quitté le camp au point du jour pour me rendre à votre hutte, mais, arrivé ici, j'ai été tellement charmé par les innombrables plantes rares que je foulais aux pieds de mon cheval, que sans plus songer à suivre ma route, je me suis arrêté d'abord pour arracher une plante, puis j'en ai aperçu une autre qui manquait à mon herbier, une autre après, ainsi de suite; bref, je n'ai plus du tout songé à aller vous trouver, j'étais même tellement absorbé par mes recherches, que votre présence imprévue, il n'y a qu'un instant, ne m'a pas remis en mémoire la commission que j'avais à faire auprès de vous.

— Ainsi vous êtes parti du camp au lever du soleil?

— Mon Dieu, oui.

— Savez-vous l'heure qu'il est en ce moment?

Le savant regarda le soleil.

— Trois heures à peu près, dit-il ; mais cela importe peu, je vous le répète ; puisque vous voilà, je vais vous rapporter ce que dona Luz m'a chargé de vous dire, et tout sera arrangé, je l'espère.

— Dieu veuille que votre négligence ne soit pas cause d'un grand malheur ! fit le chasseur avec un soupir.

— Que voulez-vous dire ?

— Bientôt vous le saurez ; j'espère que je me trompe. Parlez, je vous écoute.

— Voici ce que dona Luz m'a prié de vous répéter.

— Ainsi c'est dona Luz qui vous envoie à moi ?

— Elle-même.

— S'est-il donc passé quelque chose de sérieux au camp?

— Au fait ! c'est vrai, cela pourrait être plus grave que je ne l'ai supposé d'abord ; voici l'affaire : cette nuit, un de nos guides...

— Le Babillard ?

— Lui-même. Vous le connaissez?

— Oui. Après?

— Eh bien ! il paraît que cet homme complotait avec un autre bandit de son espèce, de livrer le camp à des Indiens, probablement; dona Luz a, par hasard, entendu toute la conversation de ces drôles, et, au noment où ils passaient près d'elle pour s'échapper, elle a tiré sur eux, deux coups de pistolet à bout portant.

— Elle les a tués ?

— Malheureusement non ; l'un, quoique grièvement blessé sans doute, a pu s'échapper.

— Quel est celui-là ?

— Le Babillard.

— Et alors ?

— Alors, doña Luz m'a fait jurer de me rendre auprès de vous et de vous dire, attendez donc, fit le savant en cherchant à se souvenir.

— L'Élan noir, l'heure sonne ! interrompit vivement le chasseur.

— C'est cela même ! fit le savant en se frottant les mains avec joie, je l'avais sur le bout de la langue ; je vous avoue que cela m'a paru assez obscur et que je n'y ai rien compris du tout, mais vous allez me l'expliquer, n'est-ce pas ?

Le chasseur le saisit vigoureusement par le bras et approchant son visage du sien, il lui dit, le regard enflammé et les traits contractés par la colère :

— Misérable fou ! pourquoi n'êtes-vous pas venu me trouver en toute hâte ? au lieu de perdre le temps comme un imbécile, votre retard causera peut-être la mort de tous vos amis.

— Il serait possible ! s'écria le docteur atterré, sans songer à se formaliser de la façon un peu brusque dont le secouait le chasseur.

— Vous étiez chargé d'un message de vie et de mort, insensé que vous êtes ! maintenant que faire? peut-être est-il trop tard !

— Oh! ne dites pas cela ! s'écria le savant avec agitation, je mourrais de désespoir, s'il en était ainsi !

Le pauvre homme fondit en larmes et donna des preuves non équivoques du plus grand chagrin.

L'Élan noir fut obligé de le consoler.

— Voyons, du courage, mon brave monsieur, lui dit-il en se radoucissant, que diable! peut-être tout n'est-il pas perdu !

— Oh! si j'étais cause d'un si grand malheur, je n'y survivrais pas !

— Enfin, ce qui est fait est fait ! il faut en prendre notre parti, dit philosophiquement le trappeur, je vais aviser à leur venir en aide. Grâce à Dieu! je ne suis pas aussi seul qu'on pourrait le croire, j'espère d'ici à quelques heures, avoir réuni une trentaine des meilleurs rifles de la prairie.

— Vous les sauverez, n'est-ce pas?

— Du moins je ferai tout ce qu'il faudra pour cela, et s'il plaît à Dieu je réussirai !

— Le ciel vous entende!

— *Amen!* dit le chasseur en se signant dévotement, maintenant, écoutez-moi, vous allez retourner au camp.

— De suite !

— Mais plus de cueillement de fleurs ni d'arrachement d'herbes, n'est-ce pas ?

— Oh ! je vous le jure ! maudite soit l'heure à laquelle je me suis mis à herboriser ! s'écria le savant avec un désespoir comique.

— Très-bien, c'est convenu, vous rassurerez la jeune dame ainsi que son oncle, vous leur recommanderez de faire bonne garde et en cas d'attaque une vigoureuse résitance, et vous leur direz que bientôt ils verront des amis venir à leur secours !

— Je le leur dirai.

— Alors à cheval et au galop jusqu'au camp.

— Soyez tranquille, mais vous, qu'allez-vous faire ?

— Ne vous occupez pas de moi, je ne resterai pas inactif, tâchez seulement de rejoindre vos amis le plutôt possible.

— Avant une heure je serai près d'eux !

— Bon courage et bonne chance ! surtout ne désespérez pas !

L'Élan noir lâcha la bride du cheval qu'il avait saisi et le savant partit à fond de train, allure peu habituelle au bon homme qui avait une peine infinie à conserver l'équilibre.

Le trappeur le regarda un instant s'éloigner, puis il tourna sur lui-même et s'enfonça à grands pas dans la forêt.

Il marchait depuis dix minutes à peine, lorsqu'il se trouva face à face avec nõ Eusébio qui avait en travers sur sa selle, la mère du Cœur Loyal évanouie.

Cette rencontre était pour le trappeur une bonne fortune, dont il profita pour demander au vieil Espagnol des renseignements positifs sur le chasseur, renseignements que le vieillard se hâta de lui donner.

Puis, les deux hommes se rendirent à la hutte du trappeur dont ils étaient peu éloignés et dans laquelle ils voulaient placer provisoirement la mère de leur ami.

V

L'ALLIANCE.

Il nous faut maintenant revenir au Cœur Loyal.

Après avoir marché une dixaine de minutes à peu près devant lui, sans même se donner la peine de suivre un de ces innombrables sentiers qui sillonnent les prairies dans tous les sens, le chasseur s'arrêta, posa la crosse de son fusil à terre, regarda avec soin de tous les côtés, prêta l'oreille à ces mille bruits du désert qui tous ont une signification pour l'homme habitué à la vie des prairies, et probablement satisfait du résultat de ses observations, il imita à trois reprises différentes, à intervalles égaux, le cri de la pie avec une telle perfection, que plusieurs de ces oiseaux, cachés au plus épais des arbres, lui répondirent immédiatement.

A peine le troisième cri avait-il fini de vibrer dans l'air, que la forêt, muette jusque-là et qui semblait plongée dans la solitude la plus complète, s'anima comme par enchantement.

De toutes parts, se levèrent du milieu des broussailles et des herbes où ils étaient enfouis, une foule de chasseurs aux traits énergiques, aux costumes pittoresques, qui formèrent en un instant un cercle épais autour du chasseur.

Le hasard voulut que les deux premiers visages qui frappèrent la vue du Cœur Loyal, furent ceux de l'Élan noir et de nò Eusébio, postés tous deux à quelques pas de lui seulement.

— Oh ! fit-il en leur tendant la main avec effusion, je comprends tout, mes amis, merci, merci mille fois de votre concours cordial, mais, grâce à Dieu, votre secours ne m'est plus nécessaire.

— Tant mieux ! fit l'Élan noir.

— Ainsi vous avez réussi à vous sortir des mains de ces Peaux Rouges endiablés ? lui demanda le vieux serviteur avec intérêt.

— Ne dites pas de mal des Comanches, répondit en souriant le Cœur Loyal, ce sont maintenant mes frères.

— Parlez-vous sérieusement, s'écria vivement l'Élan noir, seriez-vous réellement bien avec les Indiens ?

— Vous en jugerez vous-même, la paix est faite entre eux, moi et mes amis, si vous y consentez, je compte vous présenter les uns aux autres.

— Ma foi ! dans les circonstances présentes, il ne pouvait rien nous arriver de plus heureux, dit l'Élan noir, et, puisque vous êtes libre, nous allons pouvoir nous occuper d'autres personnes qui sont en ce moment en grand péril et qui probablement ont un pressant besoin de notre aide.

— Que voulez-vous dire ? demanda le Cœur Loyal avec une curiosité mêlée d'intérêt.

— Je veux dire, que des gens auxquels vous avez déjà rendu un immense service, pendant le dernier incendie de la prairie, sont en ce moment cernés par une bande de pirates, qui ne tarderont pas probablement à les attaquer, si ce n'est déjà fait.

— Il faut voler à leur secours ! s'écria le Cœur Loyal avec une émotion dont il ne fut pas le maître.

— Pardieu ! c'est bien notre intention, mais nous voulions d'abord vous délivrer, Cœur Loyal, vous êtes l'âme de notre association, sans vous, nous n'aurions rien pu faire de bon.

— Merci, mes amis, mais à présent, vous le voyez, je suis libre, ainsi, rien ne nous arrête plus, nous allons partir !

— Pardon, reprit l'Élan noir, mais nous avons affaire à forte partie, les pirates qui savent qu'ils n'ont aucune pitié à attendre, se battent comme des tigres; plus nous serons nombreux, plus nous aurons de chances de réussite.

— C'est juste ! mais où voulez-vous en venir ?

— A ceci, que puisque vous avez fait en notre nom la paix avec les Comanches, il se pourrait que...

— Vous avez pardieu raison, l'Élan noir, interrompit vivement le Cœur Loyal, je n'y songeais pas; les guerriers indiens seront heureux de l'occasion que nous leur offrirons de montrer leur valeur, ils nous aideront avec joie dans notre expédition, je me charge de les décider, suivez-moi tous, je vais vous présenter à nos nouveaux amis.

Les trappeurs se réunirent et formèrent une troupe compacte d'une quarantaine d'hommes.

Les armes furent renversées en signe de paix, et tous, suivant les traces du chasseur, se dirigèrent vers le camp.

— Et ma mère? demanda avec émotion le Cœur Loyal à nò Eusébio.

— En sûreté dans la hutte de l'Élan noir.

— Comment se trouve-t-elle?

— Bien, quoique dévorée d'inquiétude, répondit le vieillard; votre mère est une femme qui ne vit que par le cœur, elle est douée d'un immense courage, les plus grandes douleurs physiques glissent sur elle, elle ne se ressent plus des atroces tortures qu'elle avait commencé à subir.

— Dieu soit loué! mais il ne faut pas plus longtemps la laisser dans ces transes mortelles; où est votre cheval?

— Caché ici près.

— Prenez-le et rendez-vous auprès de ma mère, vous la rassurerez et vous vous retirerez tous deux dans la grotte du *vert de gris* où elle sera à l'abri de tout danger. Vous resterez avec elle. Cette grotte est facile à trouver, elle est située non loin du rocher du *bison mort*; du reste, lorsque vous serez arrivé à cet endroit, vous lâcherez mes rastreros que je vous laisse, ils vous y conduiront tout droit. Vous m'avez bien compris?

— Parfaitement.

— Partez donc, alors, nous voici au camp, votre présence est inutile ici, tandis que là-bas elle est indispensable.

— Je pars.

— Adieu.

— Au revoir.

Nô Eusébio siffla les limiers qu'il réunit par une laisse, après avoir une dernière fois serré la main du jeune homme, il le quitta, tourna à droite et reprit le chemin de la forêt, tandis que la troupe des chasseurs arrivait à l'entrée de la clairière où était dressé le camp des Indiens.

Les Comanches formaient à quelques pas en arrière des premières lignes de leur camp, un vaste demi-cercle, au milieu duquel se tenaient les chefs.

Pour faire honneur aux arrivants, ils avaient revêtu leurs plus beaux costumes, ils étaient peints et armés en guerre.

Le Cœur Loyal fit arrêter sa troupe et continuant seul à marcher, il déploya une robe de bison qu'il fit flotter.

La Tête d'Aigle quitta alors les autres chefs, il s'avança de son côté au-devant du chasseur, en faisant, lui aussi, flotter une robe de bison en signe de paix.

Lorsque les deux hommes furent à trois pas l'un de l'autre, ils s'arrêtèrent, le Cœur Loyal prit la parole :

— Le maître de la vie, dit-il, voit dans nos cœurs, il sait qu'au milieu de nous le chemin est beau et ouvert, et que les paroles que souffle notre poitrine et que prononce notre bouche sont sincères; les chasseurs blancs viennent visiter leurs frères rouges.

— Qu'ils soient les bienvenus, répondit cordialement la Tête d'Aigle en s'inclinant, avec la grâce et la noblesse majestueuse qui caractérise les Indiens.

Après ces paroles, les Comanches et les chasseurs déchargèrent leurs armes en l'air, en poussant de longs cris de joie.

Alors toute étiquette fut bannie, les deux troupes se mêlèrent et se confondirent si bien, qu'au bout de quelques minutes, elles n'en formaient plus qu'une seule.

Cependant le Cœur Loyal qui savait, d'après ce que lui avait dit l'Élan noir, combien les moments étaient précieux, avait pris la Tête d'Aigle à part et lui avait franchement expliqué ce qu'il attendait de sa tribu.

Le chef sourit à cette demande.

— Mon frère sera satisfait, dit-il, qu'il attende un peu.

Quittant alors le chasseur, il rejoignit les autres chefs.

Le crieur monta bientôt sur la *vérandah* d'une hutte et convoqua à grands cris, les guerriers les plus renommés, à une réunion dans la case du conseil.

La demande du Cœur Loyal eut l'approbation générale ; quatre-vingt-dix guerriers d'élite, commandés par la Tête d'Aigle, furent désignés pour accompagner les chasseurs, et coopérer de tout leur pouvoir, au succès de leur expédition.

Lorsque la décision des chefs fut connue, ce fut une joie universelle dans la tribu.

Les alliés devaient se mettre en route au soleil couchant, afin de surprendre l'ennemi.

L'on dansa, avec toutes les cérémonies usitées en pareil cas, la grande danse de guerre, pendant laquelle les guerriers répètent continuellement en chœur :

— *Wabimdam Kitchée manitoo, agarmissey hapitch neatissum!*

C'est-à-dire :

Maître de la vie, vois-moi d'un œil favorable, tu m'as donné le courage d'ouvrir mes veines.

Lorsqu'on fut sur le point de partir, la Tête d'Aigle, qui savait à quels ennemis dangereux il allait s'attaquer, choisit vingt guerriers sur lesquels il pouvait compter et les expédia en avant en éclaireurs après leur avoir donné du *Scotté Wigwas*, ou bois écorce, afin qu'ils pussent immédiatement allumer du feu, pour avertir en cas d'alerte.

Ensuite, il visita avec soin les armes de ses guerriers, et, satisfait du résultat de son inspection, il donna le signal du départ.

Les Comanches et les trappeurs prirent la file indienne et, précédés de leurs chefs respectifs, ils quittèrent le camp, au milieu des souhaits et des exhortations de leurs amis, qui les accompagnèrent jusqu'aux premiers arbres de la fôret.

La petite armée se composait de cent trente hommes résolus, parfaitement armés, commandés par des chefs que nul obstacle ne pourrait arrêter, nul péril faire reculer.

Les ténèbres étaient épaisses, la lune voilée par de gros nuages noirs, qui couraient lourdement dans l'espace, ne répandait par intervalles, qu'une lueur blafarde et sans rayonnement qui, lorsqu'elle disparaissait, donnait aux objets, une apparence fantastique.

Le vent soufflait par rafales et s'engouffrait dans les ravins, avec de sourds et plaintifs murmures.

Enfin, cette nuit était une de celles qui, dans l'histoire de l'humanité, semblent destinées à voir s'accomplir de lugubres tragédies.

Les guerriers marchaient silencieux, ils paraissaient dans les ténèbres, une foule de fantômes échappés du sépulcre, se hâtant pour accomplir une œuvre sans nom, maudite de Dieu, que la nuit seule peut abriter de son ombre.

A minuit, le mot de halte, fut prononcé à voix basse.

On campa, pour attendre des nouvelles des éclaireurs.

C'est-à-dire que chacun s'enveloppant tant bien que mal, se coucha où il se trouvait, afin d'être prêt au premier signal.

Aucun feu ne fut allumé.

Les Indiens, qui comptent sur leurs éclaireurs, ne posent jamais de sentinelles, lorsqu'ils sont sur le sentier de la guerre.

Deux heures se passèrent.

Le camp des Mexicains n'était éloigné que de trois milles au plus: mais avant de se risquer plus près, les chefs voulaient s'assurer que la route était libre ; au cas où elle ne le fût pas, quel était le nombre des ennemis qui leur barraient le passage, et quel plan d'attaque ils avaient adopté.

Au moment où le Cœur Loyal, dévoré d'impatience, se préparait à aller lui-même à la découverte, un frôlement presque imperceptible d'abord, mais qui peu à peu augmenta dans d'énormes proportions, se fit entendre dans les broussailles, et deux hommes parurent.

Le premier était un des éclaireurs comanches, l'autre était le docteur.

L'état dans lequel se trouvait le pauvre savant était digne de pitié.

Il avait perdu sa perruque, ses vêtements étaient en lambeaux, son visage bouleversé par la terreur, enfin toute sa personne portait des traces évidentes de lutte et de combat.

Lorsqu'il arriva devant la Tête d'Aigle et le Cœur Loyal, il tomba le visage contre terre et s'évanouit.

On s'empressa de le rappeler à la vie.

VI

LE DERNIER ASSAUT.

Les lanceros postés derrière les retranchements avaient vigoureusement reçu les pirates.

Le général, exaspéré par la mort du capitaine Aguilar, reconnaissant qu'avec de tels ennemis il n'y avait aucun quartier à attendre, avait résolu de résister quand même, et de se faire tuer, plutôt que de tomber entre leurs mains.

Les Mexicains, en comptant les péons et les guides sur lesquels on osait à peine se fier, n'étaient que dix-sept, hommes et femmes compris.

Les pirates étaient trente au moins.

La disproportion numérique était donc grande entre les assiégeants et les assiégés; mais, grâce à la forte position du camp, assis au sommet d'un chaos de rochers, cette disproportion disparaissait en partie, et les forces se balançaient presque.

Le capitaine Ouaktehno ne s'était pas fait un instant illusion, sur les difficultés de l'attaque qu'il tentait, difficultés presque insurmontables dans un assaut franc et à découvert; aussi, avait-il compté sur une surprise et surtout sur la trahison du Babillard. Ce n'avait été qu'entraîné par les circonstances, furieux de la perte que le capitaine Aguilar lui avait causée, qu'il s'était hasardé à donner l'assaut.

Mais, le premier moment d'effervescence passé, lorsqu'il vit que ses hommes tombaient comme des fruits mûrs autour de lui, sans vengeance, et sans gagner un pouce de terrain, il se résolut non à la retraite, mais à changer le siége en blocus, espérant être plus heureux pendant la nuit par un hardi coup de main, ou, en désespoir de cause, certain de réduire tôt ou tard les assiégés par la famine.

Il croyait être sûr qu'ils se trouvaient dans l'impossibilité d'être secourus, dans ces prairies, où on ne rencontre que des Indiens hostiles aux blancs, quels qu'ils soient, ou bien des trappeurs et des chasseurs, qui se soucient fort peu de s'immiscer dans des affaires qui ne les touchent en rien.

Sa résolution une fois prise, le capitaine la mit immédiatement à exécution.

Il jeta un regard autour de lui : la situation était toujours la même, malgré des efforts surhumains pour gravir la pente abrupte qui conduisait aux retranchements, les pirates n'avaient point avancé d'un pas.

Dès qu'un homme se montrait à découvert, une balle partie d'une carabine mexicaine le faisait rouler dans un précipice.

Le capitaine donna le signal de la retraite, c'est-à-dire qu'il imita le cri du chien des prairies.

Le combat cessa aussitôt.

Ce lieu un instant auparavant si animé par les cris des combattants, les détonnations des armes à feu, retomba subitement dans le silence le plus complet.

Seulement, aussitôt que les hommes eurent interrompu leur œuvre de destruction, les condors, les vautours et les urubus commencèrent la leur.

Après les pirates, les oiseaux de proie, c'était dans l'ordre.

Des nuées de condors, de vautours et d'urubus, vinrent tournoyer au-dessus des cadavres, sur lesquels ils s'abattirent en poussant des cris aigus et firent une horrible curée de chair humaine, à la vue des Mexicains qui n'osaient sortir des retranchements et qui étaient forcés de rester spectateurs de cet horrible festin de bêtes fauves.

Les pirates se rallièrent dans un ravin, hors de portée de fusil du camp, et ils se comptèrent.

Leurs pertes avaient été énormes, de quarante, ils ne restaient plus que dix-neuf.

En moins d'une heure ils avaient eu vingt et un hommes tués ! plus de la moitié de leur troupe.

Les Mexicains, à part le capitaine Aguilar, n'avaient ni morts ni blessés.

La perte que les pirates avaient éprouvée leur donna à réfléchir.

Le plus grand nombre était d'avis de se retirer, et de renoncer aux bénéfices d'une expédition, qui offrait tant de périls et de si sérieuses difficultés.

Le capitaine était encore plus découragé que ses compagnons.

Certes, s'il ne s'était agi pour lui que de conquérir de l'or et des diamants, il aurait sans hésiter renoncé à ses projets, mais une autre raison bien plus forte le faisait agir, et l'excitait à tenter l'aventure jusqu'au bout, quelles qu'en dussent être pour lui les conséquences.

Le trésor qu'il convoitait, trésor d'un prix incalculable, c'était dona Luz, cette jeune fille qu'une fois déjà à Mexico, il avait sauvée des mains de ses bandits et pour laquelle à son insu, il s'était senti pris d'un amour effréné.

Depuis Mexico, il la suivait pas à pas, épiant comme une bête fauve, l'occasion de ravir cette proie, pour la possession de laquelle, nul sacrifice ne lui coûtait, nulle difficulté ne lui semblait trop grande, nul danger ne pouvait l'arrêter.

Aussi employa-t-il, auprès de ses bandits, toutes les ressources que la parole peut donner à un homme passionné, pour les retenir auprès de lui, relever leur courage, les déterminer enfin à tenter encore une attaque avant de se retirer, et de renoncer définitivement à cette expédition.

Il eut beaucoup de peine à les persuader, ainsi qu'il arrive toujours en pareille circonstance, les plus braves avaient été tués, ceux qui avaient survécu se sentaient peu disposés à s'exposer à un sort pareil.

Cependant à force d'instances et de menaces, le capitaine parvint à arracher aux bandits la promesse de rester jusqu'au lendemain et de tenter un coup décisif pendant la nuit.

Ceci convenu entre les pirates et leur chef, Ouaktehno ordonna à ses hommes de se cacher le mieux possible, surtout de ne pas bouger sans ordre, quelques mouvements qu'ils vissent faire aux Mexicains.

Le capitaine espérait, en restant invisible, persuader aux assiégés que, rebutés par les énormes difficultés qu'ils avaient rencontrées, les pirates s'étaient résolus à la retraite et s'étaient en effet retirés.

Ce plan ne manquait pas d'adresse, il obtint en effet, presque le résultat que son auteur en attendait.

Les feux rougeâtres du couchant teignaient de leurs derniers reflets, la cime des arbres et des rochers, la brise du soir qui se levait rafraîchissait l'air, le soleil allait disparaître à l'horizon dans un lit de vapeurs pourprées.

La tranquillité n'était troublée que par les cris assourdissants des oiseaux de proie, qui continuaient leur festin de cannibales, et se disputaient avec un acharnement féroce, les lambeaux de chair, qu'ils arrachaient aux cadavres.

Le général, le cœur navré de ce spectacle douloureux, en songeant que le capitaine Aguilar, l'homme dont l'héroïque devouement les avait sauvés tous, était exposé à cette horrible profanation, résolut de ne pas abandonner son corps, et coûte que coûte, d'aller le chercher afin de lui donner la sépulture : dernier hommage rendu au malheureux jeune homme, qui n'avait pas hésité à se sacrifier pour lui.

Dona Luz à laquelle il fit part de son projet, bien qu'elle en comprît les dangers, n'eut pas la force de s'y opposer.

Le général choisit quatre hommes résolus et escaladant les retranchements, il s'avança à leur tête vers l'endroit où gisait le corps de l'infortuné capitaine.

Les lanceros restés au camp, surveillaient la plaine, prêts à protéger énergiquement leurs hardis compagnons, s'ils étaient inquiétés dans leur pieuse mission.

Les pirates embusqués dans les fentes des rochers, ne perdaient pas un de leurs mouvements, mais ils se gardèrent de dénoncer leur présence.

Le général put donc tranquillement accomplir le devoir qu'il s'était imposé.

Le cadavre du jeune homme ne fut pas difficile à trouver.

Il gisait à moitié renversé au pied d'un arbre, tenant un pistolet d'une main, son machete de l'autre, la tête haute, le regard fixe et le sourire sur les lèvres, comme si, même après sa mort, il défiait encore ceux qui l'avaient tué.

Son corps était littéralement couvert de blessures ; mais par un hasard étrange que le général remarqua avec joie, jusqu'à ce moment, les oiseaux de proie l'avaient respecté.

Les lanceros placèrent le cadavre sur leurs fusils croisés et regagnèrent le camp au pas de course.

Le général marchait à une courte distance en arrière, observant et surveillant les taillis et les fourrés.

Rien ne bougeait, la plus grande tranquillité régnait partout, les pirates avaient disparu sans laisser d'autres traces que leurs morts, qu'ils semblaient avoir abandonnés.

Le général eut l'espoir que ses ennemis s'étaient retirés, il poussa un soupir de soulagement.

La nuit commençait à tomber avec sa rapidité habituelle, tous les regards étaient attentivement fixés sur les lanceros qui rapportaient leur officier mort, personne ne remarqua une vingtaine de fantômes, qui glissaient silencieux sur les rochers et s'approchaient peu à peu du camp, auprès duquel ils s'embusquèrent en fixant des regards enflammés sur ses défenseurs.

Le général fit placer le cadavre sur un lit de repos, dressé à la hâte, et prenant une bêche, il voulut lui-même creuser la fosse dans laquelle le jeune homme devait être déposé.

Tous les lanceros se rangèrent autour, appuyés sur leurs armes.

Le général se découvrit, prit un livre de prières et lut à haute voix l'office des morts, auquel sa nièce et les assistants répondaient avec onction.

Il y avait quelque chose de grandiose et de touchant dans cette cérémonie si simple, au milieu de ce désert, dont les mille voix mystérieuses semblaient moduler aussi une prière.

En face de cette nature sublime, où le doigt de Dieu est tracé d'une manière si visible.

Ce vieillard à cheveux blancs, lisant pieusement l'office des morts, sur le corps d'un jeune homme presque un enfant, plein de vie quelques heures auparavant, ayant auprès de lui cette jeune fille et ces soldats tristes, pensifs, que le même sort menaçait peut-être bientôt, mais qui, calmes, résignés, priaient avec ferveur pour celui qui n'était plus ; cette prière suprême s'élevant dans la nuit, accompagnée par les plaintes de la brise du soir, qui passait frissonnante dans les branches des arbres, rappelait les premiers temps du christianisme, alors que persécuté et contraint de se cacher, il se réfugiait au désert, pour être plus près de Dieu.

Rien ne vint troubler l'accomplissement de ce dernier devoir.

Après que chacun des assistants eut une fois encore fait de tristes adieux au mort, il fut descendu dans la fosse, enveloppé dans son manteau ; ses armes furent placées à côté de lui et la fosse fut comblée.

Une légère élévation du sol qui devait bientôt disparaître, signala seule la place où reposait pour l'éternité le corps d'un homme, dont l'héroïsme ignoré avait sauvé par un dévouement sublime, ceux qui lui avaient confié le soin de leur salut.

Les assistants se séparèrent, en jurant de venger le mort, ou le cas échéant, de faire comme lui.

Les ténèbres étaient complétement venues.

Le général après avoir fait une dernière ronde, pour s'assurer que les sentinelles étaient bien à leurs postes, souhaita le bonsoir à sa nièce, et se coucha en travers de l'entrée de sa tente en dehors.

Trois heures se passèrent dans le plus grand calme.

Tout à coup semblables à une légion de démons, une vingtaine d'hommes escaladèrent silencieusement les retranchements, et avant que les sentinelles surprises de cette attaque subite pussent tenter la moindre résistance, elles furent saisies et égorgées.

Le camp des Mexicains était envahi par les pirates, et à leur suite étaient entrés le meurtre et le pillage!

VII

BATAILLE.

Les pirates bondissaient dans le camp comme des chacals en hurlant et en brandissant leurs armes.

Aussitôt que le camp avait été envahi, le capitaine avait laissé ses gens piller et tuer tout à leur aise. Sans s'occuper d'eux davantage, il s'était précipité vers la tente.

Mais là, le passage lui avait été barré. Le général avait rallié autour de lui sept ou huit hommes, il attendait les bandits de pied ferme, déterminé à se faire tuer avant de permettre qu'un de ces misérables touchât sa nièce.

A la vue du vieux soldat, l'œil étincelant, le pistolet d'une main et l'épée de l'autre, le capitaine hésita.

Mais cette hésitation, n'eut que la durée d'un éclair, il réunit d'un cri d'appel une dixaine de pirates autour de lui.

— Passage ! dit-il, en brandissant son machete.

— Allons donc ! répondit le général, en mordant sa moustache avec fureur.

Les deux hommes s'élancèrent l'un contre l'autre,

leurs gens les imitèrent, la mêlée devint générale.

Alors s'engagea une lutte terrible et sans merci, entre ces hommes qui savaient qu'ils n'avaient pas de pitié à attendre.

Chacun cherchait à porter des coups mortels, sans se donner la peine de parer ceux qu'on lui lançait, content de succomber pourvu que dans sa chute il entraînât son adversaire.

Les blessés essayaient de se relever, pour enfoncer leur poignard, dans le corps de ceux qui combattaient encore.

Cette lutte atroce ne pouvait durer longtemps ainsi ; tous les lanceros furent massacrés, le géné- tomba à son tour renversé par le capitaine qui se jeta sur lui et le garrotta étroitement avec sa ceinture, afin de le mettre dans l'impossibilité de résister davantage.

Le général n'avait reçu que des blessures légères, qui avaient à peine entamé les chairs.

Le capitaine pour certaines raisons connues de lui seul, l'avait efficacement protégé pendant le combat, parant avec son machete les coups que les bandits lui portaient.

Il voulait prendre son ennemi vivant, il avait réussi.

Tous les Mexicains avaient succombé, il est vrai, mais la victoire avait coûté cher aux pirates, plus de la moitié des leurs avait été tuée.

Le nègre du général, armé d'une énorme massue qu'il s'était faite du tronc d'un jeune arbre, avait longtemps résisté aux efforts de ceux qui tentaient de s'emparer de lui, assommant sans rémission, les imprudents qui s'aventuraient trop près de l'arme, qu'il maniait avec une dextérité peu commune.

On était enfin parvenu à le *lacer* et à le jeter à demi étranglé sur le sol, le capitaine lui avait sauvé la vie au moment où un pirate levait le bras pour l'égorger.

Dès que le capitaine vit le général dans l'impossibilité de faire un mouvement, il poussa un cri de de joie et sans songer à étancher le sang qui coulait de deux blessures qu'il avait reçues, il bondit comme un tigre par-dessus le corps de son ennemi qui se tordait impuissant à ses pieds, et pénétra dans la tente.

Elle était vide.

Dona Luz avait disparu !

Le capitaine fut atterré !

Que pouvait être devenue la jeune fille ?

La tente était petite, presque dénuée de meubles, il était impossible de s'y cacher.

Un lit à demi défait prouvait qu'au moment de la surprise, dona Luz reposait tranquillement.

Elle s'était évanouie comme un silphe sans laisser de traces de sa fuite.

Fuite incompréhensible pour le pirate, puisque le

camp avait été envahi par tous les côtés à la fois.

Comment une jeune fille, réveillée en sursaut, aurait-elle eu assez d'audace et de présence d'esprit, pour fuir aussi prestement et passer inaperçue au milieu des vainqueurs, dont le premier soin avait été, de garder toutes les issues?

Le capitaine cherchait en vain le mot de cette énigme.

Il frappait du pied avec colère, sondait avec la pointe de son poignard les ballots qui auraient pu offrir un abri provisoire à la fugitive! tout restait sans résultat.

Convaincu enfin, que ses recherches dans la tente n'aboutiraient à rien, il se précipita au dehors, rôdant çà et là comme une bête fauve, persuadé que si par un miracle elle avait réussi à s'échapper, seule, la nuit, à demi vêtue, égarée dans le désert, il retrouverait facilement ses traces.

Cependant, le pillage continuait avec une célérité et un ordre dans le désordre, qui faisaient honneur aux connaissances pratiques des pirates.

Les vainqueurs, fatigués de tuer et de voler, défonçaient avec leurs poignards les outres pleines de mezcal et faisaient succéder l'orgie au vol et au meurtre.

Tout à coup, un cri strident et formidable résonna à peu de distance, et une grêle de balles vint en crépitant s'abattre sur les bandits.

Ceux-ci, surpris à leur tour, sautèrent sur leurs armes en cherchant à se rallier.

Au même instant, une masse d'Indiens apparut, bondissant comme des jaguars au milieu des ballots, suivis de près par une troupe de chasseurs, à la tête desquels marchaient le Cœur Loyal, Belhumeur et l'Élan noir.

La position devenait critique pour les pirates.

Le capitaine, rappelé à lui-même par le péril que couraient ses gens, quitta à regret la recherche infructueuse à laquelle il se livrait, et groupant ses hommes autour de lui, il enleva les deux seuls prisonniers qu'il avait faits, c'est-à-dire le général et son domestique nègre, et profitant habilement du tumulte inséparable d'une irruption comme celle des alliés, il ordonna à ses hommes de se disperser dans toutes les directions, afin d'échapper plus facilement aux coups de leurs adversaires.

Après une décharge à bout portant, qui causa une certaine hésitation parmi les assaillants, les pirates s'envolèrent comme une nuée d'urubus immondes, et disparurent dans la nuit.

Mais en fuyant, le capitaine resté le dernier, pour pour soutenir la retraite, ne laissa pas, tout en glissant le long des rochers, de chercher encore, autant que cela lui fut possible dans la précipitation de sa fuite, les traces de la jeune fille, mais il ne put rien découvrir.

Le capitaine désappointé se retira la rage dans le cœur, en roulant dans sa tête les plus sinistres projets.

Le Cœur Loyal averti par l'éclaireur indien et surtout par le récit du docteur, de l'attaque tentée sur le camp, s'était remis de suite en marche, afin de porter le plus tôt possible, secours aux Mexicains.

Malheureusement, malgré la célérité de leur course, les trappeurs et les Comanches étaient arrivés trop tard pour sauver la caravane.

Lorsque les chefs de l'expédition se furent assurés de la fuite des pirates, la Tête d'Aigle et ses guerriers se lancèrent sur leur piste.

Resté seul maître du camp, le Cœur Loyal ordonna une battue générale dans les halliers voisins et les hautes herbes, que les bandits n'avaient pas eu le temps d'explorer en détail, car, ils s'étaient à peine emparés du camp qu'ils en avaient été débusqués.

Cette battue amena la découverte de Phébé, la jeune servante de dona Luz, et de deux lanceros qui s'étaient réfugiés dans le tronc d'un arbre, et qui arrivèrent plus morts que vifs conduits par l'Élan noir et quelques chasseurs, qui tâchaient en vain de les rassurer et de leur rendre courage.

Les pauvres diables se croyaient aux mains des pirates, le Cœur Loyal eut des peine infinies à leur faire comprendre que les gens qu'ils voyaient, étaient des amis, arrivés trop tard il est vrai pour les secourirs, mais qui ne voulaient leur faire aucun mal.

Dès qu'ils furent assez rassurés pour reprendre un peu de sang-froid, le Cœur Loyal entra avec eux dans la tente et leur demanda le récit succinct des événements.

La jeune métise qui, aussitôt qu'elle avait vu à qui elle avait affaire, avait d'un seul coup reconquis toute son assurance et qui, du reste, avait reconnu le Cœur Loyal, ne se fit pas prier pour babiller ; en quelques minutes elle mit le chasseur au courant des faits terribles dont elle avait été spectatrice.

— Ainsi, lui demanda celui-ci, le capitaine Aguilar a été tué ?

— Hélas ! oui, répondit la jeune fille avec un soupir de regret, à l'adresse du pauvre officier.

— Et le général ? reprit le chasseur.

— Oh ! pour le général, dit vivement la métise, il s'est défendu comme un lion, il n'est tombé qu'après une résistance héroïque.

— Il est mort ? demanda le Cœur Loyal avec une pénible émotion.

— Oh ! non, fit-elle vivement, il est seulement blessé, j'ai vu passer les bandits qui le portaient, je crois même que ses blessures sont légères, tant les *ladrons* — voleurs — , le ménageaient pendant le combat.

— Tant mieux, dit le chasseur, et il baissa la tête d'un air pensif ; puis, au bout d'un instant, il ajouta en hésitant et avec un léger tremblement dans la voix : votre jeune maîtresse, qu'est-elle devenue ?

— Ma maîtresse, dona Luz?

— Oui, dona Luz, c'est ainsi je crois qu'elle se

nomme, je donnerais beaucoup, pour avoir de ses nouvelles et la savoir en sûreté.

— Elle y est, puisqu'elle se trouve près de vous, dit une voix harmonieuse.

Et dona Luz apparut pâle encore, des émotions poignantes qu'elle avait éprouvées, mais calme, le sourire aux lèvres et le regard brillant.

Les assistants ne purent réprimer un mouvement de stupéfaction, à l'apparition imprévue de la jeune femme.

— Oh! Dieu soit béni, s'écria le chasseur, notre secours n'a donc pas été complétement inutile!

— Non, répondit-elle gracieusement, et elle ajouta avec tristesse, tandis qu'une teinte de mélancolie voilait ses traits, maintenant que j'ai perdu celui qui me servait de père, je viens vous demander votre protection, Caballero.

— Elle vous est acquise, madame, dit-il avec chaleur, quant à votre oncle, oh! comptez sur moi, je vous le rendrai, dussé-je payer de ma vie cette entreprise; vous savez, ajouta-t-il, que ce n'est pas d'aujourd'hui seulement que je vous suis dévoué.

La première émotion calmée, on voulut apprendre comment la jeune fille avait réussi à se soustraire aux recherches des pirates.

Dona Luz fit le récit bien simple de ce qui était arrivé.

La jeune fille s'était jetée toute vêtue sur son lit,

l'inquiétude la tenait éveillée, un secret pressentiment l'avertissait de se tenir sur ses gardes.

Au cri poussé par les pirates, elle s'était levée avec épouvante et du premier coup d'œil, avait reconnu que toute fuite était impossible.

En jetant un regard effaré autour d'elle, elle avait aperçu quelques vêtements jetés en désordre dans un hamac et pendants au dehors.

Alors, une idée qui lui parut venir du ciel, traversa son cerveau, comme un éclair lumineux.

Elle se glissa sous ces vêtements, et, se faisant aussi petite que possible, elle se blottit au fond du hamac, sans déranger le désordre des habits.

Dieu avait permis que le chef des bandits, en cherchant de tous les côtés, ne songeât pas à plonger la main dans ce hamac qui paraissait vide.

Sauvée par ce hasard, elle était restée blottie ainsi une heure, dans des transes impossibles à exprimer.

L'arrivée des chasseurs et la voix du Cœur Loyal qu'elle avait de suite reconnue, lui avaient rendu l'espoir, elle était sortie de sa cachette et avait impatiemment attendu le moment favorable pour se présenter.

Les chasseurs furent émerveillés, de ce récit si simple et en même temps si émouvant, ils félicitèrent franchement la jeune fille sur son courage et sa présence d'esprit, qui seuls l'avaient sauvée.

Lorsqu'un peu d'ordre eut été rétabli dans le camp, le Cœur Loyal se rendit près de dona Luz.

— Madame, lui dit-il, le jour ne va pas tarder à paraître ; lorsque vous aurez pris quelques heures de repos, je vous conduirai près de ma mère, qui est une sainte femme ; quand elle vous connaîtra, je ne doute pas qu'elle vous aimera comme sa fille, puis, dès que vous serez en sûreté, je m'occuperai de vous rendre votre oncle.

Sans attendre les remerciements de la jeune fille, il s'inclina respectueusement devant elle et sortit de la tente.

Quand il eut disparu, dona Luz soupira et se laissa tomber pensive sur un siége.

VIII

LA CAVERNE DU VERT DE GRIS.

Deux jours s'étaient écoulés, depuis les événements rapportés dans notre précédent chapitre.

Nous conduirons le lecteur, entre trois et quatre heures de l'après dîner, dans la grotte découverte par Belhumeur et dont le Cœur Loyal avait fait son habitation de prédilection.

L'intérieur de la caverne, éclairé par de nombreuses torches de ce bois, que les Indiens nomment bois-chandelle et qui brûlaient fichées de distance en distance, dans les parois des rochers, présentait l'aspect d'une halte de bohémiens ou d'un campement de bandits, au gré de l'étranger, qui par hasard aurait été admis à la visiter.

Une quarantaine de trappeurs et de guerriers comanches étaient disséminés çà et là, les uns dormaient, les autres fumaient, d'autres nettoyaient leurs armes ou réparaient leurs vêtements, quelques-uns accroupis devant deux ou trois feux sur lesquels étaient suspendues des chaudières, où rôtissaient d'énormes quartiers de venaison, préparaient le repas de leurs compagnons.

A chaque issue de la grotte, deux sentinelles immobiles, mais l'œil et l'oreille au guet, veillaient silencieuses au salut commun.

Dans un compartiment séparé naturellement par un bloc de rochers qui faisaient saillie, deux femmes et un homme, assis sur des siéges grossièrement taillés à coups de hache, causaient voix basse.

Les deux femmes étaient dona Luz et la mère du Cœur Loyal, l'homme qui les regardait en fumant sa cigarette en paille de maïs, et en se mêlant parfois à la conversation, par une interjection arrachée soit à la surprise, soit à l'admiration, soit à la joie, était nô Eusébio, le vieux serviteur espagnol, dont nous avons souvent parlé dans le cours de ce récit.

A l'entrée de ce compartiment, qui formait une espèce de chambre séparée dans la caverne, un autre homme se promenait de long en large les mains derrière le dos en sifflotant entre ses dents, un air qu'il composait probablement au fur et à mesure.

Celui-là était l'Élan noir.

Le Cœur Loyal, la Tête d'Aigle et Belhumeur étaient absents.

La conversation des deux femmes paraissait beaucoup les intéresser, la mère du chasseur échangeait souvent des regards significatifs avec son vieux serviteur, qui avait laissé éteindre sa cigarette, et la fumait machinalement ainsi, sans s'en apercevoir.

—Oh! dit la vieille dame, en joignant les mains avec ferveur et en levant les yeux au ciel, le doigt de Dieu est dans tout ceci.

— Oui, répondit nõ Eusébio avec conviction, c'est lui qui a tout fait.

— Et dites-moi, mignonne, depuis deux mois que vous êtes en voyage, jamais votre oncle le général ne vous a laissé entrevoir, soit par ses paroles, soit par ses actions, soit par ses démarches, le but de cette expédition ?

— Jamais ! répondit dona Luz.

— C'est étrange, murmura la vieille dame.

— Étrange en effet, répéta nõ Eusébio, qui s'obstinait à faire sortir de la fumée de sa cigarette éteinte.

— Mais enfin, reprit la mère du Cœur Loyal, depuis son arrivée dans les prairies, à quoi votre oncle passait-il son temps ? pardonnez-moi, mon enfant, ces questions qui doivent vous surprendre, mais qui ne sont nullement dictées par la curiosité, plus tard vous me comprendrez, vous reconnaîtrez alors que le vif intérêt que vous m'inspirez me porte seul à vous interroger.

— Je n'en doute pas, madame, répondit dona Luz avec un sourire charmant, aussi ne ferai-je aucune difficulté de vous répondre. Mon oncle depuis notre arrivée dans les prairies était triste et préoccupé, il recherchait la société de ces hommes habitués à la vie du désert, lorsqu'il en rencontrait un, il restait de longues heures à causer avec lui et à l'interroger.

— Et sur quoi l'interrogeait-il, mon enfant, vous le rappelez-vous ?

— Mon Dieu, madame, je vous avouerai à ma honte, répondit la jeune fille en rougissant légèrement, que je ne prêtais pas grande attention à ces conversations, qui, je le pensais du moins, ne devaient m'intéresser que fort peu. Moi pauvre enfant, dont jusqu'ici la vie s'est écoulée triste et monotone, et qui n'ai vu le monde qu'au travers des grilles de mon couvent, j'admirais la nature grandiose qui avait comme par enchantement surgi devait moi, je n'avais pas assez d'yeux pour contempler ces merveilles et j'adorais le Créateur dont la puissance infinie m'était révélée tout à coup.

— C'est vrai, chère enfant, pardonnez-moi ces questions qui vous fatiguent et dont vous ne pouvez saisir la portée, dit la bonne dame en la baisant au front, si vous le désirez nous parlerons d'autre chose.

— Comme il vous plaira, madame, répondit la jeune fille en lui rendant son baiser, je suis heureuse de causer avec vous, et quelque sujet que vous choisissiez, j'y trouverai toujours un grand intérêt.

— Mais nous bavardons, nous bavardons, et nous ne songeons pas à mon pauvre fils, qui est absent depuis ce matin, et qui d'après ce qu'il m'avait dit devrait être déjà de retour.

— Oh ! pourvu qu'il ne lui soit rien arrivé ! s'écria doña Luz avec effroi.

— Vous vous intéressez donc bien à lui ? demanda en souriant la vieille dame.

— Ah ! madame, répondit-elle avec émotion, tandis que son visage se colorait d'une vive rougeur, peut-il en être autrement, après les services qu'il nous a rendus, et ceux qu'il nous rendra encore, j'en suis certaine ?

— Mon fils vous a promis de délivrer votre oncle, soyez persuadée qu'il accomplira sa promesse.

—Oh ! je n'en doute pas, madame ! quel noble et grand caractère ! s'écria-t-elle avec exaltation, comme il est bien nommé le Cœur Loyal !

La vieille dame et nô Eusébio la considérèrent en souriant, ils étaient heureux de l'enthousiasme de la jeune fille.

Dona Luz s'aperçut de l'attention avec laquelle ils la regardaient, elle s'arrêta confuse et baissa la tête en rougissant encore davantage.

— Oh ! dit la vieille dame en lui prenant la main, vous pouvez continuer, mon enfant, je suis charmée de vous entendre parler ainsi de mon fils, oui, ajouta-t-elle avec mélancolie et comme s'adressant à elle-même, oui ! c'est un grand et noble caractère que le sien ! comme toutes les natures d'élite, il est méconnu, mais patience, Dieu l'éprouve, un jour viendra où justice lui sera rendue à la face de tous.

— Serait-il malheureux ? hasarda timidement la jeune fille.

20.

— Je ne dis pas cela, mon enfant, répondit la pauvre mère avec un soupir étouffé, dans ce monde qui peut se flatter d'être heureux? chacun a ses peines qu'il doit porter, le Tout-Puissant mesure le fardeau, suivant les forces de chaque homme.

Un certain mouvement s'opéra dans la grotte; plusieurs hommes entrèrent.

— Voici votre fils, madame, dit l'Élan noir.

— Merci, mon ami, répondit-elle.

— Oh! tant mieux! fit dona Luz en se levant avec joie.

Mais honteuse de ce mouvement inconsidéré, la jeune fille se laissa retomber confuse et toute rougissante sur son siége.

C'était en effet le Cœur Loyal, qui arrivait, mais il n'était pas seul. Belhumeur et la Tête d'Aigle l'accompagnaient ainsi que plusieurs trappeurs.

Aussitôt dans la grotte, le jeune homme se dirigea à grands pas vers le réduit où sa mère se tenait, il la baisa au front, se tournant ensuite vers dona Luz, il la salua avec un certain embarras qui ne lui était pas naturel, et que la vieille dame remarqua.

La jeune fille lui rendit un salut non moins embarrassé que le sien.

— Eh bien, dit-il d'un air enjoué, vous êtes-vous bien ennuyées en m'attendant, mes nobles prisonnières? le temps a dû vous sembler horriblement long dans cette grotte; pardonnez-moi de vous avoir reéguée dans cette hideuse demeure, doña Luz, vous qui êtes faite pour habiter de splendides palais, hélas ! c'est la plus magnifique de mes habitations.

— Près de la mère de celui qui m'a sauvé la vie, monsieur, répondit la jeune fille avec noblesse, je me trouve logée comme une reine, quel que soit le lieu qu'elle habite.

— Vous êtes mille fois trop bonne, madame, balbutia le chasseur, vous me rendez réellement confus.

— Eh bien, mon fils, interrompit la vieille dame, dans l'intention évidente de donner un autre tour à la conversation, qui commençait à devenir difficile pour les deux jeunes gens ; qu'avez-vous fait aujourd'hui ? Avez-vous de bonnes nouvelles à nous donner ? Doña Luz est on ne peut pas plus inquiète de son oncle, elle brûle de le revoir.

— Je comprends l'inquiétude de madame, répondit le chasseur, j'espère bientôt la calmer, nous n'avons pas fait grand'chose aujourd'hui, il nous a été impossible de retrouver la piste des bandits. C'est à se briser la tête de colère. Heureusement qu'à notre retour, à quelques pas de la grotte, nous avons rencontré le docteur qui, selon sa louable habitude, cherchait des herbes dans les fentes des rochers, il nous a dit avoir vu rôder un homme à mine suspecte aux environs, aussitôt nous nous sommes mis en chasse, en effet nous n'avons pas tardé à découvrir un individu dont nous nous sommes emparés et que nous amenons avec nous.

— Vous voyez, monsieur, dit dona Luz d'un petit air mutin, que c'est bon à quelque chose de chercher des herbes ! Ce cher docteur vous a, selon toute apparence, rendu un grand service.

— Sans le vouloir, fit en riant le Cœur Loyal.

— Je ne dis pas le contraire, reprit la jeune fille en badinant, mais il n'en existe pas moins, c'est aux herbes que vous le devez.

— La recherche des herbes a du bon, je dois en convenir, mais chaque chose a son temps, sans reproche, le docteur n'a pas su toujours aussi bien le choisir.

Malgré la gravité des faits auxquels ces paroles faisaient allusion, les assistants ne purent réprimer un sourire aux dépens du malencontreux savant.

— Allons, allons, dit dona Luz, je ne veux pas que l'on attaque mon pauvre docteur, il a été assez puni de son oubli par le profond chagrin qui le mine depuis ce jour néfaste.

— Vous avez raison, madame, je n'en parlerai plus ; maintenant je vous demande la permission de vous quitter, mes compagnons meurent littéralement de faim, les braves gens m'attendent pour prendre leur repas.

— Mais, demanda nô Eusébio, l'homme que vous avez arrêté, que voulez-vous en faire ?

— Je ne le sais pas encore, aussitôt après avoir mangé, je compte l'interroger, probablement ses réponses dicteront ma conduite à son égard.

Les chaudières furent retirées du feu, les quartiers de venaison coupés par tranches, les trappeurs et les Indiens s'assirent fraternellement auprès les uns des autres et mangèrent de bon appétit.

Les dames seules furent servies à part dans leur réduit, par nõ Eusébio qui remplissait les fonctions délicates de maître d'hôtel, avec un soin et un sérieux, dignes d'une scène plus convenable.

L'homme arrêté aux abords de la grotte, avait été placé sous la surveillance de deux solides trappeurs armés jusqu'aux dents, qui ne le quittaient pas de l'œil ; mais cet individu ne semblait nullement songer à s'échapper, il faisait au contraire vigoureusement honneur aux aliments, qu'on avait eu l'attention de déposer devant lui.

Dès que le repas fut terminé, les chefs se retirèrent à l'écart, causèrent entre eux à voix basse pendant quelques minutes.

Puis, sur l'ordre du Cœur Loyal, le prisonnier fut amené et l'on se prépara à procéder à son interrogatoire.

Cet homme que l'on avait à peine regardé jusque-là, fut immédiatement reconnu, dès qu'il se trouva en face des chefs, qui ne purent réprimer un geste de surprise.

— Le capitaine Ouaktehno! murmura le Cœur Loyal avec étonnement.

— Moi-même, messieurs, répondit le pirate avec une ironie hautaine, qu'avez-vous à me demander? me voici prêt à vous répondre.

IX

DIPLOMATIE.

C'était une audace inouïe de la part du capitaine, après ce qui s'était passé, de venir ainsi se livrer sans résistance possible, aux mains de gens qui n'hésiteraient pas à tirer de lui une éclatante vengeance.

Aussi les chasseurs étaient-ils épouvantés de la démarche du pirate, et commençaient-ils à soupçonner un piége, leur surprise augmentait à mesure qu'ils réfléchissaient à la gravité de la démarche tentée par le pirate.

Ils comprenaient parfaitement que s'ils l'avaient arrêté, c'est qu'il avait voulu se laisser prendre, qu'il avait probablement un intérêt puissant à agir ainsi, surtout après le soin qu'il avait mis à dérober sa piste à tous les yeux, et à trouver un repaire tellement impénétrable, que les Indiens eux-mêmes, ces fins limiers que rien ordinairement ne peut dévoyer, avaient renoncé à le chercher plus longtemps.

Que venait-il faire, au milieu de ses plus implacables ennemis? Quelle raison assez forte, avait pu l'engager à commettre l'imprudence de se livrer lui-même?

Voilà ce que se demandaient les trappeurs, en considérant avec cette curiosité et cet intérêt, qu[e] l'on est malgré soi, forcé d'accorder à l'homme intré[-]pide qui accomplit une action téméraire, quelle qu[e] soit d'ailleurs sa moralité.

— Monsieur, lui dit Le Cœur Loyal, au bout d'u[n] instant, puisque vous vous êtes remis entre no[s] mains, vous ne refuserez sans doute pas, de répondr[e] aux questions que nous jugerons convenable de vou[s] adresser.

Un sourire d'une expression indéfinissable, gliss[a] sur les lèvres pâles et minces du pirate.

— Non-seulement, répondit-il d'une voix calme e[t] parfaitement accentuée, je ne refuserai pas de vou[s] répondre, messieurs, mais encore, si vous le per[-]mettez, j'irai au-devant de vos questions en vou[s] disant moi-même spontanément tout ce qui s'es[t] passé, ce qui pour vous éclaircira, j'en suis sûr, bie[n] des faits qui sont restés obscurs et que vainemen[t] vous avez cherché à vous expliquer.

Un murmure de stupéfaction parcourut les rang[s] des trappeurs, qui peu à peu s'étaient rapproché[s] et écoutaient avec attention.

Cette scène prenait des proportions étranges, ell[e] promettait de devenir on ne peut plus intéressante.

Le Cœur Loyal réfléchit un instant, puis s'adres[-]sant au pirate :

— Faites, monsieur, dit-il, nous vous écoutons.

Le capitaine s'inclina, puis d'un accent railleur,

il commença son récit; lorsqu'il fut arrivé à la prise du camp, il continua ainsi :

— C'était bien joué, n'est-ce pas, messieurs? certes, vous ne devez avoir que des compliments à m'adresser, vous qui êtes passés maîtres en pareille matière; mais il est une chose que vous ignorez et que je vais vous dire : la prise des richesses du général mexicain n'était pour moi que d'une importance secondaire, j'avais un autre but, et ce but, je vais vous le faire connaître : Je voulais m'emparer de dona Luz. Depuis Mexico, je suivais pas à pas la caravane, j'avais corrompu leur guide chef, le Babillard, ancien affidé à moi; abandonnant à mes compagnons l'or et les bijoux, je n'exigeais que la jeune fille.

— Eh mais! vous avez manqué votre but, il me semble, interrompit Belhumeur, avec un sourire sardonique.

— Vous croyez? répondit l'autre avec un aplomb imperturbable, au fait, vous avez raison, j'ai pour cette fois manqué mon but, mais tout n'est pas dit encore, et peut-être n'échouerai-je pas toujours.

— Vous parlez ici au milieu des cent cinquante meilleurs rifles de la prairie, de ce projet odieux, avec autant de confiance, que si vous étiez en sûreté au milieu de vos bandits, caché au fond de l'un de vos repaires les plus ignorés, capitaine; ceci est une grande imprudence, ou bien une outrecuidance rare, dit sévèrement le Cœur Loyal.

— Bah ! le péril n'est pas aussi grand pour moi, que vous voulez me le faire croire ; vous savez que je ne suis pas un homme facile à intimider, ainsi trêve de menaces, et raisonnons, s'il vous plaît, comme des hommes sérieux.

— Nous tous, chasseurs, trappeurs et guerriers indiens, réunis dans cette grotte, nous sommes en droit, agissant au nom de notre sûreté commune, de vous appliquer la loi des frontières, œil pour œil, dent pour dent, comme atteint et convaincu, même par vos propres aveux, de vol, de meurtre et de tentative de rapt ; cette loi nous allons vous l'appliquer immédiatement. Qu'avez-vous à dire pour votre défense ?

— Chaque chose a son temps, Cœur Loyal, bientôt nous nous occuperons de ceci, mais d'abord terminons, je vous prie, ce que j'avais à vous dire ; soyez tranquille, ce ne sont que quelques minutes de retard, moi-même je reviendrai à cette question que vous paraissez avoir tant à cœur de vider, en vous installant de votre autorité privée, juge dans ce désert.

— Cette loi est aussi ancienne que le monde, elle émane de Dieu lui-même ; c'est un devoir pour tous les honnêtes gens, de courir sus à une bête fauve, lorsqu'elle se rencontre sur leur passage.

— Cette comparaison n'est pas flatteuse, répondit le pirate sans s'émouvoir, mais je ne suis point susceptible, je ne m'en formaliserai pas ; voulez-vous une fois pour toutes me laisser parler ?

— Parlez donc et que cela finisse.

— C'est justement ce que je demande, écoutez-moi donc. Dans ce monde, chacun comprend la vie à sa façon, les uns largement, les autres d'une manière étroite ; moi, mon rêve est de me retirer dans quelques années d'ici, au fond de l'une de nos belles provinces mexicaines avec une modeste aisance, vous voyez que je ne suis pas ambitieux. Il y a quelques mois, à la suite de plusieurs affaires assez lucratives que j'avais heureusement terminées dans les prairies, par mon courage et mon adresse, je me trouvai à la tête d'une somme assez ronde, que suivant mon habitude je me résolus de placer, afin de me procurer plus tard la modeste aisance dont je vous ai parlé. Je me rendis à Mexico, pour remettre mes fonds à un honorable banquier français établi dans cette ville, qui me les fait valoir, et que je vous recommande dans l'occasion.

— Que nous importe ce verbiage? interrompit avec violence le Cœur Loyal, vous moquez-vous de nous, capitaine?

— Pas le moins du monde, je continue. A Mexico, le hasard me permit de rendre à dona Luz, un service assez important.

— Vous! fit le Cœur Loyal avec colère.

— Pourquoi pas? reprit l'autre; du reste, l'affaire est bien simple, je la délivrai des mains de quatre bandits en train de la dévaliser consciencieusement, je la vis et j'en devins éperdument amoureux.

— Monsieur! monsieur! fit le chasseur en rougissant de dépit, ceci passe les bornes. Dona Luz est une jeune fille dont on ne doit parler qu'avec le plus profond respect, je ne souffrirai pas qu'on l'insulte devant moi.

— Nous sommes absolument du même avis, reprit l'autre en goguenardant, mais il n'en est pas moins vrai que j'en devins amoureux, je pris adroitement des renseignements, j'appris qui elle était, le voyage qu'elle devait faire, et, jusqu'à l'époque de son départ, je jouai de bonheur, comme vous voyez; alors mon plan fut fait, plan qui, comme vous le disiez fort bien tout à l'heure, a complétement échoué, mais auquel pourtant je ne renonce pas encore.

— Nous tâcherons d'y mettre bon ordre.

— Et vous ferez bien, si vous le pouvez.

— Cette fois vous avez fini, j'imagine.

— Pas encore, s'il vous plaît, mais à présent pour ce qui me reste à dire, la présence de dona Luz est indispensable, c'est d'elle seule que dépend la réussite de ma mission auprès de vous.

— Je ne vous comprends pas.

— Il est inutile que vous me compreniez en ce moment, mais rassurez-vous, Cœur Loyal, vous aurez bientôt le mot de l'énigme.

Pendant cette longue discussion, le pirate n'avait pas un instant perdu cette tranquillité d'esprit, cette physionomie narquoise, cet accent railleur et cette liberté de manières, qui confondaient les chasseurs.

Il ressemblait bien plutôt à un gentilhomme en visite chez des voisins de campagne, qu'à un prisonnier sur le point d'être fusillé, il ne semblait pas se soucier le moins du monde du péril qu'il courait; dès qu'il eut fini de parler, tandis que les trappeurs se consultaient à voix basse, il s'occupa à tordre une cigarette de maïs, qu'il alluma et fuma tranquillement.

— Doña Luz, reprit le Cœur Loyal avec une impatience mal déguisée, n'a rien à voir dans ces débats, sa présence n'est pas nécessaire.

— Vous vous trompez du tout au tout, cher monsieur, répondit imperturbablement le pirate, en lâchant une bouffée de fumée, elle est indispensable, voici pourquoi : vous comprenez parfaitement, n'est-ce pas? que je suis un trop fin renard, pour me livrer comme cela entre vos mains de gaieté de cœur, si je n'avais pas derrière moi quelqu'un dont la vie réponde de la mienne : ce quelqu'un est l'oncle de la jeune fille ; si je ne suis pas à minuit dans mon repaire, ainsi que vous me faites l'honneur de le nommer, au milieu de mes braves compagnons, à minuit dix minutes précis, l'honorable gentilhomme sera fusillé sans rémission.

Un frémissement de colère parcourut les rangs des chasseurs.

— Je sais fort bien, continua le pirate, que vous personnellement, vous vous souciez très-médiocrement de la vie du digne général, et que vous la sacrifieriez généreusement, en échange de la mienne; mais heureusement pour moi, dona Luz, j'en suis convaincu, n'est pas de votre avis, et attache un grand prix à l'existence de son oncle ; soyez donc assez bon pour la prier de venir, afin qu'elle puisse entendre la proposition que j'ai à lui faire, le temps se passe, la route est longue d'ici à mon campement, si j'arrivais trop tard, vous seuls seriez responsables des malheurs que causerait ce retard involontaire.

— Me voici, monsieur, dit en se présentant dona Luz, qui cachée au milieu de la foule avait entendu tout ce qui s'était dit.

Le pirate jeta sa cigarette à demi-consumée, s'inclina avec courtoisie devant la jeune fille et la salua avec respect.

— Je suis heureux, madame, lui dit-il, de l'honneur que vous daignez me faire.

— Trêve de compliments ironiques, monsieur, je vous écoute, qu'avez-vous à me dire?

— Vous me jugez mal, madame, répondit le pirate, mais j'ai l'espoir de me réhabiliter plus tard à vos yeux. Ne me reconnaissez-vous donc pas? je croyais avoir laissé dans votre esprit, un meilleur souvenir.

— Il est possible, monsieur, que j'aie gardé pendant un certain temps un bon souvenir de vous, répondit avec émotion la jeune fille, mais après ce qui s'est passé il y a quelques jours, je ne puis plus voir en vous qu'un malfaiteur.

— Le mot est rude, madame.

— Pardonnez-le, je vous prie, monsieur, s'il peut vous blesser, mais je ne suis pas encore complétement remise des terreurs que vous m'avez causées, terreurs que votre démarche d'aujourd'hui redouble encore au lieu de les diminuer ; veuillez donc sans plus tarder, me faire connaître vos intentions.

— Je suis désespéré d'être aussi mal compris de vous, madame, n'attribuez, je vous en supplie, tout ce qui est arrivé, qu'à la violence de la passion que j'éprouve et croyez...

— Monsieur, vous m'insultez ! interrompit la jeune fille en se redressant avec hauteur ; que peut-il y avoir de commun entre moi, et un chef de bandits ?

A cette sanglante insulte, une rougeur fébrile envahit le visage du pirate, il mordit sa moustache avec colère, mais faisant un effort sur lui-même, il refoula au fond de son cœur les sentiments qui l'agitaient et répondit d'une voix calme et respectueuse :

— Soit, madame, accablez-moi, je l'ai mérité.

— Est-ce donc pour me débiter ces lieux communs, que vous avez exigé ma présence, monsieur ? en ce cas vous trouverez bon que je me retire ; une fille de mon rang n'est pas habituée à de telles manières, ni à prêter l'oreille à de tels discours.

Elle fit un mouvement pour rejoindre la mère du Cœur Loyal, qui de son côté s'avança vers elle.

— Un instant, madame, s'écria le pirate avec violence, puisque vous méprisez mes prières, écoutez mes ordres !

— Vos ordres ! rugit le chasseur en bondissant jusqu'à lui, avez-vous oublié où vous êtes, misérable ?

— Allons ! trêve de menaces, mes maîtres ! reprit le pirate d'une voix éclatante, en croisant les bras sur sa poitrine, redressant la tête et lançant un regard de suprême dédain aux assistants, vous savez bien que vous ne pouvez rien contre moi, que pas un cheveu ne tombera de ma tête.

— C'en est trop ! s'écria le chasseur.

— Arrêtez, Cœur Loyal, dit dona Luz, en se plaçant devant lui, cet homme est indigne de votre colère, je le préfère ainsi, il est bien dans son rôle de bandit, au moins il a jeté le masque !

— Oui, j'ai jeté le masque ! s'écria le pirate avec rage, écoutez-moi donc, folle jeune fille, dans trois jours, je reviendrai, vous voyez que je suis bon, ajouta-t-il avec un sourire sinistre, je vous donne le temps de réfléchir ; si alors vous ne consentez pas à me suivre, votre oncle sera livré à la plus atroce torture, comme dernier souvenir de moi, je vous enverrai sa tête.

— Monstre !... s'écria la jeune fille avec désespoir.

— Allons donc ! dit-il en haussant les épaules avec un ricanement de démon, chacun fait l'amour à sa façon, j'ai juré que vous seriez ma femme.

Mais la jeune fille ne pouvait plus l'entendre; vaincue par la douleur, elle était tombée sans connaissance, entre les bras de la mère du chasseur et de nô Eusébio, qui s'étaient hâtés de l'emporter.

— Assez! fit avec un accent terrible le Cœur Loyal, en lui posant la main sur l'épaule, remerciez Dieu qui permet que vous sortiez sain et sauf de nos mains!

— Dans trois jours à la même heure vous me reverrez, mes maîtres, dit-il avec dédain.

— D'ici là, la chance peut tourner, fit Belhumeur.

Le pirate ne répondit que par un ricanement, puis il sortit de la caverne, en haussant les épaules, d'un pas aussi ferme et aussi tranquille que si rien ne s'était passé d'extraordinaire, sans même daigner se retourner, tant il était certain de l'émotion profonde qu'il avait causée, de l'effet qu'il avait produit.

A peine avait-il disparu que, par les autres issues de la grotte, Belhumeur, l'Élan noir et la Tête d'Aigle, se lançaient sur sa piste.

Le Cœur Loyal demeura un instant pensif, puis il alla, le visage pâle et le front soucieux, s'informer de l'état dans lequel se trouvait dona Luz.

X

AMOUR.

Doña Luz et le Cœur Loyal étaient vis-à-vis l'un de l'autre, dans une position singulière.

Jeunes tous deux, beaux tous deux, ils s'aimaient sans oser se l'avouer, presque sans s'en douter.

Tous deux, bien que leur vie se fût passée dans des conditions diamétralement opposées, possédaient une égale fraîcheur de sentiments, une égale naïveté de cœur.

L'enfance de la jeune fille s'était écoulée pâle et décolorée, au milieu de pratiques religieuses outrées, dans ce pays où la religion du Christ est plutôt un paganisme, que la foi pure, noble et simple de nos contrées.

Jamais elle n'avait senti battre son cœur. Elle ignorait l'amour, comme elle ignorait la douleur.

Vivant ainsi que les oiseaux du ciel, oubliant la veille, ne songeant pas au lendemain.

Le voyage qu'elle avait entrepris avait complétement changé son existence.

A la vue des immenses horizons, qui se déroulaient devant elle dans la prairie, des majestueuses rivières qu'elle traversait, des superbes montagnes qu'il lui fallait côtoyer souvent, et dont la cime chenue semblait toucher le ciel, ses idées s'étaient agrandies, un bandeau était pour ainsi dire tombé de ses yeux, elle avait compris que Dieu l'avait créée pour autre chose, que pour traîner dans un couvent une existence inutile.

L'apparition du Cœur Loyal, dans les circonstances exceptionnelles où il s'était présenté à elle, avait séduit son esprit ouvert à toutes les sensations, prêt à garder toutes les impressions fortes qu'il recevrait.

En présence de la nature d'élite du chasseur, de cet homme au costume sauvage, mais au visage mâle, aux traits altiers et à la démarche noble, elle s'était sentie émue malgré elle.

C'est qu'à son insu, par la force des sympathies cachées qui existent entre tous les êtres dans la grande famille humaine, son cœur avait rencontré le cœur qu'il cherchait.

Délicate et frêle, elle avait besoin de cet homme énergique, au regard fascinateur, au courage de lion, à la volonté de fer, pour la soutenir dans la vie et la sauvegarder de sa toute puissante protection.

Aussi s'était-elle, dès le premier moment, laissée aller avec un sentiment de bonheur indéfinissable, à la pente qui l'entraînait vers le Cœur Loyal, et l'amour s'était installé en maître dans son âme, avant qu'elle s'en aperçût et songeât seulement à résister.

Les derniers événements avaient réveillé avec une force inouïe cette passion qui dormait au fond de son cœur. A présent qu'elle était près de lui, qu'elle entendait à chaque instant son éloge sortir de la bouche de sa mère et de celle de ses compagnons, elle en était arrivée à considérer son amour comme faisant partie de son existence, elle ne comprenait pas qu'elle eût vécu si longtemps sans aimer cet homme, qu'il lui semblait connaître depuis sa naissance.

Elle ne vivait plus que pour lui et par lui, heureuse d'un regard ou d'un sourire, joyeuse quand elle le voyait, triste quand il restait longtemps éloigné d'elle.

Le Cœur Loyal était arrivé au même résultat, par une route toute différente.

Élevé pour ainsi dire dans les prairies, face à face avec la Divinité qu'il s'était habitué à adorer dans les œuvres grandioses qu'il avait sans cesse devant les yeux, les sublimes spectacles de la nature, les luttes incessantes qu'il avait à soutenir, soit contre les Indiens, soit contre les bêtes fauves, l'avaient développé au moral et au physique dans des proportions immenses. De même que, par sa force musculaire et son adresse à se servir de ses armes, il brisait tous les obstacles qu'on voulait lui opposer, par la grandeur de ses idées et la délicatesse de ses sentiments, il était apte à comprendre toutes choses. Rien de ce qui était bon et de ce qui était grand ne lui était inconnu. Comme cela arrive toujours pour les organisations d'élite aux prises de bonne heure avec l'adversité, et livrées sans autres défenseurs qu'elles-mêmes, aux terribles hasards de la vie, son âme s'était développée dans des proportions gigantesques, tout en restant d'une naïveté étrange, pour certaines sensations qui lui étaient et devaient lui rester éternellement inconnues, à cause de son genre d'existence, à moins d'un hasard providentiel.

Les besoins journaliers de la vie agitée et précaire qu'il menait, avaient étouffé en lui le germe des passions, ses habitudes solitaires l'avaient à son insu rapproché de la vie contemplative.

Ne connaissant pas d'autres femmes que sa mère, car les Indiennes par leurs mœurs, ne lui avaient jamais inspiré que du dégoût, il était arrivé à trente-six ans, sans songer à l'amour, sans savoir ce que c'est, et qui plus est, sans avoir jamais entendu prononcer ce mot qui renferme tant de choses en cinq lettres et qui, dans le monde, est la source de tant de dévouements sublimes et de tant de crimes horribles.

Après une longue journée de chasse à travers les bois et les ravins, ou bien après avoir pendant quinze ou seize heures trappé des castors, lorsque le soir ils se trouvaient réunis dans la prairie auprès de leur feu de bivouac, les conversations du Cœur Loyal et de son ami Belhumeur, aussi ignorant que lui sur cette matière, ne pouvaient rouler que sur les événements du jour.

Les semaines, les mois, les années se passaient sans amener de changement dans son existence, à part une inquiétude vague, sans cause connue, qui le minait sourdement et dont il ne pouvait se rendre compte.

C'est que la nature a des droits imprescriptibles et que tout homme doit s'y soumettre, n'importe dans quelle condition il se trouve.

Aussi, lorsque le hasard le mit en présence de dona Luz, par le même sentiment de sympathie instinctive et irrésistible qui agissait sur la jeune fille, son cœur vola-t-il vers elle.

Le chasseur étonné de cet intérêt subit qu'il ressentait pour une étrangère, que selon toutes probabilités il ne devait jamais revoir, lui en voulut presque de ce sentiment qui se révélait en lui, et mit dans ses rapports avec elle, une âpreté qui n'était pas dans son caractère.

Comme tous les esprits altiers, qui ont continuellement vu tout courber sans résistance devant eux, il se sentait froissé d'être dominé par une jeune fille, de subir une influence, à laquelle il ne pouvait déjà plus se soustraire.

Mais lorsque, après l'incendie de la prairie il quitta le camp des Mexicains, malgré la précipitation de son départ, il emporta le souvenir de l'étrangère avec lui.

Ce souvenir grandit par l'absence.

Toujours il croyait entendre résonner à son oreille les notes suaves et mélodieuses de la voix de la jeune fille, quelqu'effort qu'il fît pour oublier; dans la veille et dans le sommeil elle était toujours là, lui souriant, fixant sur lui son regard enchanteur.

La lutte fut vive. Le Cœur Loyal, malgré la passion qui le dévorait, savait quelle distance infranchissable le séparait de dona Luz, combien cet amour était insensé, irréalisable. Toutes les objections qu'il est possible de se faire en pareil cas, il se les fit pour se prouver qu'il était un fou.

Puis, lorsqu'il eut réussi à se convaincre qu'un abîme le séparait de celle qu'il aimait, vaincu par la lutte terrible qu'il avait engagée avec lui-même, soutenu peut-être par cet espoir qui n'abandonne jamais les hommes énergiques, loin de reconnaître franchement sa défaite et de se laisser aller à cette passion qui faisait désormais sa seule joie, son seul bonheur, il continua sourdement à lutter contre elle, tout en se prenant en pitié à cause des mille petites lâchetés que son amour lui faisait continuellement commettre.

Il évitait avec une obstination, qui aurait pu paraître choquante à la jeune fille, de se rencontrer avec elle; lorsque le hasard les forçait de se trouver ensemble, il devenait taciturne, maussade, ne répondait qu'avec difficulté aux questions qu'elle lui adressait et avec cette maladresse habituelle aux amoureux peu aguerris, il saisissait le premier prétexte venu pour la quitter

La jeune fille le suivait tristement du regard, soupirait tout bas, parfois une perle liquide roulait silencieuse sur ses joues rosées, en voyant ce départ qu'elle prenait pour de l'indifférence, et qui était de l'amour.

Mais pendant les quelques jours qui s'étaient écoulés depuis la prise du camp, les jeunes gens avaient fait bien du chemin sans s'en douter, d'autant plus que la mère du Cœur Loyal, avec cette seconde vue dont sont douées les mères vraiment dignes de ce titre, avait deviné la passion, les combats de son fils et s'était faite la confidente secrète de cet amour, l'aidant à leur insu et le protégeant de tout son pouvoir, tandis que chacun des amoureux était persuadé, que son secret était enfoui au plus profond de son âme.

Voici où en étaient les choses, deux jours après la proposition faite par le capitaine à doña Luz.

Le Cœur Loyal semblait plus triste et plus préoccupé qu'à l'ordinaire, il marchait à grands pas dans la grotte, en donnant des marques d'une vive impatience, par intervalles il lançait des regards inquiets autour de lui.

Enfin il s'appuya contre une des parois de la grotte, baissa la tête sur sa poitrine et resta plongé dans une profonde méditation.

Il était ainsi depuis un temps assez long, quand une voix douce murmura à son oreille :

— Qu'avez-vous donc, mon fils ? pourquoi cette tristesse qui voile vos traits ? auriez-vous de mauvaises nouvelles ?

Le Cœur Loyal releva la tête comme un homme réveillé en sursaut.

Sa mère et dona Luz étaient debout devant lui, les bras entrelacés, appuyées l'une sur l'autre.

Il jeta sur elles un regard mélancolique et répondit avec un soupir étouffé :

— Hélas ! ma mère, demain est le dernier jour ! je n'ai encore rien pu imaginer pour sauver dona Luz et lui rendre son oncle.

Les deux femmes tressaillirent.

— Demain ! murmura dona Luz, c'est vrai, c'est demain que cet homme doit venir.

— Que ferez-vous, mon fils ?

— Le sais-je, ma mère ? répondit-il avec une impatience fébrile ; oh ! cet homme est plus fort que moi ! il a déjoué tous mes plans ! Jusqu'à présent il nous a été impossible de savoir où il s'est retiré, toutes nos recherches ont été inutiles.

— Cœur Loyal, lui dit doucement la jeune fille, m'abandonnerez-vous donc à la merci de ce bandit ? Pourquoi m'avez-vous sauvée alors ?

— Oh ! fit le jeune homme, ce reproche me tue !

— Je ne vous adresse pas de reproche, Cœur Loyal, dit-elle vivement, mais je suis bien malheureuse. Si je reste, je cause la mort du seul parent que j'ai au monde, si je pars, je suis déshonorée.

— Oh! ne pouvoir rien faire! s'écria-t-il avec exaltation, vous voir pleurer, vous savoir malheureuse et ne pouvoir rien faire! Oh! ajouta-t-il, pour vous éviter une inquiétude je sacrifierais ma vie avec joie! Dieu seul sait ce que je souffre de mon impuissance.

— Espérez, mon fils! dit la vieille dame avec un accent convaincu, Dieu est bon, il ne vous abandonnera pas!

— Espérer! que me dites-vous là, ma mère? Depuis deux jours, mes amis et moi nous avons tenté l'impossible sans aucun résultat. Espérer! et dans quelques heures ce misérable viendra réclamer la proie qu'il convoite! Plutôt mourir, que de voir s'accomplir un tel forfait!

Dona Luz jeta sur lui un regard d'une expression étrange, un sourire mélancolique plissa le coin de ses lèvres, et lui posant doucement sa main délicate et mignonne sur l'épaule :

— Cœur Loyal, lui dit-elle de sa voix mélodieuse et pénétrante, m'aimez-vous?

Le jeune homme tressaillit, un frisson parcourut ses membres.

— Pourquoi cette question? lui dit-il d'une voix tremblante.

— Répondez-moi, reprit-elle, sans hésiter comme

je vous interroge, l'heure est solennelle, j'ai une grâce à vous demander.

— Oh! parlez, madame, vous savez que je n'ai rien à vous refuser!

— Répondez-moi, reprit-elle toute frémissante, m'aimez-vous?

— Si c'est vous aimer, madame, que de désirer sacrifier sa vie pour vous, si c'est vous aimer, que de souffrir le martyre en voyant couler une de vos larmes que je voudrais racheter de tout mon sang, si c'est vous aimer, que d'avoir le courage de vous laisser accomplir le sacrifice que l'on exigera demain pour sauver votre oncle, oh! oui, madame, je vous aime de toute mon âme! Ainsi, parlez sans crainte, quoi que vous me demandiez, je le ferai avec joie!

— Bien, mon ami, dit-elle, je compte sur votre parole, demain je vous la rappellerai quand cet homme se présentera; mais d'abord il faut que mon oncle soit sauvé, dussé-je sacrifier ma vie. Hélas! il m'a servi de père, il m'aime comme sa fille, c'est à cause de moi qu'il est tombé entre les mains des bandits. Oh! jurez-moi, Cœur Loyal, que vous le délivrerez, ajouta-t-elle avec une expression d'angoisse impossible à rendre.

Le Cœur Loyal allait répondre lorsque Belhumeur et l'Élan noir entrèrent dans la grotte.

— Enfin! s'écria-t-il en s'élançant vers eux.

Les trois hommes causèrent quelques instants à

voix basse, puis le chasseur revint en toute hâte vers les deux femmes.

Son visage rayonnait.

— Vous avez raison, ma mère, s'écria-t-il d'une voix vibrante, Dieu est bon, il n'abandonne pas ceux qui placent leur confiance en lui. Maintenant c'est moi qui vous dis : espérez, doña Luz, bientôt je vous rendrai votre oncle !

— Oh ! fit-elle avec joie, serait-il possible ?

— Espérez, vous dis-je ! Adieu, ma mère ! priez Dieu pour qu'il me seconde, je vais avoir plus que jamais besoin de son secours !

Sans en dire davantage, le jeune homme se précipita au dehors de la grotte, suivi de la plus grande partie de ses compagnons.

— Qu'a-t-il donc voulu dire ? murmura doña Luz avec anxiété

— Venez, ma fille, répondit la vieille dame avec tristesse, allons prier pour lui !

Elle l'entraîna doucement vers le réduit qu'elles habitaient.

Il ne restait dans la grotte, qu'une dizaine d'hommes chargés de la défense des deux femmes.

XI

LES PRISONNIERS.

Lorsque les Peaux Rouges et les chasseurs avaient envahi le camp des Mexicains, les pirates, d'après les ordres de leur chef, s'étaient disséminés dans toutes les directions, afin d'échapper plus facilement aux recherches de leurs ennemis.

Le capitaine et les quatre hommes qui portaient le général et son nègre, tous deux liés et bâillonnés, avaient descendu la pente des rochers, au risque de se briser mille fois en tombant dans les précipices qui s'ouvraient sous leurs pieds.

Arrivés à une certaine distance, rassurés par le silence qui régnait autour d'eux et plus encore par les difficultés inouïes qu'ils avaient vaincues afin d'atteindre le lieu où ils se trouvaient, ils s'arrêtèrent pour reprendre haleine.

Une obscurité profonde les enveloppait, au-dessus de leur tête ils apercevaient, à une hauteur énorme, scintiller comme de pâles étoiles, les torches portées par les chasseurs qui les poursuivaient, mais qui n'avaient garde de se hasarder dans le chemin qu'ils avaient pris.

— Bonne chance, dit le capitaine ; allons, enfants, nous pouvons nous reposer quelques instants, nous n'avons, quant à présent, rien à craindre ; placez vos prisonniers ici, que deux de vous se détachent pour aller reconnaître les environs.

Ses ordres furent exécutés, quelques minutes plus tard les deux bandits revinrent anonncer qu'ils avaient découvert une excavation qui provisoirement pouvait leur offrir un abri.

— Diable ! fit le capitaine, il faut nous y rendre.

Prêchant d'exemple il se mit en marche, les autres le suivirent.

Ils arrivèrent bientôt à un enfoncement qui paraissait assez spacieux et qui se trouvait à quelques toises plus bas que l'endroit où ils s'étaient arrêtés d'abord.

Lorsqu'ils furent cachés sous cet abri, le premier soin du capitaine fut d'en boucher hermétiquement l'entrée avec une couverture, ce qui n'était pas difficile, cette entrée était assez étroite, les bandits avaient été obligés de se courber pour y pénétrer.

— Là, dit le capitaine, nous voici chez nous, de cette façon nous ne craignons pas les indiscrets.

Tirant un briquet de sa poche, il alluma une torche de bois-chandelle, dont, avec cette prévision qui n'abandonne jamais les gens de cette espèce, même dans les circonstances les plus critiques, il avait eu le soin de se munir.

Dès qu'ils purent distinguer les objets, les bandits poussèrent un cri de joie.

Ce que, dans l'obscurité, ils avaient pris pour une simple excavation, était une grotte naturelle, comme on en rencontre tant dans ces contrées.

— Eh! eh! dit le capitaine en ricanant, voyons donc un peu où nous sommes; restez là, vous autres, surveillez avec soin les prisonniers, je vais reconnaître notre nouveau domaine.

Après avoir allumé une seconde torche, il explora la grotte.

Elle s'enfonçait sous la montagne par une descente en pente douce; partout les parois en étaient élevées, parfois elles s'élargissaient assez pour former des espèces de salles.

Par des fentes imperceptibles elle devait recevoir l'air extérieur, car la lumière y brûlait facilement et le capitaine y respirait, sans oppression de poitrine.

Plus le pirate avançait dans ses recherches, plus l'air devenait vif, ce qui lui faisait supposer qu'il approchait d'une entrée quelconque.

Il marchait déjà depuis plus de vingt minutes, lorsqu'une bouffée de vent qui lui fouetta le visage, fit vaciller la flamme de sa torche.

— Hum! murmura-t-il, voilà une sortie, soyons prudent, éteignons les lumières, nous ne savons pas qui nous pouvons rencontrer au dehors.

Il écrasa sa torche sous ses pieds, resta quelques

instants immobile, pour donner à ses yeux le temps de s'habituer à l'obscurité.

C'était un homme prudent et sachant à fond son métier de bandit que le capitaine; si le plan qu'il avait formé pour l'attaque du camp avait échoué, il avait fallu pour cela un concours de circonstances fortuites impossibles à prévoir.

Aussi, après le premier moment de mauvaise humeur causée par l'échec qu'il avait reçu, il avait bravement pris son parti, se réservant *in petto* de prendre sa revanche dès que l'occasion s'en présenterait.

Du reste, la fortune semblait vouloir lui sourire de nouveau, en lui offrant juste au moment où il en avait le plus pressant besoin, un abri presque introuvable.

Ce fut donc avec un mouvement de joie et d'espoir indicible, qu'il attendit que ses yeux fussent assez habitués à l'obscurité pour lui permettre de distinguer les objets, et savoir s'il allait réellement trouver une sortie, qui le rendrait maître d'une position presque inexpugnable.

Son attente ne fut pas trompée.

Dès que l'éblouissement causé par la flamme de la torche fut dissipé, il aperçut à une assez grande distance devant lui une faible lueur.

Il marcha résolument en avant, au bout de quelques minutes il arriva à la sortie tant désirée.

Décidément la fortune se déclarait de nouveau pour lui.

La sortie de la grotte donnait sur le bord d'une petite rivière, dont l'eau venait mourir auprès du souterrain, de façon que les bandits pouvaient, en se jetant à la nage ou en construisant un radeau, entrer et sortir sans laisser de traces, et déjouer ainsi toutes les recherches.

Le capitaine connaissait trop bien les prairies de l'ouest, dans lesquelles il exerçait depuis près de dix ans déjà son honorable et lucrative profession, pour ne pas s'orienter facilement et savoir en un instant où il se trouvait.

Il reconnut que cette rivière coulait à une distance assez grande du camp des Mexicains, dont ses méandres sans nombre tendaient encore à l'éloigner. Il poussa un soupir de satisfaction; quand il eut bien reconnu les lieux, ne craignant plus d'être découvert et tranquille désormais sur sa position, il ralluma la torche et revint sur ses pas.

Ses compagnons, à l'exception d'un seul qui veillait sur les prisonniers, dormaient profondément.

Le capitaine les éveilla.

— Alerte! leur dit-il, il ne s'agit pas de dormir, nous avons autre chose à faire.

Les bandits se levèrent de mauvaise grâce, en se frottant les yeux et en bâillant à se démettre la mâchoire.

Le capitaine leur fit d'abord boucher solidement le trou qui leur avait livré passage, puis il leur ordonna de le suivre avec les prisonniers, auxquels on avait délié les jambes, afin qu'ils pussent marcher.

Ils s'arrêtèrent dans une des nombreuses salles que le capitaine avait trouvées sur sa route, un homme fut désigné pour garder les prisonniers qui furent laissés en ce lieu, et le capitaine continua avec les trois autres bandits, à s'enfoncer dans la grotte.

— Vous voyez, leur dit-il en leur montrant la sortie, qu'à quelque chose malheur est bon, puisque le hasard nous a fait découvrir un refuge, où nul ne viendra nous chercher. Vous, Franck, partez de suite pour le rendez-vous que j'avais assigné à vos camarades, vous les conduirez ici, ainsi que tous ceux des nôtres qui ne faisaient pas partie de l'expédition. Quant à vous, Antonio, il faut que vous nous procuriez des vivres ; allez tous deux. Il est inutile de vous dire que j'attends votre retour avec impatience.

Les deux bandits plongèrent sans répliquer dans la rivière et disparurent.

Se tournant alors vers celui qui restait :

— Quant à nous, Gonzalez, lui dit-il, occuponsnous à ramasser du bois pour faire du feu, et des feuilles pour faire des lits ; allons, à l'œuvre ! à l'œuvre !

Une heure plus tard, un feu clair pétillait dans la grotte et sur de moëlleux lits de feuilles sèches, les bandits dormaient d'un profond sommeil.

Au lever du soleil le reste de la troupe arriva.

Ils étaient encore trente !

Le digne chef sentit son cœur se dilater de joie, à la vue de la riche collection de coquins, dont il pouvait encore disposer. Avec eux il ne désespéra pas de rétablir ses affaires et de prendre bientôt une éclatante revanche.

Après un copieux déjeuner composé de venaison largement arrosée de mezcal, le capitaine songea enfin à s'occuper de ses prisonniers.

Il se rendit à la salle qui leur servait de cachot.

Depuis qu'il était tombé aux mains des bandits, le général était resté silencieux, insensible en apparence aux mauvais traitements auxquels il était en butte.

Les blessures qu'il avait reçues complétement négligées, s'étaient envenimées, elles le faisaient horriblement souffrir, mais il ne proférait pas une plainte.

Un chagrin cuisant le minait depuis qu'il était prisonnier, il voyait renversé, sans espérance de pouvoir le remettre un jour à exécution, le projet qui l'avait amené dans les prairies.

Tous ses compagnons étaient morts, lui-même ne savait quel sort l'attendait.

La seule chose qui apportait une légère consolation à ses peines, c'était la certitude que sa nièce avait réussi à s'échapper.

22.

Mais qu'était-elle devenue dans ce désert, où l'on ne rencontre que des bêtes fauves ou des Indiens plus féroces qu'elles? Comment cette jeune fille, habituée à toutes les aises de la vie, supporterait-elle les hasards de cette existence de privations?

Cette idée redoublait encore ses souffrances.

Le capitaine fut effrayé de l'état dans lequel il le trouva.

— Allons, général, lui dit-il, du courage, que diable! La chance change souvent, j'en sais quelque chose, moi! *Caraï*, il ne faut pas se désespérer, personne ne peut prévoir ce que demain lui réserve! Donnez-moi votre parole d'honneur de ne pas chercher à vous échapper, je vous rends immédiatement la liberté de vos membres.

— Je ne puis vous donner cette parole, répondit le général avec fermeté, je ferais un faux serment; je vous jure au contraire de chercher à fuir par tous les moyens possibles.

— Bravo! bien répondu, dit en riant le pirate, à votre place je répondrais de même; seulement, je crois qu'en ce moment avec la meilleure volonté, il vous serait impossible de faire un pas; aussi, malgré ce que vous venez de me dire, je vais vous donner la liberté ainsi qu'à votre domestique, vous en ferez ce que vous pourrez, liberté de vos membres seulement, bien entendu.

D'un revers de son machete, il coupa les cordes

qui liaient les bras du général, puis il rendit le même service au nègre Jupiter.

Celui-ci, dès qu'il fut libre de ses mouvements, commença à sauter et à rire en montrant deux rangées de dents formidables et d'une éblouissante blancheur.

— Allons, soyez sage, moricaud, lui dit le pirate, restez tranquille ici, si vous ne voulez pas recevoir une balle dans la tête.

— Je ne partirai pas sans mon maître, répondit Jupiter en roulant ses gros yeux effarés.

— C'est cela ! reprit le pirate en ricanant, voilà qui est convenu, ce dévouement vous fait honneur, moricaud.

Revenant alors au général, le capitaine bassina ses plaies avec de l'eau fraîche, le pansa avec soin ; puis, après avoir fait placer devant les prisonniers des vivres, auxquels le nègre seul fit honneur, le pirate se retira.

Vers le milieu de la journée, le capitaine réunit autour de lui les principaux de la bande.

— *Caballeros*, leur dit-il, nous ne pouvons pas le nier, nous avons perdu la première partie, les prisonniers que nous avons faits sont loin de rembourser nos frais, nous ne devons point rester sous le coup d'un échec, qui nous déshonore et nous rend ridicules. Je vais entamer une seconde partie ; cette fois, si je ne la gagne pas, j'aurai du malheur ; pendant mon absence, surveillez bien les prisonniers.

Faites attention à la dernière recommandation que je vous fais : si demain à minuit je ne suis pas de retour sain et sauf au milieu de vous, à minuit et quart, vous fusillerez les deux prisonniers sans rémission ; vous m'avez bien compris, n'est-ce pas? sans rémission.

— Soyez tranquille, capitaine, répondit Franck au nom de ses camarades, vous pouvez partir, vos ordres seront exécutés.

— J'y compte, mais surtout ne les fusillez ni une minute plus tôt ni une minute plus tard.

— A l'heure juste.

— C'est convenu, allons adieu, ne vous impatientez pas trop de ne pas me voir.

Sur ce, le capitaine quitta la grotte pour se rendre auprès du Cœur Loyal.

Nous avons vu ce que le bandit était allé faire auprès du trappeur.

XII

RUSE DE GUERRE.

Après son étrange proposition aux chasseurs, le chef des pirates avait repris en toute hâte, le chemin de son repaire.

Mais il était trop habitué à la vie des prairies pour ne pas se douter que plusieurs de ses ennemis suivraient de loin sa piste. Aussi avait-il mis en usage pour les fourvoyer, toutes les ruses que lui fournissait son esprit inventif, faisant des détours sans nombre, revenant incessamment sur ses pas et, comme on le dit vulgairement, reculant de dix mètres pour avancer d'un.

Ces nombreuses précautions avaient excessivement retardé sa marche.

Arrivé sur les bords de la rivière dont les eaux baignaient l'entrée de la caverne, il jeta un dernier regard autour de lui, pour s'assurer qu'aucun œil indiscret ne surveillait ses mouvements.

Tout était calme, rien de suspect n'apparaissait, il se préparait à lancer à l'eau le radeau caché sous les feuilles, lorsqu'un léger bruit dans les buissons attira son attention.

Le pirate tressaillit, saisissant vivement un pistolet à sa ceinture, il l'arma et s'avança résolument vers l'endroit d'où partait ce bruit inquiétant.

Un homme courbé vers la terre était occupé avec une petite bêche à arracher des herbes et des plantes.

Le pirate sourit et repassa son pistolet à sa ceinture.

Il avait reconnu le docteur, qui se livrait avec acharnement à sa passion favorite.

Celui-ci tout à son travail ne l'avait pas aperçu.

Après l'avoir un instant considéré avec dédain, le pirate lui tournait le dos, lorsqu'une idée lui vint, qui le fit au contraire s'avancer vers le savant, sur l'épaule duquel il laissa rudement tomber sa main.

A cet attouchement brutal, le pauvre docteur se redresssa effaré, en laissant de terreur tomber plantes et bêche.

— Holà! mon brave homme, lui dit le capitaine d'un air narquois, quelle rage vous tient donc d'herboriser ainsi, à toute heure du jour et de la nuit?

— Comment? répondit le savant, que voulez-vous dire?

— Dame! c'est bien simple, ne savez-vous pas qu'il n'est pas loin de minuit?

— C'est vrai, répondit naïvement le savant, mais la lune est si belle!...

— Que vous l'avez prise pour le soleil, interrompit le pirate avec un éclat de rire; mais, ajouta-t-il en redevenant subitement sérieux, il ne s'agit pas de cela, bien qu'à moitié fou, je me suis laissé dire que vous étiez assez bon médecin.

— J'ai fait mes preuves, monsieur, répondit le docteur vexé de l'épithète.

— Très-bien, vous êtes l'homme qu'il me faut.

Le savant s'inclina de mauvaise grâce, il était évident que l'attention le flattait médiocrement.

— Que désirez-vous? demanda-t-il, êtes-vous malade?

— Pas moi, grâce à Dieu! mais un de vos amis qui en ce moment est mon prisonnier, ainsi vous allez me suivre.

— Mais?... voulut objecter le docteur.

— Je n'admets pas d'excuse, suivez-moi, sinon je vous brûle la cervelle; du reste, rassurez-vous, vous ne courrez aucun risque, mes hommes auront pour vous tous les égards auxquels la science a droit.

Comme il n'y avait pas de résistance possible, le bonhomme prit son parti de bonne grâce, de si bonne grâce même, que pendant une seconde, il laissa errer sur ses lèvres un sourire, qui aurait donné fort à réfléchir au pirate s'il avait pu l'apercevoir.

Le capitaine enjoignit au savant de passer devant lui, et tous deux gagnèrent la rivière.

A l'instant où ils quittaient la place où venait d'avoir lieu leur conversation, les branches d'un buisson s'écartèrent avec précaution, une tête rasée et ne conservant au sommet qu'une longue touffe de cheveux dans laquelle une plume était plantée, apparut, puis un corps, puis un homme tout entier, qui bondit comme un jaguar à leur poursuite.

Cet homme était la Tête d'Aigle.

Il assista silencieux à l'embarquement des deux blancs, les vit entrer dans la grotte, puis il disparut à son tour dans l'épaisseur des bois après avoir murmuré à voix basse le mot :

— *Och!* — bon — la suprême expression de joie dans le langage des Comanches.

Le docteur avait tout simplement servi d'appât pour attirer le pirate et le faire tomber dans le piége tendu par le chef indien.

Maintenant le digne savant était-il d'intelligence avec la Tête d'Aigle ? c'est ce que nous saurons bientôt.

Le lendemain au point du jour le pirate fit faire une battue générale aux environs de la grotte.

Aucune piste n'existait.

Le capitaine se frotta les mains, son expédition avait doublement réussi, puisqu'il était parvenu à rentrer dans la caverne sans être suivi.

Certain de ne rien avoir à redouter, il ne voulut plus garder auprès de lui tant d'hommes inactifs, plaçant provisoirement sa troupe sous les ordres de Franck, vieux bandit émérite dans lequel il avait toute confiance, il ne garda que dix hommes sûrs auprès de lui et renvoya le reste.

Bien que l'affaire qu'il traitait en ce moment fût intéressante, que son succès lui parût assuré, il ne voulait pas cependant négliger ses autres occupations et nourrir dans la paresse une vingtaine de bandits qui d'un moment à l'autre, poussés par l'oisiveté, pouvaient lui jouer un mauvais tour.

On voit que le capitaine était non-seulement un homme prudent, mais encore, qu'il connaissait à fond ses honorables associés.

Lorsque les pirates eurent quitté la grotte, le capitaine fit signe au docteur de le suivre et le conduisit auprès du général.

Après les avoir présentés l'un à l'autre, avec ces politesses ironiques dont il avait l'habitude, le bandit les laissa seuls et se retira.

Seulement, avant de s'éloigner, le capitaine tira un pistolet de sa ceinture et l'appuyant sur la poitrine du savant :

— Bien que vous soyez à moitié fou, lui dit-il, comme vous pourriez cependant avoir quelques velléités de me trahir, retenez bien ceci, cher monsieur : c'est qu'à la moindre démarche équivoque que je vous verrai tenter, je vous ferai sauter la cervelle ; vous êtes averti, maintenant agissez comme vous voudrez.

Et repassant son pistolet à sa ceinture, il se retira en ricanant.

Le docteur écouta cette admonestation, avec un visage contrit mais avec un sourire narquois, qui malgré lui glissa sur ses lèvres; heureusement il ne fut pas aperçu par le capitaine.

Le général et son nègre Jupiter se trouvaient relégués dans une salle assez éloignée de l'entrée de la grotte.

Ils étaient seuls.

Le capitaine avait jugé inutile de les faire garder à vue.

Assis tous deux sur un amas de feuilles sèches, la tête basse et les bras croisés, ils réfléchissaient profondément.

A la vue du savant, le visage sombre du général s'éclaira d'un fugitif sourire d'espoir.

— Vous voilà, docteur, lui dit-il en lui tendant une main que celui-ci serra silencieusement, dois-je me réjouir où m'attrister de votre présence?

—Sommes-nous seuls? demanda le médecin sans répondre à la question du général.

— Je le crois, fit-il étonné ; dans tous les cas il est facile de vous en assurer.

Le docteur rôda de tous les côtés, furetant avec soin dans tous les coins, enfin il revint auprès des prisonniers.

— Nous pouvons causer, dit-il.

Le savant était habituellement si enfoncé dans ses calculs scientifiques, il était tellement distrait de sa nature, que les prisonniers n'avaient en lui qu'une confiance fort minime.

— Et ma nièce? demanda le général avec inquiétude.

— Rassurez-vous, elle est en sûreté auprès d'un chasseur nommé le Cœur Loyal, qui a pour elle le plus profond respect.

Le général poussa un soupir de soulagement, cette bonne nouvelle lui rendait tout son courage.

— Oh! dit-il, qu'importe maintenant que je sois prisonnier! puisque ma nièce est sauvée, je puis tout souffrir.

— Non, non! dit vivement le docteur, il faut au contraire vous échapper à tout prix, d'ici à demain.

— Pourquoi?

— Répondez-moi d'abord.

— Je ne demande pas mieux.

— Vos blessures me semblent assez légères, elles sont en voie de guérison.

— En effet.

— Vous croyez-vous capable de marcher?

— Oh! oui.

— Entendons-nous, je veux dire capable de faire une longue route?

— Je le crois, s'il le fallait absolument.

— Eh! eh! fit le nègre qui jusqu'à ce moment était demeuré silencieux, est-ce que je ne suis pas assez fort pour porter mon maître, moi, s'il ne pouvait plus marcher ?

Le général lui serra la main.

— C'est vrai! Au fait, dit le docteur, ainsi, voilà qui va bien, seulement il faut vous échapper.

— Je ne demande pas mieux, mais comment?

— Ah ! voilà, fit le savant en se grattant le front, comment, je ne sais pas, moi ! Mais soyez tranquille, je trouverai un moyen. Je ne sais pas lequel, par exemple.

Des pas se firent entendre, le capitaine parut.

— Eh bien! demanda-t-il, comment vont les malades ?

— Pas trop bien, répondit le docteur.

— Bah ! bah ! reprit le pirate, tout cela s'arrangera ; du reste, le général sera bientôt libre, alors il pourra se soigner tout à son aise. Allons, venez, docteur, j'espère que je vous ai laissé assez longtemps causer avec votre ami.

Le médecin le suivit sans répondre, après avoir fait au général un dernier geste pour lui recommander la prudence.

La journée se passa sans incident.

Les prisonniers attendaient la nuit avec impatience; malgré eux la confiance du docteur les avait gagnés, ils espéraient.

Vers le soir le digne savant reparut. Il marchait d'un pas délibéré, son visage était rayonnant, il tenait une torche à la main.

— Eh! qu'avez-vous donc, docteur? lui demanda le général, je vous trouve l'air tout joyeux.

— Je suis joyeux en effet, général, répondit-il en souriant, parce que j'ai trouvé le moyen de vous faire évader, ainsi que moi, bien entendu!

— Et ce moyen?

— Est déjà à demi exécuté, fit-il avec un petit rire sec qui lui était particulier lorsqu'il était satisfait.

— Que voulez-vous dire?

— Pardieu! une chose bien simple, mais que vous ne devineriez jamais; tous nos bandits dorment, nous sommes les maîtres de la grotte.

— Il serait possible! mais s'ils s'éveillent?

— Pour cela, soyez tranquille, ils se réveilleront, cela ne fait pas un doute, mais point avant six heures d'ici, au moins.

— Comment cela?

— Parce que je me suis chargé moi-même de leur verser le sommeil, c'est-à-dire qu'à leur souper, je leur ai servi une décoction d'opium, qui les a fait tomber comme des masses de plomb, depuis ils ronflent comme des soufflets de forges.

— Oh! c'est parfait! s'écria le général.

— N'est-ce pas? dit le docteur avec modestie; dame! j'ai voulu réparer le mal que je vous avais causé par ma négligence! Je ne suis pas un soldat, moi, je suis un pauvre médecin, je me suis servi de mes armes, vous voyez que dans l'occasion elles en valent d'autres.

— Elles valent mieux cent fois! Docteur, vous êtes un homme adorable.

— Allons, allons, ne perdons pas de temps.

— C'est juste, partons! mais le capitaine, qu'en avez-vous fait?

— Pour lui, le diable seul sait où il est. Il nous a quittés cet après-dîner sans rien dire à personne, mais je me doute de l'endroit où il se rend, et je me trompe fort, ou nous le verrons bientôt.

— Enfin, tout est pour le mieux, en route.

Les trois hommes se mirent en marche. Malgré le moyen employé par le docteur, le général et le nègre n'étaient pas sans inquiétude.

Ils arrivèrent à la salle qui servait de dortoir aux bandits, ils dormaient étendus çà et là.

Les fugitifs passèrent.

Arrivés à l'entrée de la grotte, au moment où ils allaient détacher le radeau pour traverser la rivière, ils virent aux rayons pâlissants de la lune, un autre radeau monté par une quinzaine d'hommes qui se dirigeaient lentement de leur côté.

La retraite leur était coupée.

Comment résister à un aussi grand nombre d'adversaires?

— Fatalité! murmura le général avec désespoir.

— Oh! fit piteusement le docteur, un plan de

fuite qui m'avait donné tant de peine à élaborer !

Les fugitifs se jetèrent dans un renfoncement des rochers afin de ne pas être aperçus, et ils attendirent le cœur palpitant, le débarquement des arrivants, dont les manœuvres leur paraissaient de plus en plus suspectes.

XIII

LA LOI DES PRAIRIES.

Un espace considérable de terrain, situé devant l'entrée de la grotte habitée par le Cœur Loyal, avait été déblayé, les arbres abattus et cent cinquante ou deux cents huttes dressées.

La tribu entière des Comanches campait en cet endroit.

Trappeurs, chasseurs et guerriers peaux rouges s'entendaient à merveille.

Au milieu de ce village improvisé, où les huttes en peaux de bison peintes de différentes couleurs étaient alignées avec une certaine symétrie, une plus vaste que les autres, surmontée de *scalps* fichés à de longues perches, dans laquelle on entretenait continuellement un grand feu, servait de hutte du conseil.

La plus grande animation régnait dans le village.

Les guerriers indiens étaient peints et armés en guerre, comme s'ils se préparaient à marcher au combat.

Les chasseurs avaient revêtu leurs plus beaux costumes, nettoyé leurs armes avec le plus grand soin, ils pensaient peut-être devoir bientôt s'en servir.

Les chevaux complétement harnachés étaient entravés à l'amble, prêts à être montés, et gardés par une dixaine de guerriers.

On voyait les Peaux Rouges et les chasseurs aller et venir d'un air affairé et préoccupé.

Chose rare et presque inusitée parmi les Indiens, des sentinelles étaient placées de distance en distance pour signaler l'approche d'un étranger quel qu'il fût.

Enfin tout donnait à supposer qu'il se préparait une de ces cérémonies particulières aux prairies.

Mais chose étrange ! le Cœur Loyal, la Tête d'Aigle et l'Élan noir étaient absents.

Seul, Belhumeur surveillait les apprêts que l'on faisait tout en causant avec le vieux chef comanche nommé *Ehsis* ou le Soleil.

Mais leur visage était sévère, leur front rêveur, ils semblaient en proie à une vive préoccupation.

C'était le jour marqué par le capitaine des pirates pour que dona Luz lui fût livrée.

Le capitaine oserait-il venir ? ou bien sa proposition n'était-elle qu'une rodomontade ?

Ceux qui connaissaient le pirate, et le nombre en était grand — presque tous avaient souffert de ses déprédations — penchaient pour l'affirmative.

Cet homme était doué — c'était du reste la seule qualité qu'on lui reconnût — d'un courage féroce et d'une volonté de fer.

Une fois qu'il avait affirmé qu'il ferait une chose, il la faisait quand même.

Et puis, qu'avait-il à redouter en venant une seconde fois au milieu de ses ennemis ? ne tenait-il pas le général en son pouvoir ? le général dont la vie répondait de la sienne ; on savait qu'il n'hésiterait pas à le sacrifier à sa sûreté.

Il était environ huit heures du matin, un soleil éblouissant répandait à profusion ses rayons resplendissants sur le tableau que nous avons essayé de décrire.

Dona Luz sortit de la grotte appuyée sur le bras de la mère du Cœur Loyal et suivie par nô Eusébio.

Les deux femmes étaient tristes, pâles, leurs traits fatigués, leurs yeux rougis, montraient qu'elles avaient pleuré.

Dès qu'il les aperçut, Belhumeur s'avança vers elles et les salua.

— Mon fils n'est pas encore de retour? demanda la vieille dame d'un air inquiet.

— Pas encore, répondit le chasseur, mais rassurez-vous, madame, il ne peut tarder à arriver.

— Mon Dieu ! je ne sais pourquoi, mais il me semble qu'il doit être retenu loin de nous par un événement fâcheux.

—Non, madame, je le saurais; lorsque je l'ai quitté cette nuit afin de vous tranquilliser et de faire exécuter les ordres qu'il m'a donnés, il était dans une excellente situation, ainsi, croyez-moi, rassurez-vous, surtout ayez confiance.

— Hélas ! murmura la pauvre femme, je vis depuis vingt ans dans des transes continuelles, chaque soir je redoute de ne pas revoir mon fils le lendemain; mon Dieu ! n'aurez-vous donc pas pitié de moi !

— Remettez-vous, madame, lui dit affectueusement dona Luz en l'embrassant doucement, oh ! je le sens là, si le Cœur Loyal court un danger en ce moment, c'est pour sauver mon pauvre oncle; mon Dieu, ajouta-t-elle avec ferveur, faites qu'il réussisse !

—Bientôt, mesdames, tout s'éclaircira, rapportez-vous-en à moi, vous savez que je ne voudrais pas vous tromper.

— Oui, dit la vieille dame, vous êtes bon, vous aimez mon fils, et vous ne seriez pas ici s'il avait quelque chose à redouter.

— Vous me jugez bien, madame, je vous en remercie, je ne puis en ce moment rien vous dire, mais je vous en supplie, ayez un peu de patience, qu'il vous suffise de savoir qu'il travaille pour rendre la senora heureuse.

— Oh ! oui, dit la mère, toujours bon, toujours dévoué !

—Aussi l'a-t-on nommé le Cœur Loyal, murmura la jeune fille en rougissant.

— Et jamais nom ne fut mieux mérité, madame, dit le chasseur avec conviction, il faut avoir vécu longtemps avec lui, le connaître autant que je le connais pour bien l'apprécier.

— Merci à mon tour pour ce que vous dites de mon fils, Belhumeur, répondit la vieille dame en serrant la main calleuse du chasseur.

— Je ne dis que la vérité, madame, je suis juste, voilà tout, oh! cela irait mieux dans les prairies si tous les chasseurs lui ressemblaient.

— Mon Dieu, le temps passe, n'arrivera-t-il donc pas? murmura-t-elle en regardant autour d'elle avec une impatience fébrile.

— Bientôt, madame.

— Je veux être la première à le voir et à le saluer à son arrivée!

— Malheureusement cela est impossible.

— Pourquoi donc?

— Votre fils m'a chargé de vous prier, ainsi que la senora, de vous retirer dans la grotte, il désire que vous n'assistiez pas à la scène qui va se passer ici.

— Mais, dit dona Luz avec anxiété, comment saurai-je si mon oncle est sauvé?

— Rassurez-vous, senorita, vous ne resterez pas longtemps dans l'inquiétude, mais je vous en prie, ne demeurez pas ici plus longtemps, rentrez! rentrez!

— Peut-être cela vaut-il mieux, observa la vieille dame, obéissons, mignonne, ajouta-t-elle en souriant à la jeune fille, rentrons, puisque mon fils l'exige.

Dona Luz la suivit sans résistance, mais en jetant derrière elle des regards furtifs pour tâcher d'apercevoir celui qu'elle aimait.

— Que l'on est heureux d'avoir une mère ! murmura Belhumeur en étouffant un soupir et en suivant des yeux les deux femmes qui disparaissaient dans l'ombre de la grotte.

Tout à coup les sentinelles indiennes poussèrent un cri qui fut immédiatement répété par un homme placé devant la hutte du conseil.

A ce signal les chefs comanches se levèrent et sortirent de la hutte dans laquelle ils étaient réunis.

Les chasseurs et les guerriers indiens saisirent leurs armes, se rangèrent de chaque côté de la grotte et attendirent.

Un nuage de poussière roulait vers le camp avec une rapidité extrême.

Le nuage se dissipa bientôt et laissa voir une troupe de cavaliers qui accouraient à toute bride.

Ces cavaliers portaient pour la plupart le costume des *gambusinos* mexicains.

A leur tête caracolait, sur un magnifique cheval noir comme la nuit, un homme que tous reconnurent immédiatement.

C'était le capitaine Ouaktehno qui venait audacieusement à la tête de sa troupe réclamer l'exécution de l'odieux marché qu'il avait imposé trois jours auparavant.

Ordinairement dans les prairies, lorsque deux troupes se rencontrent, ou lorsque des guerriers ou des chasseurs visitent un village, il est d'usage d'exécuter une espèce de *fantasia* en se lançant à fond de train les uns contre les autres, en criant, en tirant des coups de fusil.

Cette fois, rien de tout cela n'eut lieu.

Les Comanches et les chasseurs restèrent mornes et silencieux, attendant sans bouger l'arrivée des pirates.

Cette froide et sèche réception n'étonna pas le capitaine; bien que ses sourcils se fronçassent légèrement, il feignit de ne pas s'en apercevoir et entra intrépidement dans le village à la tête de sa troupe.

Arrivés en face des chefs rangés devant la hutte du conseil, les vingt cavaliers s'arrêtèrent subitement comme s'ils eussent été changés en statues de bronze.

Cette manœuvre hardie fut exécutée avec une dextérité si grande que les chasseurs, bons connaisseurs en équitation, reprimèrent difficilement un cri d'admiration.

A peine les pirates furent-ils arrêtés que les rangs des chasseurs et des guerriers placés à droite et à gauche de la hutte se déployèrent en éventail et se refermèrent derrière eux.

Les vingt pirates se trouvaient par ce mouvement exécuté avec une prestesse incroyable, enfermés dans un cercle formé par plus de cinq cents hommes bien armés et parfaitement montés.

Le capitaine eut un frisson d'inquiétude à la vue

de cette manœuvre, il se repentit presque d'être venu; mais surmontant cette émotion involontaire, il sourit avec dédain; il se croyait certain de ne rien avoir à redouter.

Il salua légèrement les chefs placés devant lui, et s'adressant à Belhumeur d'une voix ferme :

— Où est la jeune fille? demanda-t-il.

— Je ne sais ce que vous voulez dire, répondit le chasseur en ricanant, je ne crois pas qu'il y ait ici une jeune fille sur laquelle vous ayez des droits quelconques.

— Que signifie cela, et que se passe-t-il ici? murmura le capitaine en jetant autour de lui un regard de défiance. Le Cœur Loyal a-t-il oublié la visite je lui ai faite il y a trois jours ?

— Le Cœur Loyal n'oublie jamais rien, dit Belhumeur d'une voix ferme, mais ce n'est pas de lui qu'il s'agit ; comment avez-vous eu l'audace de vous présenter parmi nous à la tête d'un ramassis de brigands?

— Bien, fit le capitaine raillant, je vois que vous voulez me répondre par une fin de non recevoir; quant à la menace que renferme la dernière partie de votre phrase, je m'en préoccupe fort peu.

— Vous avez tort, monsieur, car puisque vous avez commis l'imprudence de vous remettre vous-même entre nos mains, nous ne serons pas assez simples, je vous en avertis, pour vous laisser échapper.

— Oh! oh! fit le pirate, quel jeu jouons-nous donc?

— Vous allez l'apprendre, monsieur.

— J'attends, répondit le pirate, en jetant autour de lui un regard provocateur.

— Dans ces déserts où toutes les lois humaines se taisent, reprit le chasseur d'une voix vibrante, la loi de Dieu seule doit être en vigueur, cette loi dit œil pour œil, dent pour dent, vous le savez.

— Après? fit le pirate d'un ton sec.

— Depuis dix ans, continua impassiblement Belhumeur, à la tête d'une troupe de bandits sans foi ni loi, vous êtes devenu la terreur des prairies, pillant et assassinant les hommes blancs et les hommes rouges, car vous n'êtes d'aucun pays, le vol et la rapine sont votre seule règle, voyageurs, trappeurs, chasseurs, gambusinos ou Indiens, vous ne respectez personne si le meurtre peut vous procurer un peu d'or; il y a quelques jours à peine, vous avez pris d'assaut le camp de paisibles voyageurs mexicains et vous les avez massacrés sans pitié. Cette carrière du crime devait avoir un terme, ce terme est enfin arrivé. Nous tous Indiens et chasseurs, nous nous sommes réunis ici pour vous juger et vous appliquer la loi implacable des prairies.

— Œil pour œil, dent pour dent, crièrent les assistants en brandissant leurs armes.

— Vous vous trompez grandement, mes maîtres, répondit le pirate avec assurance, si vous croyez que je tendrai paisiblement la gorge au couteau comme un veau qu'on mène à l'abattoir, je me méfiais de ce qui arrive, voilà pourquoi je suis si bien accompagné. J'ai avec moi vingt hommes résolus qui sauront se défendre, vous ne nous tenez pas encore !

— Regardez autour de vous, monsieur, et voyez ce qui vous reste à faire.

Le pirate jeta les yeux en arrière, cinq cents fusils étaient dirigés sur sa troupe.

Un frisson parcourut ses membres, une pâleur mortelle couvrit son visage, le pirate comprit qu'il se trouvait en face d'un danger terrible ; mais après une seconde de réflexion, il reprit tout son sang-froid et s'adressant au chasseur, il répondit d'une voix railleuse :

— Allons donc, pourquoi ces menaces qui ne peuvent m'effrayer ? vous savez fort bien que je suis à l'abri de vos coups. Vous l'avez dit, il y a quelques jours, j'ai attaqué des voyageurs mexicains, mais vous n'ignorez pas que le plus important de ces voyageurs est tombé en mon pouvoir ! osez toucher à un seul cheveu de ma tête, et le général, l'oncle de la jeune fille que vous voulez en vain ravir à ma puissance, paiera immédiatement de sa vie l'insulte qui me sera faite. Croyez-moi donc, messieurs, cessez de chercher plus longtemps à m'effrayer, rendez-moi de bonne grâce celle que je viens vous demander, ou je vous jure Dieu, que dans une heure le général aura vécu !

Tout à coup un homme fendit la foule et se plaçant devant le pirate :

— Vous vous trompez, lui dit-il, le général est libre !

Cet homme était le Cœur Loyal.

Un frémissement de joie parcourut les rangs des chasseurs et des Indiens tandis qu'un frisson de terreur agitait les pirates.

XIV

LE CHATIMENT.

Le général et ses deux compagnons n'étaient pas longtemps restés dans l'incertitude.

Le radeau après plusieurs hésitations aborda enfin, et une quinzaine d'hommes, le fusil en avant, se précipitèrent dans la grotte en poussant de grands cris.

Les fugitifs s'élancèrent vers eux avec joie.

Ils avaient reconnu à la tête des arrivants le Cœur Loyal, le chef des Comanches et l'Élan noir.

Voici ce qui était arrivé :

Aussitôt le docteur entré dans la grotte à la suite du capitaine, la Tête d'Aigle, sûr désormais d'avoir découvert la retraite des pirates, avait été rejoindre ses amis, auxquels il avait fait part du succès de son stratagème. Belhumeur avait été dépêché au Cœur Loyal qui s'était hâté de venir; tous de concert avaient résolu d'assaillir les bandits dans leur antre, tandis que d'autres détachements de chasseurs et de guerriers peaux rouges, disséminés dans la prairie et cachés dans les rochers, surveilleraient les abords de la grotte pour empêcher les pirates de s'échapper.

Nons avons vu le résultat de cette expédition.

Après avoir donné le premier moment tout à la joie et au plaisir d'avoir réussi sans coup férir, le général avertit ses libérateurs qu'une dizaine de bandits dormaient dans la grotte, sous l'influence de l'opium que le valeureux docteur leur avait versé.

Les pirates furent solidement garrottés et emmenés; puis après avoir rappelé les divers détachements, toute la troupe reprit au galop le chemin du camp.

Grande avait été la surprise du capitaine à l'exclamation du Cœur Loyal, mais cette surprise se changea en épouvante, lorsqu'il vit paraître le général qu'il croyait si bien gardé par ses gens.

Il comprit que toutes ses mesures étaient rompues, toutes ses ruses déjouées, que cette fois il était perdu sans ressources.

Un flot de sang lui monta à la gorge, ses yeux lancèrent des éclairs, et se tournant vers le Cœur Loyal :

— Bien joué ! lui dit il d'une voix rauque et saccadée, mais tout n'est pas fini entre nous, vive Dieu ! j'aurai ma revanche !

Il fit un geste comme pour lancer son cheval.

Mais Le Cœur Loyal l'arrêta résolument par la bride.

— Nous n'avons pas terminé, lui dit-il.

Le pirate le regarda un instant les yeux injectés de

sang, et d'une voix entrecoupée par la colère, tout en ramenant violemment son cheval pour obliger le chasseur à lâcher prise.

— Que me voulez-vous encore ? dit-il.

Le Cœur Loyal, grâce à un poignet de fer, maintint le cheval qui se cabrait avec fureur.

— Vous êtes jugé, répondit-il, on va vous appliquer la loi des prairies.

Le pirate poussa un ricanement terrible et saisissant ses pistolets à sa ceinture :

— Malheur à qui me touche, s'écria-t-il avec rage, livrez-moi passage !

— Non, répondit le chasseur impassible, vous êtes bien pris, mon maître, aujourd'hui vous ne m'échapperez pas.

— A mort donc ! s'écria le pirate en dirigeant un de ses pistolets sur le Cœur Loyal.

Mais prompt comme la pensée, Belhumeur qui suivait ses mouvements avec anxiété, se jeta devant son ami avec une vitesse décuplée par la gravité de la situation.

Le coup partit. La balle atteignit le Canadien qui tomba baigné dans son sang.

— *Un !* cria le pirate avec un rire féroce.

— *Deux !* hurla la Tête d'Aigle, et par un bond de panthère il sauta sur le cheval du pirate.

Avant que le capitaine pût faire un mouvement pour se défendre, l'Indien le saisit de sa main gauche par ses longs cheveux dont il forma une touffe et lui renversa brusquement la tête en arrière.

— Malédiction ! s'écria le pirate en cherchant vainement à se débarrasser de son ennemi.

Alors il se passa une chose qui glaça d'horreur tous les assistants.

Le cheval que le Cœur Loyal avait lâché, livré à lui-même, furieux des secousses qu'il avait reçues et du double poids qui lui était imposé, s'élança, fou de colère, brisant et renversant dans sa course insensée tous les obstacles qui s'opposaient à son passage.

Mais toujours il entraînait cramponnés à ses flancs les deux hommes qui luttaient pour se tuer l'un l'autre, et qui sur le dos de l'animal effrayé se tordaient comme deux serpents.

La Tête d'Aigle avait, comme nous l'avons dit, renversé en arrière la tête du pirate, il lui appuya le genou sur les reins, poussa son hideux cri de guerre, et brandit d'un geste terrible son couteau autour du front de son ennemi.

—Tue-moi donc, misérable! cria le pirate, et d'un mouvement brusque, il leva sa main gauche encore armée d'un pistolet, mais la balle se perdit dans l'espace.

Le chef comanche regarda fixement le capitaine.

— Tu es un lâche ! dit-il avec dégoût, et une *vieille femme* qui a peur de la mort !

En même temps qu'il poussait fortement le bandit avec le genou, il lui enfonçait le couteau dans le crâne.

Le capitaine poussa un cri déchirant, qui se mêla au hurlement de triomphe du chef.

Le cheval buta contre une racine et tomba : les deux ennemis roulèrent sur le sol.

Un seul se releva.

Ce fut le chef comanche qui brandissait la chevelure sanglante du pirate.

Cependant celui-ci n'était pas mort. Presque fou de rage et de fureur, aveuglé par le sang qui lui ruisselait dans les yeux, il se releva et se précipita sur son adversaire qui ne s'attendait pas à une pareille attaque.

Alors enlacés l'un à l'autre, ils cherchèrent à se renverser et à s'enfoncer dans le corps le couteau dont ils étaient armés.

Plusieurs chasseurs s'élancèrent pour les séparer.

Lorsqu'ils arrivèrent tout était fini.

Le capitaine gisait sur le sol avec le couteau de la Tête d'Aigle, planté jusqu'au manche dans le cœur.

Les pirates tenus en respect par les chasseurs blancs et les guerriers indiens qui les cernaient, n'essayèrent pas une résistance impossible.

Lorsqu'il eut vu tomber son capitaine, Franck au nom de ses compagnons, déclara qu'ils se rendaient.

Sur un signe du Cœur Loyal ils jetèrent leurs armes et furent garrottés.

Belhumeur, le brave Canadien dont le dévouement avait sauvé la vie de son ami, avait reçu une blessure grave, mais qui heureusement n'était pas mortelle. On s'était empressé de le relever et de le porter dans la grotte, où la mère du chasseur lui prodiguait des secours.

La Tête d'Aigle s'approcha du Cœur Loyal qui restait pensif et sombre appuyé contre un arbre.

— Les chefs sont réunis autour du feu du conseil, lui dit-il, ils attendent mon frère.

— Je suis mon frère, répondit laconiquement le chasseur.

Lorsque les deux hommes entrèrent dans la hutte, tous les chefs étaient assemblés ; parmi eux se trouvaient le général, l'Élan noir, et quelques autres trappeurs.

Le calumet fut apporté au milieu du cercle par le porte-pipe ; il s'inclina avec respect vers les quatre points cardinaux et présenta ensuite à tour de rôle le long tuyau à chaque chef.

Lorsque le calumet eut fait le tour du cercle, le porte-pipe vida la cendre dans le feu en murmurant quelques paroles mystiques et se retira.

Alors le vieux chef nommé le Soleil se leva, et, après avoir salué les membres du conseil :

— Chefs et guerriers, dit-il, écoutez les paroles que souffle ma poitrine et que le Maître de la vie a mises dans mon cœur. Que comptez-vous faire des vingt prisonniers qui sont dans vos mains? Les relâcherez-vous afin qu'ils continuent leur vie de meurtre et de rapine? qu'ils enlèvent vos femmes, volent vos chevaux et tuent vos frères? les conduirez-vous aux villages en pierre des grands cœurs blancs de l'est? La route est longue, semée de dangers, entrecoupée de montagnes et de rivières rapides, les prisonniers peuvent s'échapper pendant ce voyage, vous surprendre dans votre sommeil et vous massacrer. Et puis, vous le savez, guerriers, arrivés aux villages en pierre, les longs couteaux les relâcheront, il n'existe pas de justice pour les hommes rouges. Non, guerriers, le Maître de la vie qui enfin a livré ces hommes féroces en notre pouvoir, veut qu'ils meurent. Il a marqué le terme de leurs crimes. Lorsque nous trouvons un jaguar ou un ours gris sur notre route, nous les tuons; ces hommes sont plus cruels que les jaguars et les ours gris, ils doivent compte du sang qu'ils ont versé, œil pour œil, dent pour dent. Qu'ils soient donc attachés au poteau des tortures. Je jette un *turbò* — collier — de wampums rouges dans le conseil. Ai-je bien parlé, hommes puissants?

Après ces paroles, le vieux chef se rassit. Il y eut un moment de silence solennel. Il était évident que tous les assistants partageaient son avis.

Le Cœur Loyal attendit quelques minutes, il vit que personne ne se préparait à répondre au discours du Soleil, alors il se leva et prit la parole :

— Chefs et guerriers comanches et vous trappeurs blancs, mes frères, dit-il, d'une voix douce et triste, les paroles prononcées par le vénérable sachem sont justes, malheureusement la sûreté des prairies exige la mort de nos prisonniers. Cette extrémité est terrible, cependant nous sommes obligés de nous y soumettre, si nous voulons jouir en paix du fruit de nos rudes travaux. Mais si nous nous voyons contraints d'appliquer la loi implacable du désert, ne nous montrons pas barbares à plaisir, punissons puisqu'il le faut, mais punissons en gens de cœur, non en hommes cruels. Montrons à ces bandits que nous faisons justice, qu'en les tuant, ce n'est pas nous que nous vengeons, mais la société tout entière. D'ailleurs leur chef, le plus coupable d'eux tous, est tombé sous les coups de la Tête d'Aigle, soyons cléments sans cesser d'être justes. Laissons-leur le choix de leur mort. Pas de supplice inutile. Le Maître de la vie nous sourira, il sera content de ses enfants rouges auxquels il accordera des chasses abondantes. J'ai dit : ai-je bien parlé, hommes puissants (1) ?

Les membres du conseil avaient écouté avec attention les paroles du jeune homme. Les chefs avaient souri avec bienveillance aux nobles sentiments qu'il exprimait, car tous, Indiens et trappeurs, l'aimaient et le respectaient.

(1) Cette formule termine invariablement tous les discours des Indiens.

La Tête d'Aigle se leva.

— Mon frère le Cœur Loyal a bien parlé, dit-il, ses années sont en petit nombre, mais sa sagesse est grande. Nous sommes heureux de trouver l'occasion de lui prouver notre amitié, nous la saisissons avec empressement. Nous ferons ce qu'il désire.

— Merci, répondit le Cœur Loyal avec effusion, merci, mes frères, la nation comanche est une grande et noble nation, que j'aime, je suis heureux d'avoir été adopté par elle.

Le conseil fut levé, les chefs sortirent de la hutte.

Les prisonniers, réunis en un groupe, étaient étroitement gardés par un détachement de guerriers.

Le crieur public rassembla tous les membres de la tribu et les chasseurs disséminés dans le village.

Lorsque chacun fut réuni, la Tête d'Aigle prit la parole, et s'adressant aux pirates :

— Chiens des visages pâles, leur dit-il, le conseil des grands chefs de la nation puissante des Comanches, dont les vastes territoires de chasse couvrent une grande partie de la terre, a décidé de votre sort. Tâchez, après avoir vécu comme des bêtes fauves, de ne pas mourir, comme des vieilles femmes peureuses, soyez braves, peut-être alors, le Maître de la vie aura-t-il pitié de vous et vous recevra-t-il après votre mort dans *l'eskennane*, ce lieu de délices où chassent pendant l'éternité les braves qui ont regardé la mort en face.

— Nous sommes prêts, répondit impassiblement Franck, attachez-nous au poteau, inventez les plus atroces tortures; vous ne nous verrez point pâlir.

— Notre frère le Cœur Loyal, continua le chef, a intercédé pour vous. Vous ne serez pas attachés au poteau, les chefs vous laissent le choix de votre mort.

Alors se révéla ce trait caractéristique des mœurs des blancs, qui habitant depuis longtemps les prairies, ont fini par renier les coutumes de leurs ancêtres, pour prendre celles des Indiens.

La proposition faite par la Tête d'Aigle révolta l'orgueil des pirates.

— De quel droit, s'écria Franck, le Cœur Loyal intercède-t-il pour nous? Croit-il donc que nous ne sommes pas des hommes? que les tortures pourront nous arracher des cris ou des plaintes indignes de nous? Non! non! que l'on nous conduise au supplice, celui que vous nous infligerez ne sera jamais aussi cruel que ceux que nous faisions subir aux guerriers de votre nation, lorsqu'ils tombaient entre nos mains.

A ces paroles hautaines, un frémissement de colère parcourut les rangs des Indiens, tandis que les pirates poussaient au contraire des cris de joie et de triomphe.

—*Chiens! lapins!* disaient-ils, les Comanches sont des *vieilles femmes* auxquels on donnera des jupons.

Le Cœur Loyal s'avança.

Le silence se rétablit.

— Vous avez mal compris les paroles du chef, fit-il, en vous laissant le choix de votre mort, c'est non pas une insulte, mais une marque de déférence que l'on vous donne; voici mon poignard, on va vous détacher, qu'il passe de main en main et qu'il s'enfonce à tour de rôle dans toutes vos poitrines! l'homme qui libre, sans hésiter se tue d'un seul coup, est plus brave que celui qui attaché au poteau des tortures, ne pouvant supporter la douleur, insulte son bourreau afin de recevoir une mort prompte.

Une immense acclamation accueillit ces paroles du chasseur.

Les pirates se consultèrent un instant du regard, puis tous d'un mouvement spontané, ils firent le signe de la croix et crièrent d'une seule voix :

— Nous acceptons !

Cette foule un instant auparavant tumultueuse et bruyante, devint silencieuse et attentive, dominée par l'attente de la tragédie terrible qui allait se jouer devant elle.

— Déliez les prisonniers, commanda le Cœur Loyal.

Cet ordre fut immédiatement exécuté.

— Votre poignard ! dit Franck.

Le chasseur le lui donna.

— Merci et adieu, fit le pirate d'une voix ferme, et entr'ouvrant ses vêtements, il enfonça lentement et en souriant, comme s'il savourait la mort, le poignard jusqu'au manche dans sa poitrine.

Une pâleur livide envahit graduellement son visage, ses yeux roulèrent dans leur orbite, en lançant des regards égarés, il chancela comme un homme ivre et roula sur le sol.

Il était mort.

— A moi ! dit le pirate qui venait après lui et arrachant de la plaie le poignard tout fumant, il se l'enfonça dans le cœur.

Il tomba sur le corps du premier.

Après celui-là ce fut le tour d'un autre, puis un autre encore et ainsi de suite, aucun n'hésita, aucun ne montra de faiblesse, tous tombèrent en souriant et en remerciant le Cœur Loyal de la mort qu'ils lui devaient.

Les assistants étaient épouvantés de cette terrible exécution, mais fascinés par cet effroyable spectacle, enivrés pour ainsi dire par l'odeur du sang, ils étaient là, les yeux hagards, la poitrine haletante, sans pouvoir détourner les regards.

Bientôt il ne resta plus qu'un pirate, celui-ci considéra un instant le monceau de cadavres qui gisait auprès de lui, retirant alors le poignard de la poitrine de celui qui l'avait précédé :

— On est heureux, dit-il en souriant, de mourir en aussi bonne compagnie, mais où diable va-t-on après la mort ? Bah ! que je suis bête, je vais le savoir.

Et d'un geste prompt comme la pensée il se poignarda.

Il tomba raide mort.

Cet effroyable abattage n'avait pas duré un quart d'heure (1) !

Pas un des pirates n'avait redoublé, tous s'étaient tués du premier coup !

— A moi ce poignard, dit la Tête d'Aigle en le retirant tout fumant du corps palpitant du dernier bandit, c'est une bonne arme pour un guerrier, et il le passa froidement à sa ceinture, après l'avoir essuyé dans l'herbe.

Les corps des pirates furent scalpés et portés hors du camp.

On les abandonna aux vautours et aux urubus auxquels ils devaient fournir une ample pâture, et qui, attirés par l'odeur du sang, tournaient déjà au-dessus d'eux, en poussant de lugubres cris de joie.

La troupe redoutable du capitaine Ouaktehno était anéantie.

Malheureusement, il y en avait d'autres dans les prairies.

Après l'exécution, les Indiens rentrèrent insoucieusement dans leurs huttes ; pour eux ce n'avait été qu'un de ces spectacles auxquels depuis longtemps ils sont habitués, et qui n'ont plus le pouvoir d'attendrir leurs nerfs.

(1) Toute cette scène est historique et d'une rigoureuse exactitude : l'auteur a assisté dans l'*Apacheria* à une exécution semblable.

Au lieu que les trappeurs malgré la rude vie qu'ils mènent et l'habitude qu'ils ont de voir verser le sang ou de le verser eux-mêmes, se dispersèrent, la poitrine oppressée et le cœur serré par cette affreuse boucherie.

Le Cœur Loyal et le général se dirigèrent vers la grotte.

Les dames renfermées dans l'intérieur du souterrain ignoraient la terrible scène qui venait de se jouer et la sanglante expiation qui l'avait terminée.

XV

LE PARDON.

L'entrevue du général et de sa nièce fut des plus touchantes.

Le vieux soldat si rudement éprouvé depuis quelque temps, fut heureux de presser dans ses bras cette naïve enfant qui formait toute sa famille et qui par miracle avait échappé aux malheurs qui l'avaient assaillie.

Longtemps ils s'oublièrent tous deux dans une douce causerie ; le général s'informait avec intérêt de la façon dont elle avait vécu pendant qu'il était prisonnier, la jeune fille le questionnait sur les périls qu'il avait courus et les mauvais traitements qu'il avait soufferts.

— Maintenant, mon oncle, lui demanda-t-elle en terminant, quelle est votre intention ?

— Hélas ! mon enfant, répondit-il avec tristesse en étouffant un soupir, il nous faut sans retard quitter ces épouvantables contrées et regagner le Mexique.

Le cœur de la jeune fille se serra, bien qu'elle reconnût intérieurement la nécessité d'un prompt retour. Partir c'était quitter celui qu'elle aimait, se séparer sans espoir de réunion possible, de l'homme dont chaque minute passée dans une douce intimité, lui avait fait apprécier de plus en plus l'admirable caractère, et qui était devenu à présent indispensable à sa vie et à son bonheur.

— Qu'as-tu, mon enfant? tu es triste, tes yeux sont pleins de larmes, lui demanda son oncle en lui pressant la main avec intérêt.

— Hélas! mon oncle, répondit-elle avec un accent plaintif, comment ne serais-je pas triste après tout ce qui s'est passé depuis quelques jours? j'ai le cœur brisé.

— C'est vrai, les événements affreux dont nous avons été les témoins et les victimes, sont plus que suffisants pour t'attrister, mais tu es bien jeune encore, mon enfant, dans quelque temps, ces événements ne resteront plus dans ta pensée que comme le souvenir de faits que, grâce au ciel, tu n'auras plus à redouter dans l'avenir.

— Ainsi nous partirons bientôt?

— Demain, s'il est possible, que ferais-je ici désormais? le ciel lui-même se déclare contre moi, puisqu'il m'oblige à renoncer à cette expédition dont le succès aurait fait le bonheur de mes vieux jours; mais Dieu ne veut pas que je sois consolé, que sa volonté soit faite, ajouta-t-il avec résignation.

— Que voulez-vous dire, mon oncle? demanda la
e une fille avec vivacité.

— Rien qui puisse t'intéresser à présent, mon

enfant, il vaut donc mieux que tu l'ignores et que je sois seul à souffrir; je suis vieux, j'en ai l'habitude, fit-il avec mélancolie.

— Mon pauvre oncle!

— Merci de l'amitié que tu me témoignes, mon enfant, mais laissons ce sujet qui t'attriste, parlons un peu, si tu y consens, des braves gens auxquels nous avons tant d'obligations.

— Le Cœur Loyal, murmura doña Luz en rougissant.

— Oui, répondit le général, le Cœur Loyal et sa mère, digne femme que je n'ai pu encore remercier à cause de la blessure de ce pauvre Belhumeur et à laquelle, m'as-tu dit, tu dois de n'avoir souffert aucune privation.

— Elle a eu pour moi les soins d'une tendre mère.

— Comment pourrai-je jamais m'acquitter envers elle et son noble fils? elle est heureuse d'avoir un tel enfant; hélas! cette joie ne m'est pas donnée, je suis seul! dit le général en laissant tomber avec accablement sa tête dans ses mains.

— Et moi? fit la jeune fille d'une voix câline.

— Oh! toi, répondit-il en l'embrassant avec tendresse, tu es ma fille chérie, mais je n'ai pas de fils!...

— C'est vrai! murmura-t-elle rêveuse.

— Le Cœur Loyal, reprit le général, est une nature trop exceptionnelle pour accepter rien de moi, que faire ? comment m'acquitter envers lui ? reconnaître comme je le dois les immenses services qu'il nous a rendus ?

Il y eut un moment de silence.

Dona Luz se pencha vers le général et le baisant au front, elle lui dit d'une voix basse et tremblante en cachant son visage sur son épaule :

— Mon oncle, il me vient une idée.

— Parle, ma mignonne, répondit-il, parle sans crainte, c'est peut-être Dieu qui t'inspire.

— Vous n'avez pas de fils auquel vous puissiez léguer votre nom et votre immense fortune, n'est-ce pas, mon oncle ?

— Hélas ! murmura-t-il, j'ai cru un instant pouvoir en retrouver un, mais cet espoir s'est évanoui pour toujours, tu le sais, enfant, je suis seul !

— Le Cœur Loyal pas plus que sa mère, ne voudront rien accepter de vous.

— C'est vrai.

— Cependant je crois qu'il y aurait un moyen de les obliger, de les forcer même.

— Et ce moyen ? dit-il vivement.

— Mon oncle, puisque vous regrettez tant de n'avoir pas de fils auquel vous puissiez après vous laisser votre nom, pourquoi n'adopteriez vous pas le Cœur Loyal ?

Le général la regarda, elle était toute rouge et toute frémissante.

— Oh ! mignonne, dit-il en l'embrassant avec

tendresse, ton idée est charmante, mais elle est impraticable; je serais heureux et fier d'avoir un fils comme le Cœur Loyal, toi-même me l'as dit, sa mère l'adore, elle doit être jalouse de son amour, jamais elle ne consentira à le partager avec un étranger.

— Peut-être! murmura-t-elle.

— Et puis, ajouta le général, quand même, ce qui est impossible, sa mère par amour pour lui, afin de lui donner un rang dans la société, accepterait, les mères sont capables des plus nobles sacrifices pour assurer le bonheur de leurs enfants, il refuserait, lui; crois-tu donc, chérie, que cet homme élevé dans le désert, dont toute la vie s'est passée au milieu de scènes imprévues et saisissantes, en face d'une nature sublime, consentira, pour un peu d'or qu'il méprise et un nom qui lui est inutile, à renoncer à cette belle vie d'aventure si pleine d'émotions douces et terribles qui est devenue un besoin pour lui? Non, non, il étoufferait dans nos villes; à une organisation d'élite comme la sienne, notre civilisation serait mortelle, oublie cette idée, chère fille, hélas! j'en suis convaincu, il refuserait.

— Qui sait? fit-elle en hochant la tête.

— Dieu m'est témoin, reprit le général avec force, que je serais heureux de réussir, tous mes vœux seraient comblés, mais pourquoi se bercer de folles chimères? il refusera, te dis-je! et je suis forcé d'en convenir, il aura raison!

— Essayez toujours, mon oncle, répondit-elle avec insistance, si votre proposition est repoussée, vous aurez au moins prouvé au Cœur Loyal que vous n'êtes pas ingrat, et que vous avez su l'apprécier à sa juste valeur.

— Tu le veux? dit le général qui ne demandait pas mieux que d'être convaincu.

— Je le désire, mon oncle, fit-elle en l'embrassant pour cacher sa joie et sa rougeur, je ne sais pourquoi, mais il me semble que vous réussirez.

— Soit donc, murmura le général avec un sourire triste, prie le Cœur Loyal et sa mère de venir me trouver.

— Dans cinq minutes je vous les amène, s'écria-t-elle radieuse.

Et, bondissant comme une gazelle, la jeune fille disparut en courant à travers les détours de la grotte.

Dès qu'il fut seul, le général baissa son front pensif et tomba dans de sombres et profondes méditations.

Quelques minutes plus tard, le Cœur Loyal et sa mère amenés par dona Luz étaient devant lui.

Le général releva la tête, salua les arrivants avec courtoisie et d'un signe, pria sa nièce de se retirer.

La jeune fille s'éloigna toute palpitante.

Il ne régnait dans cette partie de la grotte qu'un demi jour, qui ne permettait pas de voir parfaitement les objets; par un caprice étrange, la mère du

Cœur Loyal avait posé son *rebozo* de façon qu'il lui couvrait presque entièrement le visage.

Aussi, malgré l'attention avec laquelle il la considéra, le général ne put parvenir à voir ses traits.

— Vous nous avez demandés, général, dit gaiement le Cœur Loyal, vous le voyez, nous nous sommes hâtés de nous rendre à votre désir.

— Merci de cet empressement, mon ami, répondit le général, d'abord recevez ici l'expression de ma reconnaissance, pour les importants services que vous m'avez rendus, ce que je vous dis à vous, mon ami, — je vous supplie de me permettre de vous donner ce titre, — s'adresse aussi à votre bonne et excellente mère, pour les soins si tendres qu'elle a prodigués à ma nièce.

— Général, répondit le chasseur avec émotion, je vous remercie de ces gracieuses paroles, qui payent amplement ce que vous croyez me devoir. En vous venant en aide, j'ai accompli le vœu que j'ai fait de ne jamais laisser mon prochain sans secours ; croyez-le bien, je ne désire d'autre récompense que votre estime, je suis assez payé du peu que j'ai fait par la satisfaction que j'éprouve en ce moment.

— Je voulais pourtant, permettez-moi d'insister, je voulais pourtant vous récompenser d'une autre façon.

— Me récompenser ! s'écria le fougueux jeune homme en reculant la rougeur au front.

— Laissez-moi terminer, reprit vivement le général, si ensuite la proposition que je désire vous soumettre vous déplaît, eh bien, vous me répondrez alors, aussi franchement que moi-même je vais m'expliquer.

— Parlez, général, je vous écoute.

— Mon ami, mon voyage dans les prairies avait un but sacré que je n'ai pu atteindre ! vous en connaissez la raison, les hommes qui m'avaient suivi sont morts à mes côtés. Resté presque seul, je me vois forcé de renoncer à une recherche qui, si elle avait été couronnée de succès, aurait fait le bonheur des quelques jours qui me restent encore à vivre. Dieu me châtie cruellement. J'ai vu mourir tous mes enfants ; un seul me resterait encore peut-être, mais celui-là, dans un moment d'orgueil insensé, je l'ai chassé de ma présence ; aujourd'hui que je suis arrivé au déclin de la vie, ma maison est vide, mon foyer est désert. Je suis seul, hélas ! sans parents, sans amis, sans un héritier auquel je puisse après moi léguer non ma fortune, mais mon nom, qu'une longue suite d'aïeux m'ont transmis sans tache. Voulez-vous remplacer auprès de moi cette famille qui me manque, répondez, Cœur Loyal, voulez-vous être mon fils ?

En prononçant ces dernières paroles, le général s'était levé, il avait saisi la main du jeune homme et la serrait fortement, il avait des larmes dans les yeux.

A cette offre inattendue, le chasseur était resté étonné, palpitant, ne sachant que répondre.

Sa mère rejeta vivement son rebozo en arrière, et montrant son visage resplendissant et transfiguré, pour ainsi dire, par une joie immense, elle se plaça entre les deux hommes, posa sa main sur l'épaule du général, le regarda fixement, et d'une voix que l'émotion faisait trembler :

— Enfin ! s'écria-t-elle, don Ramon de Garillas ! vous redemandez donc ce fils, que depuis vingt ans vous avez si cruellement abandonné !

— Femme, que voulez-vous dire ? fit le général, d'une voix haletante.

— Je veux dire, don Ramon, reprit-elle avec un accent d'une suprême majesté, que je suis dona Jesusita, votre femme, que le Cœur Loyal est votre fils Rafaël que vous avez maudit.

— Oh ! s'écria le général en tombant à deux genoux sur le sol, le visage baigné de larmes, pardon ! pardon ! mon fils !

— Mon père ! s'écria le Cœur Loyal en se précipitant vers lui et en cherchant à le relever, que faites-vous ?

— Mon fils, dit le vieillard, presque fou de douleur et de joie, je ne quitterai pas cette posture avant d'avoir obtenu mon pardon.

— Relevez-vous, don Ramon, fit dona Jesusita d'une voix douce ; il y a longtemps que dans le cœur de la mère et dans celui du fils, il ne reste plus pour vous qu'amour et respect.

— Oh! s'écria le vieillard en les embrassant tour à tour avec ivresse, c'est trop de bonheur, je ne mérite pas d'être si heureux après ma cruelle conduite.

— Mon père, répondit noblement le chasseur, c'est grâce au châtiment mérité que vous m'avez infligé, que je suis devenu un honnête homme, oubliez donc le passé qui n'est plus qu'un rêve, pour ne songer qu'à l'avenir qui vous sourit.

En ce moment, parut dona Luz, craintive et timide.

Dès qu'il l'aperçut, le général s'élança vers elle, la prit par la main, et l'amenant à dona Jesusita qui lui tendait les bras :

— Ma nièce, lui dit-il avec un visage radieux, tu peux aimer sans crainte le Cœur Loyal, il est bien réellement mon fils. Dieu a permis dans sa bonté infinie, que je le retrouve au moment où je désespérais d'un tel bonheur!

La jeune fille poussa un cri de joie et cacha confuse son visage dans le sein de dona Jesusita, en abandonnant sa main à Rafaël, qui la couvrit de baisers en tombant à ses pieds.

POST-FACE.

C'était quelques mois à peine après l'expédition du comte de Raousset Boulbon.

A cette époque, le titre de Français était porté haut dans la Sonora.

Tous les voyageurs de notre nation, que le hasard amenait dans cette partie de l'Amérique, étaient certains, n'importe où ils s'arrêtaient, de rencontrer l'accueil le plus affectueux et le plus sympathique.

Poussé par mon humeur vagabonde, sans autre but que celui de voir du pays, j'avais quitté Mexico.

Monté sur un excellent *mustang*, que m'avait *lacé* et dont m'avait fait présent un coureur des bois de mes amis, j'avais traversé tout le continent américain; c'est-à-dire que j'avais fait à petites journées et toujours seul, suivant mon habitude, un parcours de quelques centaines de lieues, traversant des montagnes couvertes de neige, des déserts immenses, des rivières rapides et des torrents fougueux, simplement pour venir en *amateur* visiter les villes espagnoles qui bordent le littoral de l'océan Pacifique.

J'étais en marche déjà depuis cinquante-sept jours, voyageant en véritable flâneur, m'arrêtant où mon caprice m'invitait à planter ma tente.

Cependant j'approchais du but que je m'étais fixé, je me trouvais à quelques lieues à peine d'Hermosillo, cette ville qui, ceinte de murailles, possédant une population de quinze mille âmes, défendue par onze cents hommes de troupes réglées commandées par le général Bravo, un des meilleurs et des plus courageux officiers du Mexique, avait été audacieusement attaquée par le comte de Raousset à la tête de moins de deux cent cinquante Français, et enlevée à la baïonnette en deux heures.

Le soleil était couché, l'obscurité devenait de seconde en seconde plus grande. Mon pauvre cheval fatigué d'une traite de plus de quinze lieues, que je surmenais depuis quelques jours dans l'intention d'arriver plus tôt à Guaymas, n'avançait que péniblement, butant à chaque pas contre les cailloux pointus de la route.

J'étais moi-même excessivement fatigué, je mourais presque de faim, de sorte que je n'envisageais qu'avec une mine fort piteuse la perspective de passer encore une nuit à la belle étoile.

Je craignais de m'égarer dans les ténèbres; en vain je cherchais à l'horizon une lumière qui pût me guider vers une habitation. Je savais rencontrer plusieurs *haciendas* — fermes — aux environs de la ville d'Hermosillo.

Ainsi que tous les hommes qui ont longtemps mené une vie errante, pendant laquelle ils ont été sans cesse le jouet d'événements plus ou moins fâcheux, je suis doué d'une bonne dose de philosophie, chose indispensable lorsqu'on voyage, en Amérique surtout, où la plupart du temps on est livré à sa propre industrie sans avoir la ressource de pouvoir compter sur un secours étranger.

Je pris mon parti en brave, renonçant avec un soupir de regret à l'espoir d'un souper et d'un abri; comme la nuit s'assombrissait de plus en plus, qu'il était inutile de marcher davantage dans les ténèbres, peut-être dans une direction diamétralement opposée à celle que j'aurais dû suivre, je cherchai des yeux autour de moi une place convenable pour établir mon bivouac, allumer du feu et trouver un peu d'herbe pour ma monture, qui ainsi que moi mourait de faim.

Ce n'était pas chose facile dans ces campagnes calcinées par un soleil dévorant et couvertes d'un sable fin comme de la poussière; cependant après de longues recherches je découvris un arbre chétif à l'abri duquel avait poussé une assez maigre végétation.

J'allais mettre pied à terre quand mon oreille fut frappée du bruit lointain du pas d'un cheval qui semblait suivre la même route que moi et s'avançait rapidement.

Je restai immobile.

La rencontre d'un cavalier la nuit dans les campagnes mexicaines donne toujours ample matière à réflexions.

L'étranger que l'on rencontre ainsi peut être un honnête homme, mais il y a tout à parier que c'est un coquin.

Dans le doute, j'armai mes revolvers et j'attendis.

Mon attente ne fut pas longue.

Au bout de cinq minutes le cavalier m'avait rejoint.

— *Buenas noches, caballero* — bonsoir, monsieur, — me dit-il en passant.

Il y avait dans la façon dont ce salut m'était jeté quelque chose de si franc que mes soupçons s'évanouirent subitement.

Je répondis.

— Où allez-vous donc aussi tard ? reprit-il.

— Ma foi, répliquai-je naïvement, je serais charmé de le savoir, je crois m'être égaré ; dans le doute, je me prépare à passer la nuit au pied de cet arbre.

— Triste gîte, fit le cavalier en hochant la tête.

— Oui, répondis-je philosophiquement, mais faute de mieux je m'en contenterai ; je meurs de faim, mon cheval est rendu de fatigue, nous ne nous soucions nullement l'un et l'autre d'errer plus longtemps à la recherche d'une hospitalité problématique, surtout à cette heure de nuit.

— Hum ! fit l'inconnu, en jetant un regard sur

mon mustang qui, la tête baissée, cherchait à happer quelques brins d'herbe du bout des lèvres, votre cheval me paraît de race, est-il donc si fatigué qu'il ne puisse encore fournir une course d'une couple de milles, tout au plus?

— Il marchera deux heures s'il le faut, dis-je en souriant.

— Suivez-moi donc alors, au nom de Dieu, reprit l'inconnu d'un ton jovial, je vous promets à tous deux bon gîte et bon souper.

— J'accepte, et merci, dis-je en faisant sentir l'éperon à ma monture.

La noble bête qui sembla comprendre de quoi il s'agissait, prit un trot assez relevé.

L'inconnu était, autant que je pouvais en juger, un homme d'une quarantaine d'années, à la physionomie ouverte et aux traits intelligents; il portait le costume des habitants de la campagne, un chapeau de feutre à larges bords dont la forme était ceinte d'un galon d'or large de trois doigts, un *zarapé* bariolé tombait de ses épaules sur ses cuisses et couvrait la croupe de son cheval, enfin de lourds éperons en argent étaient attachés par des courroies à à ses bottes *vaqueras*.

De même que tous les Mexicains, il avait pendu au côté gauche un machete, espèce de sabre court et droit, assez semblable aux poignards de nos fantassins.

La conversation s'anima bientôt entre nous et ne tarda pas à devenir expansive.

Au bout d'une demi heure à peine, j'aperçus à quelque distance devant moi, sortir des ténèbres la masse imposante d'une importante habitation ; c'était l'hacienda dans laquelle mon guide inconnu m'avait promis bon accueil, bon gîte et bon souper.

Mon cheval renacla à plusieurs reprises et de lui-même pressa son allure.

Je jetai un regard curieux autour de moi, je distinguai alors les hautes futaies d'une *huerta* bien entretenue et toutes les apparences du confort.

Je rendis intérieurement grâce à ma bonne étoile qui m'avait fait faire une si bonne rencontre.

A notre approche un cavalier placé sans doute en vedette poussa un qui-vive retentissant, tandis que sept ou huit rastreros de pure race, venaient en hurlant de joie, bondir autour de mon guide et me flairer les uns après les autres.

— C'est moi, répondit mon compagnon.

— Eh ! arrivez donc, Belhumeur, reprit la vedette, voici plus d'une heure que l'on vous attend.

— Allez prévenir le maître que j'amène un voyageur, cria mon guide, et surtout, l'Élan noir, n'oubliez pas de lui dire que c'est un Français.

— Comment le savez-vous ? lui demandai-je vexé, car je me pique de parler très-purement l'espagnol.

— Pardi ! fit-il en riant, nous sommes presque **compatriotes**.

— Comment cela ?

— Dame ! je suis Canadien, vous comprenez, j'ai le suite reconnu l'accent.

Pendant l'échange de ces quelques paroles, nous étions arrivés à la porte de l'hacienda où plusieurs personnes nous attendaient pour nous recevoir.

Il paraît que l'annonce de ma qualité de Français, faite par mon compagnon, avait produit une certaine sensation.

Dix ou douze domestiques tenaient des torches à la faveur desquelles je pus distinguer que six ou huit personnes au moins, hommes et femmes, se pressaient pour nous recevoir.

Le maître de l'hacienda que je reconnus de suite, s'avança vers moi en donnant le bras à une dame qui avait dû être d'une grande beauté et qui pouvait encore passer pour belle, bien qu'elle eût près de quarante ans.

Son mari était un homme de cinquante ans, d'une taille élevée, doué d'une physionomie mâle caractérisée ; autour d'eux se tenaient les yeux écarquillés cinq ou six enfants charmants qui leur ressemblaient trop pour ne pas leur appartenir.

Un peu en arrière enfin et à demi cachés dans l'ombre étaient une dame de soixante-dix ans à peu près et un vieillard presque centenaire.

J'embrassai d'un seul coup d'œil l'ensemble de cette famille dont l'aspect avait quelque chose de patriarcal qui attirait la sympathie et le respect.

— Monsieur, me dit gracieusement l'hacendero en saisissant la bride de mon cheval pour m'aider à mettre pied à terre, *Esa casa se de V* — cette maison est à vous. — Je ne puis que remercier mon ami Belhumeur d'avoir réussi à vous amener chez moi.

— Je vous avoue, monsieur, répondis-je en souriant, qu'il n'a pas eu grand'peine, et que j'ai accepté avec reconnaissance l'offre qu'il a bien voulu me faire.

— Si vous le permettez, monsieur, comme il se fait tard, reprit l'hacendero, que surtout vous avez besoin de repos, nous allons passer dans la salle à manger; nous étions sur le point de nous mettre à table quand on m'a annoncé votre arrivée.

— Monsieur, je vous remercie mille fois, répondis-je en m'inclinant, votre gracieux accueil m'a fait oublier toutes mes fatigues.

— Nous reconnaissons la politesse française, me dit la dame avec un charmant sourire.

J'offris le bras à la maîtresse de la maison, et l'on passa dans la salle à manger, où sur une table immense était servi un repas homérique dont le fumet appétissant me rappela que depuis près de douze heures j'étais à jeun.

L'on s'assit.

Quarante personnes au moins étaient réunies autour de la table.

Dans cette hacienda on conservait encore le patriarcal usage qui commence à se perdre, de faire manger les domestiques avec les maîtres de la maison.

Tout ce que je voyais, tout ce que j'entendais me séduisait dans cette demeure ; elle avait un parfum d'honnêteté qui faisait doucement battre le cœur.

Lorsque le premier appétit fut calmé, la conversation un peu languissante d'abord devint générale.

— Eh bien ! Belhumeur, demanda l'aïeul à mon guide qui, assis à côté de moi, faisait vigoureusement fonctionner sa fourchette, avez-vous trouvé la piste du jaguar ?

— Non-seulement j'ai trouvé une piste, général, mais je crains bien que le jaguar ne soit pas seul et qu'il ait un compagnon.

— Oh ! oh ! fit le vieillard, en êtes-vous sûr ?

— Je puis me tromper, général, cependant je ne le crois pas, demandez au Cœur Loyal, j'avais une certaine réputation là-bas dans les prairies de l'ouest.

— Mon père, dit l'hacendero en faisant un signe d'affirmation, Belhumeur doit avoir raison, c'est un trop vieux chasseur pour commettre une école.

— Alors il faudra faire une battue pour nous délivrer de ces voisins dangereux ; n'êtes-vous pas de cet avis, don Rafaël ?

— C'était mon intention, mon père, je suis heureux que ce soit aussi la vôtre, l'Élan noir est averti, tout doit être prêt déjà.

— L'on peut se mettre en chasse quand on voudra, tout est en ordre, dit un individu d'un certain âge assis non loin de moi.

La porte s'ouvrit, un homme entra.

Sa venue fut saluée par des cris de joie ; don Rafaël se leva vivement et alla vers lui, suivi de sa femme.

Je fus d'autant plus étonné de cet empressement, que ce nouveau venu n'était autre qu'un Indien *bravo*, ou indépendant ; il portait le costume complet des guerriers de sa nation. Je crus reconnaître, grâce aux nombreux séjours que j'ai faits parmi les Peaux Rouges, que celui-ci appartenait à l'une des nombreuses tribus comanches.

— Oh ! la Tête d'Aigle ! la Tête d'Aigle ! s'écrièrent les enfants en l'entourant avec joie.

L'Indien les prit dans ses bras les uns après les autres, les embrassa et s'en débarrassa en leur donnant quelques-unes de ces babioles que les aborigènes de l'Amérique travaillent avec un goût si exquis.

Puis il s'avança en souriant, salua la nombreuse compagnie qui se trouvait dans la salle avec une grâce parfaite, et prit place entre le maître et la maîtresse de la maison.

— Nous vous attendions avant le coucher du soleil, chef, lui dit la dame amicalement, ce n'est pas bien de vous être fait attendre.

— La Tête d'Aigle était sur la piste des jaguars, dit sentencieusement le chef, il ne faut pas que ma fille ait peur, les jaguars sont morts.

— Comment! vous avez déjà tué les jaguars? chef, dit vivement don Rafaël.

— Mon frère verra; les peaux sont très-belles, elles sont dans la cour.

— Allons! allons! chef, dit l'aïeul en lui tendant la main, je vois que vous voulez toujours être notre Providence.

— Mon père parle bien, fit le chef en s'inclinant, le Maître de la vie le conseille; la famille de mon père est ma famille.

Après le repas, je fus conduit par don Rafaël dans une confortable chambre à coucher, où je ne tardai pas à m'endormir, vivement intrigué par tout ce que j'avais vu et entendu pendant cette soirée.

Le lendemain, mes hôtes ne consentirent jamais à me laisser partir; je dois avouer que je n'insistai pas beaucoup pour continuer mon voyage. Non-seulement j'étais charmé du bienveillant accueil que j'avais reçu, mais encore une curiosité secrète me poussait à rester quelques jours.

Une semaine s'écoula.

Don Rafaël et sa famille m'accablaient de prévenances gracieuses, la vie se passait pour moi dans un enchantement continuel.

Je ne sais pourquoi, mais depuis mon arrivée dans l'hacienda, tout ce dont j'étais témoin augmentait encore cette curiosité qui m'avait saisi dès le premier moment.

Il me semblait qu'au fond du bonheur que je

voyais rayonner sur les visages de cette heureuse famille, il y avait une longue suite d'infortunes.

Ce n'étaient pas, à ce que je croyais, des gens dont la vie s'était toujours écoulée calme et tranquille, je me figurais, je ne sais pour quelle raison, qu'après avoir été longtemps éprouvés, ils avaient enfin trouvé le port.

Leurs visages étaient empreints de cette majesté que donnent seules de grandes douleurs, et les rides qui sillonnaient leurs fronts me paraissaient bien profondes pour ne pas avoir été creusées par le chagrin.

Cette idée s'était si bien ancrée dans ma cervelle que, malgré tous mes efforts pour la chasser, elle revenait sans cesse plus tenace et plus incisive.

En peu de jours j'étais devenu l'ami de la famille, rien de ce qui me regardait ne leur était plus étranger; ils m'avaient admis à partager complétement leur intimité, j'avais incessamment une question sur les lèvres; jamais je n'osais la formuler, tant je craignais de commettre une indiscrétion grave ou de raviver d'anciennes douleurs.

Un soir que don Rafaël et moi nous revenions de la chasse, à quelques pas de la maison il posa son bras sur le mien.

— Qu'avez-vous, don Gustavio, me dit-il, vous êtes sombre, préoccupé, vous ennuyez-vous donc avec nous?

— Vous ne le croyez pas, répondis-je vivement,

je ne sais au contraire comment vous avouer que je n'ai jamais été aussi heureux qu'auprès de vous.

— Restez-y, alors, s'écria-t-il franchement, il y a encore place pour un ami à notre foyer.

— Merci! lui dis-je en lui serrant la main, je le voudrais, mais, hélas! c'est impossible. Comme le juif de la légende, j'ai en moi un démon qui me crie incessamment : marche! Je dois accomplir ma destinée!

Et je soupirai.

— Écoutez! reprit-il, soyez franc! dites-moi ce qui vous préoccupe; depuis quelques jours vous nous inquiétez tous, personne n'osait vous en parler, ajouta-t-il en souriant; ma foi, j'ai pris mon courage à deux mains, comme vous dites, vous autres Français, et je me suis décidé à vous questionner.

— Eh bien! lui répondis-je, puisque vous l'exigez, je vous le dirai; seulement, veuillez, je vous prie, ne pas prendre ma franchise en mauvaise part, et être persuadé qu'il entre au moins autant d'intérêt que de curiosité dans mon fait.

— Voyons, fit-il avec un sourire indulgent, confessez-vous à moi, ne craignez rien, je vous donnerai l'absolution, allez.

— J'aime mieux en avoir le cœur net, et tout vous dire.

— C'est cela, parlez.

— Je me figure, je ne sais pourquoi, que vous

n'avez pas toujours été aussi heureux que vous l'êtes aujourd'hui, et que ce n'est que par de longs malheurs que vous avez acheté le bonheur dont vous jouissez.

Un sourire triste se dessina sur ses lèvres.

— Pardonnez-moi, mécriai-je vivement, l'indiscrétion que je viens de commettre, ce que je craignais est arrivé ! qu'il ne soit plus question, je vous prie, de cette sotte affaire entre nous.

J'étais réellement désolé.

Don Rafaël me répondit avec bonté :

— Pourquoi ? je ne trouve rien d'indiscret dans votre question, l'intérêt que vous nous portez vous a engagé à nous la faire, il n'y a que lorsqu'on aime les gens que l'on est aussi clairvoyant. Non, mon ami, vous ne vous êtes pas trompé, nous avons tous été rudement éprouvés. Puisque vous le désirez, vous saurez tout, peut-être conviendrez-vous, après avoir entendu le récit de ce que nous avons souffert, que nous avons effectivement chèrement acheté le bonheur dont nous jouissons. Mais, entrons, l'on nous attend probablement pour nous mettre à table.

Le soir, don Rafaël retint auprès de lui plusieurs personnes, et, après avoir fait placer sur une table, des cigarettes et des bouteilles de mezcal :

— Mon ami, me dit-il, je vais satisfaire votre curiosité. Belhumeur, l'Élan noir, la Tête d'Aigle, mon père et ma mère, ainsi que ma chère femme, qui ont tous été acteurs dans le drame dont vous

llez entendre le récit étrange, me viendront en aide,
i ma mémoire me fait défaut.

Alors, lecteur, don Rafaël me conta ce que vous 'enez de lire.

J'avoue que ces aventures, dites par celui-là même qui y avait joué le principal rôle, devant ceux qui y avaient pris une si grande part, j'avoue, dis-e, que ces aventures m'intéressèrent au plus haut point, ce qui sans doute ne vous arrivera pas à vous ; elles perdent nécessairement beaucoup dans ma bouche, car je ne puis y mettre cette animation qui en faisait le charme principal.

Huit jours plus tard je quittai mes aimables hôtes, mais, au lieu de m'embarquer à Guaymas comme j'en avais d'abord le dessein, je partis en compagnie de la Tête d'Aigle pour une excursion dans l'*Apacheria*, excursion pendant laquelle le hasard me rendit témoin de scènes extraordinaires que je vous conterai peut-être un jour, si celles que vous avez lues aujourd'hui ne vous ont pas trop ennuyé.

FIN DES TRAPPEURS DE L'ARKANSAS.

Coulommiers. — Imprimerie de A. MOUSSIN.

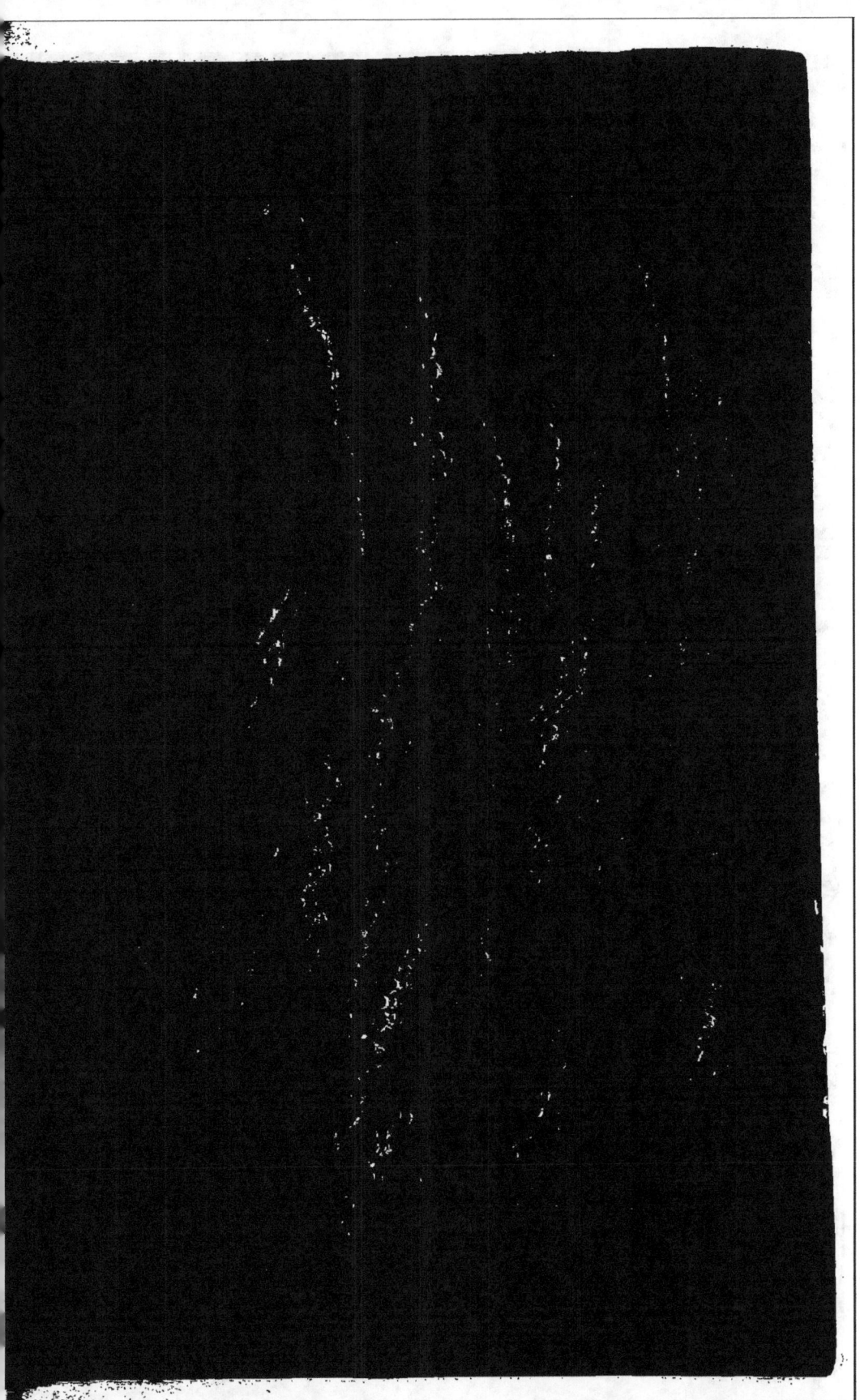